国家社科基金青年项目"社会主要矛盾变化新要求下共享发展及其实现机制研究"(18CKS024)阶段性成果

Research on Social Fairness Guarantee in Contemporary China

# 当代中国社会公平保障研究

魏志奇 著

中国社会科学出版社

## 图书在版编目(CIP)数据

当代中国社会公平保障研究/魏志奇著.—北京：中国社会科学出版社，2018.12

ISBN 978-7-5203-2366-6

Ⅰ.①当… Ⅱ.①魏… Ⅲ.①平等—社会保障—研究—中国 Ⅳ.①D621

中国版本图书馆 CIP 数据核字(2018)第 076569 号

| | |
|---|---|
| 出 版 人 | 赵剑英 |
| 责任编辑 | 田　文 |
| 特约编辑 | 陈　琳 |
| 责任校对 | 张爱华 |
| 责任印制 | 王　超 |

| | |
|---|---|
| 出　　版 | 中国社会科学出版社 |
| 社　　址 | 北京鼓楼西大街甲 158 号 |
| 邮　　编 | 100720 |
| 网　　址 | http://www.csspw.cn |
| 发 行 部 | 010-84083685 |
| 门 市 部 | 010-84029450 |
| 经　　销 | 新华书店及其他书店 |
| 印　　刷 | 北京君升印刷有限公司 |
| 装　　订 | 廊坊市广阳区广增装订厂 |
| 版　　次 | 2018 年 12 月第 1 版 |
| 印　　次 | 2018 年 12 月第 1 次印刷 |
| 开　　本 | 710×1000　1/16 |
| 印　　张 | 14.75 |
| 插　　页 | 2 |
| 字　　数 | 213 千字 |
| 定　　价 | 65.00 元 |

凡购买中国社会科学出版社图书，如有质量问题请与本社营销中心联系调换
电话：010-84083683
版权所有　侵权必究

# 目 录

导 论 ……………………………………………………………… (1)
  一 研究背景、缘由和意义 ……………………………………… (1)
  二 相关概念阐释及其界定 ……………………………………… (4)
  三 文献综述 ……………………………………………………… (6)
  四 研究重点和难点 …………………………………………… (15)
  五 创新点和不足 ……………………………………………… (16)
  六 研究方法 …………………………………………………… (17)

**第一章 社会公平保障的相关概念与理论渊源** ……………… (19)
  第一节 社会公平的概念、分类与特征 ……………………… (19)
    一 社会公平的概念 ………………………………………… (19)
    二 社会公平的分类 ………………………………………… (22)
    三 社会公平的特征 ………………………………………… (23)
  第二节 社会公平保障的理论渊源 …………………………… (24)
    一 马克思主义的社会公平及其保障理论 ………………… (24)
    二 福利经济学派的社会公平及其保障理论 ……………… (26)
    三 罗尔斯主义的社会公平及其保障理论 ………………… (28)
    四 自由主义的社会公平及其保障理论 …………………… (31)
    五 中国特色社会主义社会公平及其保障理论 …………… (33)
  第三节 社会公平保障的概念与内容要素 …………………… (37)
    一 社会公平保障的概念 …………………………………… (37)
    二 社会公平保障的内容要素 ……………………………… (40)

## 第二章　当代中国社会公平保障的主要问题 (43)
### 第一节　权利领域的社会公平保障问题 (43)
　　一　公民知情权保障问题 (44)
　　二　公民参与权保障问题 (46)
　　三　公民表达权保障问题 (47)
　　四　公民监督权保障问题 (49)
### 第二节　社会领域的社会公平保障问题 (51)
　　一　劳资公平保障问题 (52)
　　二　就业公平保障问题 (55)
　　三　教育公平保障问题 (57)
### 第三节　市场领域的社会公平保障问题 (60)
　　一　户籍制度与公民权益平等 (60)
　　二　垄断制度与市场公平竞争 (62)
　　三　土地财政制度与社会公平分配 (65)
### 第四节　法治领域的社会公平保障问题 (67)
　　一　立法公平保障问题 (67)
　　二　执法公平保障问题 (69)
　　三　司法公平保障问题 (73)

## 第三章　当代中国社会公平保障的现实分析 (78)
### 第一节　当代中国社会公平保障问题的基本成因 (78)
　　一　市场经济体制不成熟、不完善 (78)
　　二　政府的社会公平责任与能力不足 (81)
　　三　渐进式改革模式的弊端 (84)
　　四　政府治理中的制度正义缺失 (88)
### 第二节　当代中国社会公平保障问题的呈现形态 (90)
　　一　利益分化加剧 (90)
　　二　阶层结构固化 (93)
　　三　社会排斥强化 (95)
　　四　权力侵害权利 (97)
### 第三节　当代中国社会公平保障问题的基本判断 (101)

一　社会公平保障的完善是一个渐进的过程…………………（101）
　　二　权益失衡是社会公平保障问题的症结所在……………（103）
　　三　制度公平是社会公平保障的重要支撑…………………（105）
　　四　现代国家治理结构的形成是社会公平保障的
　　　　根本路径……………………………………………………（107）

**第四章　当代中国社会公平保障的战略选择**……………………（110）
　第一节　当代中国社会公平保障的现实依据……………………（110）
　　一　保障社会公平是中国特色社会主义的本质要求……（111）
　　二　保障社会公平是现代化过程的客观规律………………（114）
　第二节　当代中国社会公平保障的国家治理路向………………（118）
　　一　社会公平保障体系是国家治理现代化的
　　　　基本要求……………………………………………………（118）
　　二　社会公平保障体系是国家治理现代化的
　　　　制度基础……………………………………………………（119）
　　三　社会公平保障体系是现代国家治理理念的重要载体…（121）
　　四　社会公平保障体系的构建过程，就是国家治理
　　　　现代化的过程………………………………………………（123）
　第三节　当代中国社会公平保障的国家治理转向………………（126）
　　一　基本内容：权利公平、机会公平、规则公平…………（127）
　　二　基本方向：从统治思维转向治理思维…………………（128）
　　三　基本格局：多元共治……………………………………（129）
　　四　基本形态：法治化………………………………………（132）
　　五　基本动力：改革…………………………………………（134）

**第五章　西方发达国家社会公平保障的治理经验**………………（136）
　第一节　权利保障及其救济机制…………………………………（136）
　　一　西方发达国家对公民知情权、参与权、表达权和
　　　　监督权的保障………………………………………………（137）
　　二　西方发达国家对公民经济社会权利的保障……………（143）
　　三　西方发达国家的公民权利救济…………………………（146）

第二节　政府公共机制 …………………………………… (149)
　　　一　公共政策机制 ………………………………………… (150)
　　　二　收入分配机制 ………………………………………… (153)
　　　三　福利国家机制 ………………………………………… (157)
　　第三节　社会治理机制 …………………………………… (161)
　　　一　社会参与机制 ………………………………………… (162)
　　　二　劳资"共参制" ………………………………………… (165)
　　　三　公共服务社会化机制 ………………………………… (167)

**第六章　当代中国社会公平保障的治理路径** …………………… (171)
　　第一节　完善以保障权利公平为核心的权利保障机制 …… (171)
　　　一　保障宪法赋予公民的基本权利平等 ………………… (172)
　　　二　保障公民的知情权、参与权、表达权和监督权 …… (174)
　　　三　保障公民的经济社会权利 …………………………… (177)
　　第二节　完善以保障机会公平为核心的政府公共机制 …… (180)
　　　一　完善公共政策机制 …………………………………… (181)
　　　二　完善收入分配机制 …………………………………… (185)
　　　三　完善社会保障机制 …………………………………… (192)
　　第三节　完善以保障规则公平为核心的公平治理机制 …… (195)
　　　一　建立健全利益表达机制 ……………………………… (196)
　　　二　建立健全利益整合机制 ……………………………… (201)
　　　三　建立健全协商对话机制 ……………………………… (206)
　　　四　建立健全公共政策多元参与机制 …………………… (212)

**结　语** ……………………………………………………………… (217)

**参考文献** …………………………………………………………… (221)

**后　记** ……………………………………………………………… (228)

# 导　论

## 一　研究背景、缘由和意义

### （一）研究背景和缘由

公平作为一种社会理想和原则，反映了人们生存发展所需要的物质、文化、制度等资源配置的合理性，它围绕尊重和实现每个人的生存和发展权利，形成了一个多维的社会范畴，包括权利公平、机会公平、规则公平等。党的十八大报告提出，要"逐步建立以'权利公平、机会公平、规则公平'为主要内容的社会公平保障体系，努力营造公平的社会环境，保证人民平等参与、平等发展权利"。

社会公平保障在当下已不仅仅是一种伦理道德关怀，更成为当代中国经济社会发展绕不开的核心议题。近年来，由于利益分化带来了社会矛盾和冲突频频发生，引发了国人对社会进步价值尺度的重新反思，作为个体的公民平等获得改善其生存状态的机会，获得完善的社会公平保障，已成为评判社会进步的主要标尺。随着中国经济社会进入新的发展阶段，公平正义问题已经成为各种社会问题的根源，成为人民追求美好生活的重要影响因素，成为我国实现现代化建设目标的重要制约因素。

社会公平保障伴随我国社会主要矛盾的转化而愈加凸显。经过改革开放几十年的发展，我国总体上实现了小康，不久将全面建成小康社会，人民的"物质文化需要"已经得到很大程度的满足，人民不仅对物质文化生活提出了更高要求，而且在民主、法治、公平、正义、安全、环境等方面的要求日益增长。人民需要在民主法治和公平正义方面的现实增量，要求我们必须建构社会公平保障体系，以适应社会主要矛盾变化的新需要，满足人民对美好生活的新追求。

社会公平保障的建构成为我国实现现代化强国目标的必然要求。党的十九大报告提出，到 2035 年，在全面建成小康社会的基础上，我国要基本实现社会主义现代化。基本实现社会主义现代化的一个重要依据，是"人民平等参与、平等发展权利得到充分保障"；从 2035 年到 21 世纪中叶，我国将建成社会主义现代化强国，实现现代化强国的重要依据是"全体人民共同富裕基本实现"。可以说，社会公平保障随着我国"全面建成小康社会"、"基本实现社会主义现代化"和"全面建成社会主义现代化强国"目标的路线图和时间表的逐步清晰，其重要性和紧迫性愈加凸显。

适应我国社会主要矛盾变化的新要求和我国现代化"强起来"的新使命，当代中国的社会公平保障必须嵌入国家治理结构内部，作为国家治理现代化的重要内容和核心指标。一方面，当前我国突出的社会公平问题，如利益分化加剧、社会阶层固化、社会排斥强化、权力侵害权利等，究其原因，大都是由政治和经济体制及其运行机制和社会规则体系等基础性制度不规范不健全导致的，因此，只有深入到制度公平的根源，才能真正建构起社会公平保障体系；另一方面，社会公平保障体系的内容："逐步建立以权利公平、机会公平、规则公平为主要内容的社会公平保障体系，保证人民平等参与、平等发展权利"，"保证人民平等参与、平等发展权利"本身就是从制度之善和国家治理层面而言的；而"权利公平、机会公平、规则公平"的本质，是权力和利益在社会成员之间合理配置，实质上涉及权力结构和国家治理结构的深层。

事实上，在系统梳理社会公平保障的相关实践的过程中，我们已经认识到，如果国家治理结构没有发生相应转变，社会结构失衡就得不到改变，权益失衡和社会不公就不会得到纠正。这是当前我国社会公平问题的基本线索，也是我国社会公平保障体系建构的基本逻辑。而以往关于社会公平保障体系的研究，基本上集中在改善民生和社会保障层面，事实上这是其所不能涵盖的。笔者试图突破以往研究的这种局限性。这是该研究的背景和缘由。

### （二）研究意义

当代中国正发生着从社会公平的伦理关注和一般理论研究向社会公平保障的系统性研究的转向，这是理论上的一大重要转向。[①] 过去人们对社会公平的研究比较多，而对社会公平保障的研究则比较少。社会公平保障的研究，既要研究社会公平的基础理论问题，更要研究社会公平的保障主体、保障机制等实践问题。这是社会公平理论研究的自然延伸，也是社会公平研究的重要进展。

社会公平保障研究在当下有很强的现实意义。从根本上，公平就是被人们公认为最佳的或者与别的规则相比不得不选择的，用于评价社会中的竞赛规则、交易规则和分配规则等合理与否的价值尺度，它的深层意蕴就是由社会政策、制度、机制、运行等方面因素所构成的社会规则在现实社会发展阶段的合理性。合理的社会就是公平的，不合理的社会就是不公平的。但是在社会实践中，由于社会成员在知识能力、发展机遇和社会地位等方面的差异，社会中必然存在着权利、机会、规则等方面的不公平。因而，如何认识权利公平、机会公平、规则公平在社会公平中的地位作用，就成为社会公平理论必须关注的内容。尤其是在我国当下，随着公民权利意识的高涨，人们对社会公平的认识正从愿望变成具体要求，从期待社会公平变成实践社会公平，从单一的社会公平需求变成多元化的社会公平需求，正如党的十九大指出的，人民美好生活需要日益广泛，在民主、法治、公平、正义、安全、环境等方面的需要日益增长。这种背景下研究社会公平保障，让现有的公平资源满足人们对于社会公平的迫切要求，就具有非常重要的现实意义了。

从当下中国实际来看，社会不公平问题已经渗透到政治、经

---

① 陈家付：《现阶段我国社会公平保障问题研究》，山东大学出版社2009年版，第2页。

济、文化、社会各个领域，广泛存在于社会的生产、交换、分配、消费各个方面。由于社会体制机制不够完善，公共决策存在的有失公平的问题依旧突出，司法不公现象依然没有解决，人民意见的表达渠道依然不够通畅，人们维护自己的正当权益依然有很多障碍。人们普遍感到贫富差距在拉大，几乎所有的社会阶层都有社会不公的感受。可以说，如果社会公平得不到有效保障，全面建成小康社会和实现社会主义现代化都不可能顺利实现。因此，把公平问题放在更加重要的位置，首先面临的问题，就是必须建立健全我国的社会公平保障体系。

重要的是，根据我们的研究，社会公平保障的这些实际问题，与推进国家治理现代化的重要任务是统一的、一致的。作为理念，国家治理必须要有载体，社会公平保障就是现代国家治理理念的重要载体。作为实践，国家治理现代化必须要有支撑，社会公平保障为国家治理提供了重要支撑。国家治理现代化，涉及权利、平等、自由、公正等现代文明的基础，强调了制度公平和治理公平的深层含义，触及了社会公平保障的根本和要害。因而，国家治理现代化为社会公平保障提供了一个可以触及实质性问题的根本路向和实践路径；也有利于加强社会公平保障的基础研究，有利于拓展社会公平研究的理论视野和研究领域。这既是本研究的目的、缘由，也是本研究的实践意义和理论意义所在。

## 二 相关概念阐释及其界定

为研究的需要和理解上的方便，在这里，需要对相关概念以及研究区间做出界定。主要涉及以下两个方面内容：

第一，社会公平。社会公平是个跨学科概念，是最常用也最有争议的概念之一，不同的学科有不同专业角度的理解。本研究中的社会公平是一个社会权力和利益关系的概念，反映的是社会的政治、经济、文化、伦理、法律、教育等各领域中权力和利益在社会成员中的合理配置，以及人们对这种合理性配置的价值评判。这种定义将社会公平放在一定的社会关系中认识。从社会关系的存在状态和社会公平的过程环节方面，我们可以将社会公平分为起点公平、过程公平、结果公平。从社会关系的表现形式和社会公平的作用领域来看，社会公平包括经济公平、政治公平、法律公平、文化公平、伦理公平等。这种定义方法，更有助于寻找社会公平保障的路径。

第二，社会公平保障。社会公平保障的提法由来已久，在时间上几乎与社会公平的提法同步。在党的十八大以前，我国领导人在不同场合就有社会公平保障、社会公平保障体系的说法，只不过强调的侧重点和主要表达的问题不同。如2012年9月8日，时任中国国家主席胡锦涛表示，中国将以解决人民最关心最直接最现实的利益问题为着力点，推进民生优先的社会建设，逐步建立以权利公平、机会公平、规则公平为主要内容的社会公平保障体系。这是从加强民生建设方面而言的。党的十八大提出要"加紧建设对保障社会公平正义具有重大作用的制度，逐步建立以权利公平、机会公平、规则公平为主要内容的社会公平保障体系"，是从推进国家治理和现代制度建设的层面上而言的。党的十九大提出的"人民平等参与、平等发展权利得到充分保障"，是从现代化战略任务和衡量标准意义上而言的。

本研究中的社会公平保障，就是着眼于推进国家治理和现代制度建设的层面，着眼于社会主义现代化战略任务和衡量标准的要求而言的。由于社会公平反映和涉及的核心是权力和利益在社会成员之间合理配置的问题，因而本研究中的社会公平保障定义为：通过社会制度和体制的改革，通过社会结构和国家治理结构的改善（即推进国家治理体系和治理能力现代化），保障权力和利益在社会成员之间公平配置，实现现代社会的公平正义。

这里需要强调：(1)社会公平保障是一个由多层面、多结构构成的复杂系统。其中，国家治理结构的改造是基础，制度建设是根本，社会公平保障体系是保障。(2)社会公平保障与社会保障不同。前者更全面综合地研究如何保障社会公平。从包含的领域来看，社会公平保障研究不仅仅局限于社会领域的社会保障，而是涉及政治、经济、文化等各个领域；从发生过程来看，社会公平保障涵盖起点公平、过程公平、结果公平，包括权利公平、机会公平、规则公平各方面。与之相比，后者是前者的重要组成部分，但不是全部。后者主要针对的是特殊社会群体的公平保障和普遍的社会福利提升，主要是保证无收入、低收入以及遭受各种意外灾害的公民能够维持基本生存，以及现代社会的公共福利对公民基本发展权利的保障。

## 三 文献综述

### （一）国外研究现状

社会公平及其保障研究在西方源远流长，但近现代以来，随着资本主义社会公平问题的凸显，社会公平问题才被充分关注。19世纪后期至20世纪初，欧美资本主义国家社会的不平等恶性发展，两极分化非常严重。西方的社会公平研究在继承前人的基础上，又开始分化扩展，形成了众多的社会公平理论流派，在实践中形成了各具特点的社会公平保障模式。

在现代西方经济学中，有三种典型的公平观：福利经济学的公平观、自由主义的公平观和罗尔斯主义公平观。福利经济学派强调分配结果的公平；古典自由主义则表现出对自由市场竞争中机会平等的推崇和社会再分配制度的批判；罗尔斯主义重视社会最少受惠成员的公平问题，强调在不侵犯个人平等、自由权利的基础上，照顾社会中最弱势人群，缓解贫富差距。

从公平与效率的关系来看，西方学者对社会公平的研究主要形成了三种观点：效率优先论、公平优先论和公平与效率兼顾论。我们主要研究社会公平保障，因而这里只谈公平优先论和公平与效率兼顾论。第一，公平优先论者主要有国家干预主义学派、新古典综合学派、新剑桥学派以及福利经济学派。这些主张认为，对于公平的考虑都应优先于对效率的考虑。由于在市场经济起点上，人们在天赋能力、财产占有、教育水平等方面必然不平等，所以即便遵循相同的规则参与竞争，竞争的结果也不一样。①影响市场竞争结果的因素是多方面的，如市场垄断、资本结构的优劣等。因此，市场本身的缺陷要求加强政府干预。第二，公平与效率兼顾论者认为，公平与效率两个目标都很重要，以最小的不公平换取最大的效率或以最小的效率损失获得最大的公平是理想目标。以美国经济学家阿瑟·奥肯为代表，这种观点认为，在有些时候，为了效率就要放弃一些公平；有些时候，为了公平就必须放弃一些效率。他们试图找到一条既能保持市场机制的优点，又能消除收入差距过大的途径，在效率提高的同时又不过分损害公平。

为了解决越来越突出的社会平等危机，西方国家在20世纪初开始了现代意义上的社会公平保障的建构。20世纪30年代，为了应对经济大危机，美国总统罗斯福采取了凯恩斯主义政策，加强国家对经济的宏观调控。1935年，美国罗斯福政府颁布《社会保障法》，加强了对社保制度的干预，社会保障逐渐走向法制化和社会化，这是发达国家现代社会公平保障的重要一步。1949年，英国著名社会学家T. H. 马歇尔发表了《公民身份与社会阶级》（*Citizenship and Social Class*），根据对英国历史的考察，马歇尔提出了包括基本民权、政治权利和社会权利在内的三种基本权利保障。基本民权是公民的人身权利、财产权利、言论自由等基本人权；政治权利是参与政治的权利，其中选举权是核心。②更重要的是，马歇尔将这三种权利分别与其相应的制度机构联系在一起：基本民权依赖独立司法、政治权利依赖议会民主、社会权利则依赖发达的法律程序和社会服务为主体的国家职能的转变。这使得每种权利的实现获得了一种制度化保障。这种权利分类法和权利保障制度，构成了西方发达国家现代社会公平保障的基本格局，一直延续至今。

第二次世界大战后，马歇尔关于公民社会权利的概念主导了主

---

① 刘承礼：《公平与效率问题：基于中外文献的比较研究》，《中国经济问题》（厦门）2009年第1期。
② [英] T. H. 马歇尔：《公民身份与社会阶级》，载郭忠华、刘训练编《公民身份与社会阶级》，江苏人民出版社2007年版，第9页。

要发达国家的福利国家建设，使发达国家社会公平保障对社会公平和社会文明有了实质性的推动。第二次世界大战后，发达国家通过法律和制度建设，使社会公平保障逐渐成为国民享有的一项基本权利。战后，在英国首次大选中获胜的工党，全面实施《贝弗里奇报告》中提出的建设福利国家的主张，实行社会保障建设。1948年，英国宣布建成"福利国家"。欧美发达资本主义国家也相继仿行，现代福利制度普遍建立。但是，由于福利制度导致长期巨大的公共开支，一些国家公共开支的速度大大高于国民生产总值的增长速度，导致了经济发展速度的明显降低。在这个背景下，强调效率优先和反对政府干预再分配政策的新自由主义学派又活跃起来。英国的撒切尔政府和美国的里根政府在20世纪80年代开始了社会改革，改革开始发挥自由市场机制的活力，控制社会保障规模，凯恩斯主义的许多政策被抛弃。但是即便在这个时候，西方国家已经建立起来的现代社会保障制度仍然被保存并不断发展。20世纪90年代后，西方国家的社会公平保障体系又进行了不断改革。

20世纪90年代，面对政府失灵和市场失灵，治理概念的引入成了社会公平保障的新选择。治理理论认为，市场组织存在着失灵，但政府组织同样存在着失灵，而且政府失灵带来的危害比市场失灵的问题可能更大。治理理论既不否认政府组织存在的意义，也强调在解决资源配置过程中市场作用的优先性。主张通过非政府组织、非营利组织、社区组织、公民自治组织、私营机构和政府部门一起共同承担管理公共事务、提供公共服务的责任。奥斯本和盖布勒认为，政府实现公共服务的方式是掌舵，而不是直接"划桨"，其控制的权力将从集中走向分散。①

治理从理念走向实践，使西方发达国家形成了现代社会公平治理模式，主要包括保障权利平等和公民参与的公众参与机制和保障公共服务多元化和公平化的公共服务社会化机制。20世纪90年代以来，

---

① ［美］戴维·奥斯本、［美］特德·盖布勒：《改革政府——企业精神如何改革着公共部门》，上海译文出版社1996年版，第77页。

西方发达国家纷纷掀起了政府治理范式运动（又称"政府再造"工程），将"善治行政"作为目标。善治的本质特征就在于，政府与公民对公共生活合作管理，使公共利益最大化。政府行政的透明、回应、效率和公正等特征被要求加强。行政决策过程中，要求遵循民主决策和科学决策，建立和完善社会各方广泛参与的决策机制。同时，通过治理理念的实践，多元主体参与治理的公共服务框架建立起来。以公共产品和公共服务为中心，通过公共服务市场化、社会化，政府向非营利组织和市场化组织转移公共服务的事权，形成多元治理的网络结构。如1995年布莱尔政府推行政府与民间公益部门合作的改革，充分发挥大量民间公益组织的作用，形成了英国政府公共部门和民间公益部门共同推动公共福利的繁荣景象。① 另外，不断调整和修正社会保障制度。由于继续维持持续膨胀的社会保障支出已为社会经济条件所不允许，因而一些国家不得不对社会保障的保障范围、支出标准等进行调整。主要有：不断增收节支，提高效率；将就业作为社会保障的重要手段；增加社会保障的激励作用等。

### （二）国内研究现状

社会公平保障、社会公平保障体系等概念最近几年被时常提及，并在研究中有越来越多的直接涉及，但关于直接研究社会公平保障的比较少，目前还没有形成专门有针对性的、成体系的研究成果。可以说，国内对社会公平保障的研究刚开始不久。当然这并不是说社会公平保障的研究没有成果。由于社会公平保障与社会公平的研究是不可分割的，研究社会公平总离不开研究如何实现社会公平。在这个意义上，甚至可以说二者有同样长的研究历史。社会公平保障的研究文献散落于社会公平研究的各个角落里。因此，我们可以从对社会公平的研究中发现和整理对社会公平保障的研究。

---

① 王名：《英国的民间公益组织及其与政府的关系》，《中国社会报》2003年12月5日。

从研究内容上看,主要集中于以下几个方面。

**1. 社会公平的基本理论研究**

20世纪90年代初,随着市场经济的确立、发展和社会不公现象日益增多,社会公平问题广受关注,尤其是贫富差距、城乡差距和地区差距为学术界高度关注,同时对社会保障制度的研究也逐渐增多。21世纪以来,特别是"和谐社会"概念提出以来,社会公平问题一时成为学术界研究的重点和热点,尤其是和谐社会与社会公平的关系研究最多。在这些研究过程中,社会公平基本理论研究取得了明显进展,与本书相关的有:

第一,关于社会公平的内涵。有学者从生产力与生产关系的辩证认识论出发,认为公平是对现实分配关系和利益关系的一种价值评价,社会公平的内涵会随着经济关系的变化而变化。有学者从利益分配的角度,认为社会公平就是基本权利平等原则、机会平等原则、按贡献进行分配原则、社会调剂原则[①];公平就是经济利益、政治利益、文化利益以及其他利益在全体社会成员之间合理而平等的分配。有学者从人的基本权利保障的角度把社会公平定义为对人的基本权利的保障,认为社会公平意在确保社会成员基本生存条件和发展的基本能力。[②]

第二,影响社会公平的主要问题与解决路径。针对当前社会公平的问题,学者提出:一要防止精英群体之间的利益结盟。要防止政治精英群体和经济精英群体跨过特有的阶层、职业或行业边界,进行利益联盟,最后以"寻租"方式扩张和固化利益的局面。这是对社会公平最大的危害,防止和解决这个问题需要全面的体制改革。二要健全劳资之间的协商谈判机制。劳动和资本的关系是影响社会公平极其重要的因素,学者认为,要充分发挥工会组织的作用,建立健全工资谈判与协商的机制。三要形成系统的社会政策。社会政策是国家以立法和行政干预为主要途径而制定和实施的一系

---

① 王海明、孙英:《社会公正论》,《中国人民大学学报》2000年第1期。
② 吴忠民:《公正新论》,《中国社会科学》2000年第4期。

列行为准则、措施、法令、条例的总称。① 与经济政策相比，社会政策侧重于再次分配，很大程度上体现了减少人们在起点上的不平等、缩小社会差距的意义。

**2. 关于如何保障社会公平的研究**

第一，社会公平保障，就是社会保障。郑功成认为，社会保障就是天然地创造并维护社会公平的制度安排。② 持类似观点的学者很多，大多数学者探讨社会公平保障的路径时，都把社会保障制度作为基础部分予以重点论述。类似的研究如"完善社会保障体系促进社会公平""论社会保障对社会公平的保障"等。

第二，收入分配不公是影响社会公平的重要因素，因而改革和完善收入分配制度，是社会公平保障的重要路径。这种观点认为，我国当前以收入差距过大为主要表现形式的收入分配不公现象比较严重。保障社会公平的主要办法是在做大做好"蛋糕"的同时，加快收入分配制度的改革，以合理的收入分配制度支撑社会公平。③ 类似的研究成果如《论公平视域下的我国现阶段收入分配问题》《马克思主义社会公平理论视域下我国收入分配问题研究》等。

第三，从社会分层和社会流动的角度，社会公平应该是机会公平、程序公平、结果公平三者的有机结合，在保障结果导向的社会公平的同时，要更多关注过程导向的社会公平。李强认为，改革开放进行的是机会公平、权利公平、程序公平、规则公平的试验。就我国目前的现状来说，改进完善公平机制建设，要考虑以下三个方面：一是创造更多的竞争型资源共享平台；二是拓宽人们进入竞争平台的渠道，让各个社会阶层、各个社会群体都有进入平台的机会；三是改革现有体制，消除或逐步消除人们参与竞争的制度障

---

① 吴忠民：《社会公正研究的现状及趋向》，《学术界》2007年第2期。
② 刘泉、刘发志、徐瑞祥、陈嵌：《努力建立初级社会公平保障体系——专访全国人大常委、中国人民大学教授郑功成》，《就业与保障》2008年第10期。
③ 蔡丽华：《收入分配不公与社会公平正义探析》，《当代世界与社会主义》2012年第1期。

碍，比如户籍制度等。① 总之，就是要为全体国民创造越来越多的公正竞争机会、公正的程序条件和公正的分配结果。类似的研究如《机会公平：实现社会公平的现实选择》《论新的科学公平观》《社会流动视野下的中国社会公平》等。

第四，制度建设是社会公平的根本保证。最近几年来，很多学者都从制度建设的视角分析当前的社会公平问题，并把促进社会公平作为制度安排和制度创新的重要依据。这一观点近年来得到越来越多的认同。主要有：一是加强政治制度和法律制度建设，保障人民各项权益、保障司法公平；二是消除制度障碍，促进公平竞争环境；三是形成加快社会合理流动的机制；四是确立社会政策体系，健全社会管理体制；五是健全利益整合和权益保障机制，有效化解社会矛盾。这方面的研究如《保障社会公平正义重在制度建设》《以制度建设保障社会公平正义》《加强社会管理基础性制度建设——基于民生政治的视角》等。

### 3. 关于社会公平保障体系的研究

第一，社会公平保障体系的提出和深化。2005 年，时任中共中央总书记胡锦涛在中央党校省部级领导干部专题研讨班上提出，要"综合运用多种手段，依法逐步建立以权利公平、机会公平、规则公平、分配公平为主要内容的社会公平保障体系"②。此后社会公平保障体系被学界引用，并引发广泛讨论。2012 年，胡锦涛出席亚太经合组织第二十次领导人非正式会议时发表讲话再次指出，"我们将逐步建立以权利公平、机会公平、规则公平为主要内容的社会公平保障体系，促进人人平等获得发展机会"。同年党的十八大报告提出，要"加紧建设对保障社会公平正义具有重大作用的制度，逐步建立以权利公平、机会公平、规则公平为主要内容的社会公平保障体系，努力营造公平的社会环境，保证人民平等参与、平等发展权利"。由于中国正处于转型发展的关键时期，

---

① 李强：《收入分配与社会公平》，《中国科学报》2014 年 1 月 20 日。
② 胡锦涛：《在省部级主要领导干部提高构建社会主义和谐社会能力专题研讨班上的讲话》，《人民日报》2005 年 6 月 27 日。

政治领导人对社会公平保障的强调，契合了当下中国发展变革的实际，越来越多的学者开始了对中国社会公平保障问题的研究和探讨。

第二，"权利公平、机会公平、规则公平""三位一体"公平观的含义和意义。上述"权利公平、机会公平、规则公平"构成了社会公平保障体系的基本内容。学者认为，权利公平是社会公平的源头和核心。机会公平是指公民参与经济、政治、社会事务的机会及获得各种资源的可能性。规则公平要求规则面前人人平等，规则的制定和执行要经过民主、科学、公开与透明的程序。有研究认为，"三位一体"的公平观是社会主义公平观认识上的深化，是臻于成熟的社会主义公平正义观念的理论结晶。

第三，"权利公平、机会公平、规则公平"的制度实施。一些学者认为，"三个公平"从制度设计的角度传递出社会公平新希望，为进一步实现全社会公平发展提出了新的构想，要着力从民主权利保障制度、法律制度、公共财政制度、社会保障制度、收入分配制度等制度方面[①]，从物质基础保障、民主法制保障、社会主义性质保障层面[②]，从法律政策层面、制度改革层面实现社会公平。[③]

### 4. 社会公平与国家治理的关系研究

第一，公正是治理的重要维度。有研究认为，治理活动应该遵循公正原则，社会公平对社会治理有着逻辑要求：治理应将多元主体吸纳到社会治理结构中来；应按照民主、透明、法治、回应的要求，加强政府善治；应妥善处理和协调社会各方面的利益关系，努力实现社会治理结果的相对公正。[④] 有学者认为，治理强调主体多元化、权力向度的多元化、治理网络的扁平化，治理方式更多地是

---

[①] 严江伏：《着力构建社会公平保障体系》，《新西部》2013 年第 15 期。
[②] 张艳萍、徐旭：《社会公平构建社会主义公平保障体系基本框架探析》，《当代世界与社会主义》2008 年第 4 期。
[③] 汤敏：《和谐社会视域下的社会公平保障体系研究》，《领导科学》2013 年第 14 期。
[④] 孙晓莉：《公正：社会治理的重要维度》，《中共云南省委党校学报》2005 年第 4 期。

协商和对话。治理内涵中蕴含着平等、合作的理念，彰显着社会公平的理念。①

第二，善治是实现社会公平的路径。一些学者认为，只有依靠善治，才能实现公共产品最优和分配正义，才能实现公共利益最大化，才能促进权利公平、机会公平、规则公平，最终促进社会公平。② 一些学者认为，中国社会发展实践表明，加强国家治理是保障社会公平的应有之义。现实社会中，影响社会公平的一个重要原因就是治理理念和治理方式的落后，因而治理能力的现代化提升，是实现社会公平的一个重要途径。以国家治理现代化促进社会公平，国家层面，要创新治理理念，推进制度体制改革；社会层面，要培育公民社会；个人层面，培养责任意识。③

第三，公平化是国家治理的重要趋势。一些学者认为，公平化是国家治理的必然趋势，国家治理的公平化，是指通过国家的公平治理以促进经济公平发展、社会公平正义和人民共同富裕的现代化进程。国家治理公平化，需要确立公平治理的价值理念、推动治理主体的多元化、构建公平治理体系。特别需要注重提升政府通过公平施政、公平行政和公平治理促进社会公平正义的能力。④

## （三）国内研究趋势

随着公民权利意识的高涨和我国社会主要矛盾的转变，人民对公平正义的多层次、多样化需求更加明显，作为满足人民多元化的公平正义需求的载体，社会公平保障将越来越多地成为学术界关注的热点。从总体上看，社会公平保障的基本理论、基本政策、基本制度，以及综合保障体系的研究将会不断加强。

---

① 刘经纬、董前程：《推进国家治理现代化与保障社会公平研究》，《黑龙江社会科学》2014年第6期。
② 何哲：《善治概念的核心分析——一种经济方法的比较观点》，《理论与改革》2011年第5期。
③ 刘经纬、董前程：《推进国家治理现代化与保障社会公平研究》，《黑龙江社会科学》2014年第6期。
④ 刘俊祥：《论国家治理的公平化》，《福建论坛》（人文社会科学版）2014年第2期。

自从党的十八大将权利公平、机会公平、规则公平三种公平观作为一个组合系统的概念使用，并且提出要健全社会公平保障的相关制度；党的十九大提出"保证人民平等参与、平等发展权利"是"全面建成小康社会""基本实现社会主义现代化"和"全面建成社会主义现代化强国"的衡量标准、战略任务，社会公平保障的战略定位将会越来越高，在现代化整体布局层面系统化研究社会公平保障将变得更加迫切。

同时，这也表明，社会公平保障体系不仅仅是社会保障，也不局限于社会领域，而是在更深层次上讲的。罗尔斯在《正义论》中谈到正义的"两大领域"——公民的政治权利领域和社会经济利益领域——被认为是构成了现代社会公平正义的核心问题：社会结构公平和治理结构公平。在我国，以往我们谈社会公平保障，更多是在社会和经济政策层面讲，而较少涉及国家治理结构。今后的研究中，社会公平保障的重点将会转向社会结构和国家治理结构的完善上，这将对促进我国全面实现现代化具有极其重要的意义。

## 四 研究重点和难点

该研究的重难点集中于以下两个方面：

第一，国家治理与社会公平、社会公平保障的关系。这是本书研究的切入点。由于国家治理与社会公平保障概念刚出现不久，现有研究成果比较零碎，且专门专注于这方面的研究很少，因此这是该研究的难点之一。同时，只有在充分弄清楚这二者的概念以及厘清二者的内在关系的基础上，才能在国家治理现代化背景下提炼出社会公平保障的路径，所以这部分也是整个研究的重点之一。

第二，如何基于国家治理现代化的视角设计社会公平保障的路径，设计的现实考量是什么。国家治理是一场全新的革命，意味着国家—社会、政府—市场等众多范畴关系的全面变革升级；国家治理现代化是总目标，整个社会在思维方式和运行方式上都要更加"现代化"，更符合善治的要求。社会公平保障作为国家治理庞大体系中的重要组成部分，能够而且必须适应国家治理的理念和要求，社会公平保障的现实考量和路径设计也只有适应国家治理现代化的要求，才能更加有效持久。这是全新的挑战，也是关键的挑战。本研究依据国家治理的理念和我国社会公平保障面临的实际问题，拟提出权利保障机制、公平治理机制和政府公共机制三方面的内容。这是该研究的第二个难点，也是研究的重点。

## 五 创新点和不足

本研究力图在充分吸收现有研究成果的基础上，努力实现以下几个方面的创新。

第一，选题的创新点。近几年来，从社会公平的伦理关注和一般理论研究到对社会公平的系统性保障，是学界在公平公正理论研究领域的一大重要转向，也是重要的研究热点。本研究主题聚焦于社会公平保障研究，顺应了这一转向。党的十八大提出社会公平保障体系，强调要加强重大制度建设，保障人民参与权、发展权，开始侧重于从制度建设和更广阔的社会发展层面理解社会公平保障，社会公平保障的研究将在今后成为重要的学术生长点。

第二，内容的创新点。本研究在国家治理现代化这一重要的新视角、新视域中观察社会公平保障，不仅概述了国家治理概念中蕴含的社会公平理念，并从国家治理现代化的视域中概括提炼出了社会公平保障的新思路、新框架、新路径：即完善以保障权利平等为核心的权利保障机制、完善以保障规则公平为核心的公平治理机制、完善以保障机会公平为核心的政府公共机制。相比于以往主要从政策层面、社会保障层面保障社会公平，更能触及社会公平的实质。

第三，在研究资料和研究方法方面的创新。力图搜集整理国内最新的相关研究成果，并进行加工整理，从而保证研究结论的新颖性和前沿性。研究力图综合运用多学科分析法、比较分析法和整体分析法等多种分析方法，对社会公平保障的视角、路径进行研究，从而保证研究结论在全面性和系统性方面较之前人有所突破。

本研究的不足之处主要体现在以下方面。第一，对国内外社会公平保障研究的文献掌握程度还有待深入。由于社会公平保障本身是个跨学科的命题，加之社会公平保障的研究文献散落于各种各样的研究文献中，很难有集中的体系化的呈现，因此本书对其全部文献掌握程度还有待深入。第二，关于社会公平保障的国内外已有的做法，本书挖掘整理得还不够系统。由于社会公平保障本身涉及的内容非常广泛，而本研究又侧重于国家治理与社会公平的保障，因而笔者虽然试图建构起一个系统性的、全面的社会公平保障体系，但仍然难免有以偏概全之嫌。第三，对我国古代关于社会公平保障的丰富思想和我国社会公平保障取得的成就挖掘还不够。本研究以权利公平、机会公平和规则公平为依据和主轴，研究我国的社会公平保障，由于这两方面具有较大内容和价值上的差距，因而对我国古代社会公平保障的丰富思想和实践梳理得不够。同时，对我国社会公平保障取得的成就和已有的成功经验做法，限于篇幅和结构，梳理得还不够。

## 六　研究方法

笔者在研究过程中，综合运用多种方法对当代中国社会公平保障问题进行分析研究。主要研究方法如下：

第一，逻辑推演与路径设计相结合。在国家治理现代化视域下研究社会公平保障，必须着重分析国家治理与社会公平保障的逻辑关联，治理概念与社会公平的内在关系，要在多个概念之间进行转换，需要大量的逻辑分析和推导。同时，国家治理现代化赋予社会公平保障以新启示、新思路、新路径，在路径设计上要有创新。这就需要综合运用逻辑推演与路径设计结合的方法。

第二，多学科分析法。该研究主要着眼于国家治理和社会公平的基本理论问题，政治学的理论和方法是本文主要的分析工具，同时综合运用哲学、经济学、伦理学等多种学科的分析方法开展研究。

第三，国际比较借鉴法。社会公平保障是实践性特征明显的命题，国外社会公平保障有很多有效的经验可供我国借鉴。因此，在充分考虑我国国情和制度特色的基础上，本书借鉴了国外社会公平保障的一些经验做法，尤其是国外社会公平治理机制，运用了国际比较借鉴法。

# 第一章 社会公平保障的相关概念与理论渊源

人类社会自产生以来，就一直存在着资源稀缺的现象，如何分配稀缺资源（物质财富、荣誉、地位等），就必然出现公平问题。但是，由于思想方式和历史环境的差异，人们对"公平"的理解有着巨大差异。在中国传统观念中，"公平"更多地被理解为经济上的平等。中国古代的伟大思想家孔子就以"不患寡而患不均"设计"大同世界"。"均贫富"成为中国历史上关于社会公平的同义语。这种平等诉求，所强调的是结果公平。与此不同，西方近代思想家把平等更多理解为社会成员的平等权利，把人看作是自由平等的主体，强调每个人平等的道德价值。近现代以后，随着商品经济的出现，思想家对社会公平进行了广泛而深刻的研究，关于公平的论争也是此起彼伏。本章我们着重分析社会公平的相关概念与社会公平保障的理论渊源。

## 第一节 社会公平的概念、分类与特征

### 一 社会公平的概念

研究社会公平保障，首要必须弄清楚社会公平的概念。

研究社会公平，首先必须弄清楚公平的含义。

公平问题是一个经久不衰的命题，古今中外无数思想家为这一理论贡献了智慧。春秋战国时期，孔子就提倡公平分配、反对贫富悬殊。墨家提倡自给的生产观、惠及人人的分配观，追求等价的交

换、崇尚节俭的消费。① 在古希腊和古罗马时期，思想家们就把处理人与人之间关系的基本准则纳入公平范畴。在亚里士多德的《雅典政制》一书中，梭伦改革的一项重要内容就是，以公平的方法调整社会关系。他认为，公平就是不偏不倚。亚里士多德把公平原则从形式上表述为同样的情况同样对待。近现代以后，随着商品经济的兴起出现了社会分化、贫富差别等各种社会不公现象，思想家对于以收入平等为主的社会公平进行了广泛而深刻的研究。

从字面意思理解公平。在英文中，公平为 Fairness，与正义（Justice）、平等（Equality）意义相近，很多词典也是在互换这些词的意义。在现代汉语词典中，公平指"处理事情合情合理，不偏袒哪一方"。公平的基本含义就是强调对待人或事要"一视同仁"，衡量标准要"同一个尺度"，防止对于不同的人或事采取不同标准的情形。

由于公平概念涉及多种学科，因而每个学科都有各自侧重的解释。经济学上的公平，主要指的是根据劳动获得劳动报酬的分配公平，以及人们拥有的劳动和就业机会的平等。哲学层面上讲，公平是指人的群体活动中的一种"合理的关系"，是对人的生存方式及社会关系是否具有合理性的追问。从政治学上讲，公平主要是每个公民具有平等的政治权利和参与公共事务的机会。法学上的公平，主要指人们的权利和义务的对等性，以及人们的获得与承担责任的一致性。社会学上的公平，则是反映社会成员之间经济收入、社会地位等社会价值的合理分配原则。②

从基本含义出发，结合各个学科关于公平的共性解释，我们认为，公平体现的是一种社会资源配置的原则，反映了社会成员生存和发展所需要的各种物质、文化、制度和机会等资源分配的合理性的价值判断。具体来说，公平就是在一定社会中人们之间各种利益关系和权利关系的合理分配，以及对这些社会关系的合理程度的评

---

① 张晓波：《论墨家的经济公正思想》，《企业家天地》2007 年第 3 期。
② 黄秀华：《发展与公平——中国社会发展的历史抉择》，中国社会科学出版社 2010 年版，第 72 页。

价和判断。它既包括一定社会共同体中成员的人身平等、权利平等、地位平等等，也包含规则、信息、知识、财富等有用资源的合理分配和利用。其核心是权益分配的平等，它意味着"权利的平等、利益分配的合理、机会的均等与司法的公正"①。

上述公平含义的讨论基本上也适用于"社会公平"的概念。只不过，社会公平超越了个人层面的公平，强调社会层面的公平问题。社会公平要求所有社会价值（主要是社会资源、发展机会和物质利益）在各个社会群体之间进行合理的分配，社会群体包括了阶层、城乡、地区、民族、种族、性别等结构要素。对于社会公平，世界银行在《世界发展报告》中定义为两项原则：一是机会公平，即一个人一生的成就应主要取决于其本人的才能和努力；二是避免剥夺享受成果的权利。

综合上述看法，我们认为，所谓社会公平，就是指人们在社会中享有的政治权益、经济权益、文化权益和人格地位各方面的平等关系。它所反映的核心问题是权力和利益在社会成员之间的合理分配，也包括人们对这种权力和利益关系是否合理的主观价值评判。

需要指出的是，社会公平以人的社会存在为基本依据。人的社会性决定了人们的现实利益和需要只能在一定的社会关系中才能提出和实现。因而，考察社会公平，必须要在一定的社会关系中进行。也就是说，只有反映人们之间的利益状况的社会关系形成后，社会公平或不公平才会在其中产生出来。另外，社会公平既体现在社会发展的一定关系当中，也体现在人们对这种社会关系的认识当中。这就意味着：第一，作为一种社会存在，人必须具有在相应的社会关系中获取人格、接受教育和获取其他权利的平等性，即要求人格的独立性和人权的平等性。第二，经济生产关系是社会关系中最基本的关系。作为经济活动的主体，人不仅要求有获取就业、培训学习方面的机会平等，而且还要求劳动结果（产品分配）上的公

---

① 俞可平：《社会公平和善治：建设和谐社会的基石》，《光明日报》2005年3月22日。

平性，即平等拥有生存、发展的权利和机会。

## 二 社会公平的分类

从公平的层次上，可以把社会公平分为三个层次：第一层次是作为整体性存在的社会的公平；第二层次包含在社会公平范围内，是社会不同领域的公平，包括经济公平、政治公平、文化公平等；第三层次是人们在具体活动范围内的公平，如在法律领域，有立法公平、执法公平、司法公平等，在经济领域，有生产公平、交换公平、分配公平、消费公平等。

从社会公平的表现形式和作用领域来看，社会公平包括经济公平、政治公平、文化公平。在经济上，社会成员在经济生活中具有相同的地位和权利，平等地拥有工作、劳动、休息的权利，在收入分配上能否享受到与自身实际付出相对应的报酬；政治上的公平是指，每一个社会成员都与其他社会成员一样拥有一席之地、一票之权。不管人们的出身、天资、才能、种族、宗教、性别、财富等方面存在怎样的差别，法律面前一律平等；文化公平是指，人们都享有平等受文化教育的权利，以及言论、出版和文化创作等的自由权利。每个人都有自己独立的人格，都有人格受尊重和保护的需要，拥有平等的发展机会和参与机会。

从社会公平的存在状态和过程环节来看，社会公平在内涵上包括起点公平、过程公平和结果公平。起点公平是指每个社会成员在生存发展和竞争能力方面拥有平等利用资源的权利和机会，要求社会成员平等拥有法律赋予个人的一切权利，这些权利不会因为种族、出身、性别、家庭等条件的不同而有差别。过程公平是指社会成员在参与社会活动和获取社会资源中的机会、规则和路径具有平等性和普遍适用性，即人人遵从统一规则，一切公开透明。结果公平是指通过制度、法律和政策的调节机制，消除不同个体和群体之间的过大差距，使之趋向均等化。

## 三 社会公平的特征

从社会公平的概念和分类中可以看出,社会公平具有以下几个特征:

第一,没有抽象的公平,社会公平具有历史性。在不同的历史时期,社会公平的内涵和衡量尺度是不同的,没有亘古不变的公平观。在不同的社会发展阶段,社会公平具有不同的存在和表现形式。这一点几乎所有的研究者都有相同看法。

第二,社会公平具有主观性和相对性。公平问题首先以观念形式而存在。也就是说,它包含了人们对于社会资源与利益分配合理与否的评价。进而,人们在社会各领域中的地位平等是人们在复杂的社会关系中的相对位置而言的。举例来说,经济学家通常使用基尼系数来度量一个社会的公平程度,但是,基尼系数只是表征社会平等的一个指标,而社会公平还包含了不同的社会群体对于基尼系数所表征的贫富差距的承受程度,涉及人们对贫富分化这个客观事实的承受范围和主观判断。

第三,经验性和客观性。相对于社会正义更关注公平的理念与原则,社会公平侧重于现实的、具体的权益分配,本质上是经验的范畴。社会公平的核心是社会成员利益的合理分配与社会资源配置的有效性问题,因而它必然与特定社会中人们的现实生活密切相关,也与特定的社会背景和社会秩序息息相关。社会公平的实现条件、实现途径及其社会效果,只能被放置到特定的社会情境中才有其现实意义,按照唯物主义的观点,社会公平的实现程度不能超越生产力的发展水平。这是"社会公平"的显著特征。[①]

第四,广泛性和相关性。社会是个复杂的系统,社会公平问题涉及社会的经济、政治、文化、伦理等各个社会领域,从社会制度到社会规则、社会政策无不体现着社会公平。同时,社会公平问题广泛存在于社会关系中,这种关系发生在人与人之间、群体与群体

---

① 陈辉、熊春文:《社会公平:概念再辨析》,《探索》2011年第4期。

之间、区域与区域之间、阶层与阶层之间等。孤立的存在不会发生公平问题。

上述特征说明,社会公平作为一个利益关系范畴,反映和涉及的核心问题是权力和利益在社会成员中合理而有序地分配。展开来说,一个社会是否公平,关键在于社会成员之间的权益关系是否达到合理均衡有序,如果社会各项权益合理均衡,并且人们对这种秩序感到满意,那么这种社会就是公平的社会。反之,如果社会中多数成员认为各项权力和利益关系并不合理,那么这个社会就是不公平的社会。如何保证一个社会中各项权力和利益关系合理均衡,就涉及如何保障社会公平的问题,亦即社会公平保障的问题。

## 第二节 社会公平保障的理论渊源

伴随着人类对公平的追寻,思想家对公平理论的探究和公平制度的设计由来已久。历史上,关于公平的研究经过了历史的沉淀和荡涤,一些理论观点影响至今。尤其是近代以来,思想家们通过对公平理论的研究,通过公平正义的原则来设计社会制度,对推动现代社会朝着公平方向发展产生了极其重要的影响。熟悉和借鉴这些公平理论,对中国社会公平保障大有裨益。我们认为,理解和解释中国的社会公平问题,离不开马克思主义公平观的指导,同时还离不开当今世界一些主流的社会公平理论,包括对发达国家发展模式产生重要影响的福利经济学公平观、自由主义公平观和罗尔斯主义公平观。本节简要分析这些理论流派。

### 一 马克思主义的社会公平及其保障理论

追求社会公平是马克思主义的基本原则之一,马克思主义经典作家们对此有着丰富而深刻的论述。马克思主义科学分析了社会产生不公平的根源,把消灭阶级作为自己公平理论的本质内容,找到了通过制度变革保障社会公平的根本路径,并把人的自由全面发展作为公平社会建设的理想目标。

第一，人们对社会公平的追求必然要受到具体的经济社会发展条件的制约。马克思主义经典作家认为，任何公平都是一定社会关系的表现，受到生产力发展水平的限制，归根到底都是一定经济关系的表现，因而是具体的。恩格斯说，古希腊人和古罗马人的公平观认为奴隶制度是公平的；1789年资产者的公平观要求废除封建制度，因为据说它不公平。① 社会公平也是相对的，没有绝对的公平。公平的社会是一种社会理想，人们对社会公平的追求必然要受到具体经济社会发展条件的制约，也受到个人主观感受的制约。恩格斯指出："在国和国、省和省，甚至地方和地方之间总会有生活条件方面的某种不平等存在，这种不平等可以减少到最低限度，但是永远不可能完全消除。阿尔卑斯山的居民和平原上的居民的生活条件总是不同的。"②

第二，资本主义社会不公平的根源在于其经济基础。马克思认为，资本主义社会虽然在法律上承认了人们的平等权利，但是这个法律上的平等是以社会中的小部分富人和大部分穷人不平等前提下的平等，"简括地说，就是简直把不平等叫做平等"③。资本主义法权结构把私有财产视为神圣不可侵犯，认为资本家和工人的交易是自由的、平等的，因而也是"正义"的。但是，在资本主义私有制基础上，资本家占有生产资料，而工人一无所有，这种经济基础决定了劳资之间永远不可能公平缔结协定，这正是资本主义所谓"平等"和"正义"的虚伪性。马克思明确指出，"在雇佣劳动制度的基础上要求平等的或仅仅是公平的报酬，就犹如在奴隶制的基础上要求自由一样"④。

第三，无产阶级社会公平观的本质内容是最终消灭阶级，这是马克思、恩格斯社会公平观的根本。当英国工联主义者提出"做一天公平的工作，得一天公平的工资"的时候，马克思给以严厉的批

---

① 《马克思恩格斯选集》第1卷，人民出版社1995年版，第368页。
② 《马克思恩格斯全集》第19卷，人民出版社1963年版，第8页。
③ 《马克思恩格斯全集》第2卷，人民出版社1965年版，第648页。
④ 《马克思恩格斯选集》第2卷，人民出版社1995年版，第76页。

评，马克思认为，无产阶级的公平要求，不是什么"公平"的工资，而是"消灭雇佣劳动制度"。马克思认为，无产阶级的解放斗争不是要争取阶级特权和垄断权，而是要争取平等的权利和义务，并消灭任何阶级统治。因此，它反对在党纲中写上"消除一切社会的和政治的不平等"这一不明确的语句，而主张把"消灭一切阶级差别"作为党的奋斗目标。

第四，真正的公平在于社会成员对生产条件的共同占有和联合劳动，实现人类自由全面的发展。按照科学社会主义的设想，未来社会将在打碎旧的国家机器、消灭私有制的基础上，消除阶级之间、城乡之间、脑力劳动和体力劳动之间的对立和差别，将使社会物质财富极大丰富、人民精神境界极大提高，实行各尽所能、各取所需，实现每个人自由而全面的发展，在人与人之间、人与自然之间都形成和谐的关系。恩格斯认为，真正的自由和真正的平等只有在共产主义制度上才可能实现。这是彻底的社会平等。

## 二 福利经济学派的社会公平及其保障理论

福利经济学是研究社会经济福利的一种经济学理论体系。福利经济学以效用或功用（Utility）理论为出发点，探讨并研究有关人类社会福利最大化的问题。其主要内容是"分配越均等，社会福利就越大"，主张国家加强在国民收入调节过程中的作用，使国民收入呈现均等化趋势。福利经济学是"福利国家"的理论基础。

福利经济学分为旧福利经济学和新福利经济学两派，旧福利经济学由英国经济学家霍布斯和庇古于20世纪20年代创立。1920年庇古的《福利经济学》一书，被认为是福利经济学独立成为一门科学的起点。西方学者评论《福利经济学》一书"开拓了福利经济学的研究，书中反映了他对正义和保护穷人利益的关心"。庇古认为，福利是个人获得的对财务、知识情感、欲望的占有和满足，所有社会成员的这些满足和效用的总和构成了社会福利。人们追求最大限度的满足，使人们得到满足的是物的效用，个人的经济福利则是可以计量的。他主张最适度地配置生产资源，使生产出来的国民收入达到最大值。即由政府调节私人纯产品与边际社会纯产品之间的矛盾，来实现生产资源的最佳配置。由于自由市场机制致使收入差距过大不能使一国经济最大化，因此，减少收入的不均程度是福利极大化的必要条件。他认为，富人失去一定数量的收入，只是比较微小的牺牲，而穷人如果获得同样数量的收入，则能满足他迫切的需要，因而如果要从整体产出更大的效用，增加一国的经济福利，可以把收入从相对富裕的人手中转移到穷人那里。因此，他主张：第一，向富人征收累进的个人所得税，将高额的遗产税等用于增进穷人的福利；第二，改善劳动者的劳动条件，增加对患病、伤残和失业群体的物质帮助；第三，实行普遍的养老金制度，政府应予以普遍补贴。①

20世纪30年代资本主义世界经济危机以后，西方经济学对福利经济学进行了许多修改和补充。20世纪50年代，在批判和吸收庇古的福利经济学的基础上形成了新福利经济学。新福利经济学摒弃了旧福利经济学的基数效用论、庇古的收入均等化理论，而保留了其资源有效配置的建议，认为效用是不能计量的，收入均等化并不能增加社会福利，据此提出了补偿原则、社会福利函数理论以及次优理论。新福利经济学运用这些工具论证了如何在保障个人自由的前提下，通过增加个人福利来实现社会福利最大化。当一个国家的资源得到最佳配置时，经济运行就有效率，这样社会福利就能最大化。新福利经济学把充分竞争的市场作为资源最佳配置的出发点，来保证生产资源所生产出来的社会福利达到最大化，即完全竞争的市场能达到帕累托效率。同时认为，通过政府合适的收入分配政策能够有效矫正市场失灵。

福利经济学确立了"公平"在经济理论中的地位，使经济学有了价值规范的色彩。福利经济学的发展使人们日益重视社会和经济发展的质量和公平问题，使人们更加关注分配的正义和公平。同

---

① 刘涤源、谭崇台主编：《当代西方经济学说》，武汉大学出版社1983年版，第502—507页。

时，福利经济学将社会福利问题与国家干预收入分配结合起来，对福利社会的实践和公共政策的制定产生了深远影响，尤其是对社会福利领域的制度安排有明显的影响。可以说，福利经济学的功利主义公平观和社会福利理论对维护资本主义制度、缓和社会矛盾和促进社会公平方面起到了极其重要的促进作用，但由于这种公平观是建立在个人效用基础上的，因而在理论上也存在许多备受批评的漏洞。

### 三 罗尔斯主义的社会公平及其保障理论

罗尔斯的公平理论被认为是迄今为止西方社会所有对公平价值观念所作的解释中最令人满意的一种。它的正义观可以概括为公平的正义。罗尔斯的"作为公平的正义"的正义观，被概括为"所有的社会基本善——自由和机会、收入和财富及自尊的基础——都应被平等的分配，除非对一些或所有社会基本善的一种不平等分配有利于最不利者"①。

罗尔斯的思想来源于西方哲学中的社会契约论传统，有的学者也把罗尔斯的公平理论归结为现代契约论。契约论者都强调"自由"或"自愿"，即有效的契约必须是订约各方自由签署的。罗尔斯认为，契约"自由"性质的前提是，订约各方要事先被置于一种恰当的环境之中。由于天赋、财产和家庭条件的不同，使人与人之间的社会地位形成差异，因而人们之间自由达成的协定必然会与真正公平的情况有所冲突。如何解决这个问题？他设想了一种"无知之幕"的设定：在进入社会合作之前，人们需要事先选择好社会对权利、位置和资源正义分配原则，在这个选择阶段，人们不能具有关于他们进入社会后将拥有什么样的财富、才能和地位的知识。例如，在一个想象中的社会里，一个人知道自己是否聪明、富有或者出生在优等阶级。但一旦被"无知之幕"挡住，这个人可能会出生在社会中的任意位置，这就驱使人们从社会最不幸的人的角度来考

---

① ［美］约翰·罗尔斯：《正义论》，中国社会科学出版社1998年版，第292页。

虑问题和设计社会制度。

罗尔斯的结论是：在这种限定条件下，人们会同意若干条特定的争议原则，这就是罗尔斯最著名的两个正义原则：一是自由原则，每个人对与其他人所拥有的"最广泛的基本自由体系相容的类似自由体系"都应有一种平等的权利；二是平等原则，社会和经济的不平等应该这样安排，在机会平等的前提下，（1）公平机会平等原则：各项职位及地位，必须在公平的机会平等下，对所有人开放。（2）差异原则：使社会中处境最不利的成员获得最大的利益。[①]罗尔斯指出，第一个原则用于保障公民的平等自由权，包括政治自由、言论自由、集会自由等思想自由和财产权利。第二个原则用于保证一种平等的分配，即资源、收入和机会的平等分配。在两者的关系上，公民的自由平等是第一位的，即第一个原则优于第二个原则。一个正义的社会首先必须保障每个公民的自由平等权利。并且，机会均等又优先于财富和收入不平等的合理限制。同时，必须充分保证社会中最不利地位的人的最大利益，即一个既能保障每个人机会均等，又能使处于社会中最不利地位的人获得最大利益的社会，才是真正的公平正义的社会。

"社会的基本结构乃正义之第一主题。"在确定了正义的两个原则之后，罗尔斯便将它们贯彻于社会基本结构。罗尔斯认为，自由平等的权利的理想必须从社会制度上加以设计。在他看来，社会制度的首要价值是正义，而"正义的主要问题是社会的基本结构，或更准确地说，是社会主要制度分配基本权利和义务，决定由社会合作产生的利益之划分的方式，所谓主要制度，我理解是政治结构和主要的经济社会安排"[②]。一个社会是否正义，主要看社会制度安排是否正义，"政治上的宪法、法律承认的财产形式、经济的组织和家庭的个性都属于基本结构"。

正义的重心在于分配正义。罗尔斯的正义论被认为是针对当时

---

[①] 李石：《论罗尔斯正义理论中的"优先规则"》，《哲学动态》2015年第9期。
[②] ［美］约翰·罗尔斯：《正义论》，中国社会科学出版社1998年版，第7页。

占据主流地位的功利主义思想的。功利主义只强调效率原则（最大多数人的最大幸福），并把它作为社会的最高道德原则，却忽略了对利益的公平分配，必然会出现一部分人将自己利益最大化的实现凌驾于另一部分人的利益之上。在罗尔斯看来，财富和收入的分配的确无法做到平等，所以，应在承认和确保每一个社会成员的基本权利和机会自由平等的基础上，重视和强调平等原则基础上的差别原则。社会的与经济的不平等只有通过差别原则来进行合理性调节和再分配，每个人才能从中受益，"最少受惠者的最大利益"才能实现。罗尔斯相信，一个满足差异原则的社会，虽然仍然存在分配不平等的情况，但不平等的程度，会低很多。

在罗尔斯看来，分配正义的问题归属于社会基本结构。"在作为公平的正义中，分配正义的问题永远是这样的：基本结构的制度作为一种统一的制度体系应该加以调整，以使一种公平的、有效的和富有生产力的社会合作体系能够得以持续维持、世代相继。"①因为社会基本结构能够改变初始的正义条件，变化了的社会条件可能使初始的正义变为不正义。因此，保证分配的正义，就需要不断地调整社会基本结构。只有在保证基本结构正义的前提下，起点的正义才能延续。这是一种"理想的社会过程观"，其实质是强调社会基本结构的不断调整以保证分配的正义。②

罗尔斯的正义论是一个内容丰富、思辨难度颇大的体系，它反映了西方学术界 20 年来争论的主要问题，也深刻反映了当时西方社会的民权和贫困两大问题的内在矛盾。他的自由权优先，考虑最少受惠者的利益，也都是为这些难题寻找出路。他的主要目的在于通过用正义即公平的观念来取代功利主义的正义观念，从而推动社会进步。但是，这种矛盾根源于资本主义制度，因此罗尔斯试图通过调和和努力的改良主义是难以成功的。罗尔斯认为，西方社会没有

---

① [美]约翰·罗尔斯：《作为公平的正义——正义新论》，上海三联出版社 2002 年版，第 88 页。

② 任元庆：《浅析罗尔斯的分配正义理论》，《南京政治学院学报》2005 年第 1 期，第 164 页。

实现这些原则，或者说没有沿着这个方向发展。

### 四 自由主义的社会公平及其保障理论

自由主义在西方社会具有浓厚的传统。西方的自由主义可以分为古典自由主义和新自由主义。新自由主义①是20世纪30年代资本主义国家经济大萧条以来，与凯恩斯的国家干预主义相对立的思潮。以美国政治哲学家诺齐克和经济学家哈耶克、弗里德曼为代表。自由主义关于公平的主要观点是推崇机会均等和自由竞争。弗里德曼在《自由选择》中说："凡是容许自由市场起作用的地方，凡是存在着机会均等的地方，老百姓的生活都能达到做梦也不曾想到的水平。"

自由主义在经济领域极其推崇市场功能。在诺齐克看来，只要市场中每个人拥有的生产工具和财产是正当得来的，市场交易是按照契约精神拟定的，那么最后导致的财富不平等，无论有多大，都是正当的，政府不应干预。市场竞争不仅没有问题，反而是最自由最公正的制度。弗里德曼也认为，政府只能是仲裁者而不应当是当事人，政府的作用只能是在有限的范围内保护市场、保护市场中的当事人。"一个人如果一心想通过增加政府的干预来为公众利益服务，那他将受一只看不见的手的指引，去增进同他的盘算不相干的私人利益。""利用政府来补救市场的失灵，常常只不过是以政府的失灵代替市场的失灵。"②

自由主义公平观强调市场秩序中的机会公平，反对通过社会再分配实现结果公平，被人们称为是分配起点的"权力主义"和分配结果的"虚无主义"③。弗里德曼认为，机会平等与结果平等有着

---

① 新自由主义是在继承古典自由主义理论的基础上发展而来，以抵制凯恩斯主义为主要特征。它反对国家和政府对经济的不必要干预，强调自由市场的重要性。但不同于经典自由主义，它提倡社会市场经济，即政府只对经济起调节以及规定市场活动框架条件的作用。在国际政策上，强调开放国际市场，支持全球性的自由贸易和国际分工。

② [美] 米尔顿·弗里德曼：《自由选择》，胡骑等译，商务印书馆1982年版，第244页。

③ 刘斌：《西方经济学中收入分配公平观述评》，《山西大学学报》2004年第4期。

本质的不同。机会平等的真正要义就是法国大革命时的那一句话：前程为所有人开放。"出身、民族、肤色、性格或其他任何无关的特性都不决定对一个人开放的机会，只有他的才能决定他所得到的机会。"① 自由主义公平观反对市场之外的再分配政策，认为任何超越机会平等去追求社会再分配公平的思想，都是要将某一个社会群体的意志或利益凌驾于整个社会经济自由之上，这不仅不能实现公平，而且威胁到自由制度本身。"分配公平的原则，一旦被采用……在这个社会中，权力机构将决定个人所应当做的事情以及个人在这种事情应当采取的方式。"② 任何超出法律平等范围内的社会公平目标，都是限制自由的不公平做法。无论如何，社会没有义务为平等目标进行社会再分配。

无论古典自由主义，还是新自由主义，都推崇有限政府论。但与古典自由主义不同的是，新自由主义对市场与政府、效率与公平的关系有了比古典自由主义更复杂的认识。由于市场失灵的存在，政府必须承担公共产品的供应职责，"政府作为公共利益的代理人，其作用是弥补市场经济的不足"。但同时，新自由主义的寻租理论、公共选择理论等证明，政府可能并不代表公共利益或意志，政府是由具有自利性的"经济人"组成的，由这些人组成的政府必然存在失灵。

在理论上，新自由主义对自由作了积极的理解和限制，对实现个人自由和社会发展的和谐统一有了新认识。新自由主义认为，无视社会中的不平等，可能导致民主的破产和国家在政治上的无能，国家应提供公共福利，前提是国家的干预权力不能侵犯公民的民主和自由权利。新自由主义在批判福利国家为追求社会公平理想而进行社会产品的再分配的同时，也重视国家在消除社会贫困方面的作用。他们认为，一个社会不能让弱势群体长期处于贫困之下，主张

---

① [美]米尔顿·弗里德曼：《自由选择》，胡骑等译，商务印书馆1982年版，第135页。

② 哈耶克：《自由秩序原理》（上卷），生活·读书·新知三联书店1997年版，第121—122页。

完全抛弃福利国家，重新建立符合市场效率要求的社会保障制度。

## 五 中国特色社会主义社会公平及其保障理论

中国特色社会主义公平理论，是在马克思主义公平思想的指导下，在社会主义初级阶段理论和历史实践中形成的。在中国特色社会主义发展的历史进程中，中国共产党人根据各个历史时期的使命任务和国情特点，对实现社会公平进行了持续的探索，形成了中国特色社会主义社会公平理论。

改革开放后，在汲取了绝对平均主义造成的灾难教训基础上，首先，邓小平认为，社会主义的"优越性应该表现在比资本主义有更好的条件发展社会生产力"[①]。因为搞平均主义，吃"大锅饭"，人民生活永远改善不了，积极性永远调动不起来，落后基础上的平均主义并不是马克思主义公平观的价值诉求，而恰恰是对它的根本背离。他改变了忽视效率的经济模式，开始强调效率，并发展为效率优先、兼顾公平，这有力调动了人民生产的积极性，搞活了中国的经济，使我国一贫二穷三落后的面貌从根本上开始改观。其次，邓小平倡导的改革也是减少政府管制，释放社会和个人的主动性的过程。邓小平指出，"我们农村改革之所以见效，就是因为给农民更多的自主权，调动了农民的积极性"[②]。正是政府减少了对劳动者的管制和压制，允许社会流动和社会参与，才把群众的聪明才智都得以发挥，才增强了主体的独立意识和自主意识，体现了对人的尊重。这也是社会公平（权利公平和机会公平）的重要内容。再次，要防止市场经济的竞争特性和追求利润最大化的特性加剧社会的贫富分化。1993年9月16日，邓小平在与其弟弟邓垦谈话时强调，"过去我们讲先发展起来。现在看，发展起来以后的问题不比不发展时少"[③]，他强调，"社会主义不是少数人富起来、大多数人穷，不是那个样子。社会主义最大的优越性就是共同富裕，这是体

---

① 《邓小平文选》第2卷，人民出版社1994年版，第231页。
② 《邓小平文选》第3卷，人民出版社1993年版，第242页。
③ 《邓小平年谱（1975—1997）》（下），中央文献出版社2004年版，第1364页。

现社会主义本质的一个东西。如果搞两极分化，情况就不同了，民族矛盾、区域间矛盾、阶级矛盾都会发展，相应地中央和地方的矛盾也会发展，就可能出乱子"①。在1992年南方谈话时，他曾设想，在20世纪末达到小康水平的时候，我们要着手解决这个问题。

以江泽民为核心的党的第三代中央领导集体在建立和完善社会主义市场经济的过程中，对社会公平问题进行了探索。首先，衡量社会公平的标准是：是否有利于生产的发展和社会的进步。江泽民在1989年6月曾指出，"以平等权利为基础的社会公平要受到社会经济文化发展的制约。……衡量社会公平的标准必须看是否有利于社会生产力发展和社会进步"②。其次，要科学协调公平与效率的关系。1992年，党的十四大报告提出，我国经济体制改革的目标是建立社会主义市场经济体制。市场经济模式有效促进了生产力的发展，但也开始产生了一些分配不公的问题。江泽民在党的十五大报告当中就收入分配问题提出，要"坚持效率优先，兼顾公平"。进入21世纪后，我国社会生产力获得了重要发展，但市场经济的价值规律导致优胜劣汰，使得收入差距扩大的现象日益明显，因此江泽民在党的十六大报告中又提出："初次分配注重效率，发挥市场的作用……再分配注重公平，加强政府对收入分配的调节职能，调节差距过大的收入。"③ 这就从初次分配和再分配的两个方面，科学协调了公平与效率的关系。再次，值得特别说明的是，20世纪90年代，江泽民提出了依法治国战略和加强人权建设的思想。早在1992年，江泽民在邓小平"没有民主就没有社会主义"著名论断的基础上，进一步提出"没有民主和法制就没有社会主义"。1997年在党的十五大上，江泽民提出了"依法治国，建设社会主义法治国家"的治国方略。江泽民指出，依法治国，"就是广大人民群众在党的领导下，依照宪法和法律的规定，通过各种途径和形式，管理国家事务，管理经济和文化事业，管理社会事务；就是逐

---

① 《邓小平文选》第3卷，人民出版社1993年版，第364页。
② 《江泽民文选》第1卷，人民出版社2006年版，第48页。
③ 《江泽民文选》第3卷，人民出版社2006年版，第550页。

步实现社会主义民主的制度化、法律化"①。1998年9月14日，江泽民会见联合国人权专员时指出，"在发展经济的同时，中国政府始终把民主与法制建设放在十分重要的地位，通过采取立法和行政等各项措施，促进和保护人民的公民权利和政治权利。今后，我们还要进一步扩大社会主义民主、健全社会主义法制，依法治国，建设社会主义法制国家，保证人民依法享有广泛的权利和自由，尊重和保障人权"②。

　　进入21世纪以来，我国社会公平问题面临新挑战，伴随着经济社会持续快速发展势头而来的是城乡二元结构矛盾、区域发展的不均衡等，居民收入差距拉大、教育和医疗资源分布不均等社会不公平现象。尤其是社会矛盾突发频发，对执政党的公信力和执政能力构成了挑战。社会公平问题摆在了更加重要的位置。2005年胡锦涛在《在省部级主要领导干部提高构建社会主义和谐社会能力专题研讨班上的讲话》中指出，现阶段"我们已经具备了较为坚实的物质基础，可以为缩小社会差距、促进社会公平、完善社会保障、发展社会事业、加强社会建设和管理等提供更充分的物质保证"。胡锦涛强调，我们所要建设的社会主义和谐社会，应该是民主法治、公平正义、诚信友爱、充满活力、安定有序、人与自然和谐相处的社会。所谓公平正义，就是社会各方面的利益关系得到妥善协调，人民内部矛盾和其他社会矛盾得到正确处理，社会公平和正义得到切实维护和实现。党的十六届六中全会通过的《中共中央关于构建社会主义和谐社会若干重大问题的决定》再次强调，在经济发展的基础上，更加注重社会公平。值得一提的是，在此期间，我国社会保障体系建设取得了明显有效的进展。党的十六大把建立比较健全的社会保障体系作为全面建设小康社会的重要内容。党的十七大报告又明确提出，基本建立覆盖城乡居民的社会保障体系，人人享有基本生活保障。各级政府财政对社会保障的资金投入力度不断

---

① 《江泽民文选》第1卷，人民出版社2006年版，第511页。
② 《人民日报》1998年9月15日。

加大，我国社会保障体系进入加快发展的新时期。在此基础上，以胡锦涛同志为核心的党中央从构建社会主义和谐社会的高度上，对中国特色社会主义公平观进行了自觉而系统的探索。对于社会公平的重要意义，胡锦涛指出，"实现社会公平正义是中国共产党人的一贯主张，是发展中国特色社会主义的重大任务"①。对于社会公平建设的主要内容和基本路径，胡锦涛提出，我们将逐步建立以权利公平、机会公平、规则公平、分配公平为主要内容的社会公平保障体系。对于发展与公平建设的关系，胡锦涛指出，要通过发展保障社会公平正义，努力做到发展为了人民、发展依靠人民、发展成果由人民共享。

党的十八大以来，以习近平同志为核心的新一届领导集体自觉担负起实现中华民族伟大复兴中国梦的历史使命，把社会公平建设贯穿在实现社会主义现代化和中国梦的各项战略部署中。在党的十八届三中全会、四中全会对全面深化改革和全面依法治国的阐述中，有集中的体现。党的十九大将保障人民平等参与、平等发展的权利，定位为我国"全面建成小康社会""基本实现社会主义现代化"和"全面建成社会主义现代化强国"的衡量标准、战略任务。具体来说，一是重新阐述了公平发展的中国抉择，提出要通过改革"让一切劳动、知识、技术、管理、资本的活力竞相迸发，让一切创造社会财富的源泉充分涌流"，实现"发展成果更多更公平惠及全体人民"。二是将公平提到了中国特色社会主义改革的价值遵循高度。习近平强调："全面深化改革必须着眼创造更加公平正义的社会环境，不断克服各种有违公平正义的现象。""如果不能创造更加公平的社会环境，甚至导致更多不公平，改革就失去意义。"②因此，要"推动经济更有效率、更加公平、更可持续发展""建立公平开放透明的市场规则""让广大农民平等参与现代化进程、共同分享现代化成果""保证各种所有制经济依法平等使用生产要

---

① 胡锦涛：《高举中国特色社会主义伟大旗帜　为夺取全面建设小康社会新胜利而奋斗》，人民出版社 2007 年版，第 17 页。
② 《十八大以来重要文献选编》（上），中央文献出版社 2014 年版，第 552 页。

素、公开公平公正参与市场竞争""让人民群众在每一个司法案件中都感受到公平正义""促进公共资源向基层延伸、向农村覆盖、向弱势群体倾斜"①，等等。三是阐述了社会公平的制度保障作用，更加强调通过制度创新实现社会公平。习近平强调，"不论处在什么发展水平上，制度都是社会公平正义的重要保证"②。要加紧建设对保障社会公平正义具有重大作用的制度，逐步建立以权利公平、机会公平、规则公平为主要内容的社会公平保障体系，使我们的制度安排更好地体现公平正义原则。

## 第三节 社会公平保障的概念与内容要素

### 一 社会公平保障的概念

从上面国内外关于社会公平及其保障理论，尤其是马克思主义的社会公平保障理论和中国特色社会主义社会公平理论中，我们总结认为，社会公平保障，简单来说，就是确保社会公平不受侵害，就是确保社会正义实现。只不过由于各种理论所秉持的理念和对实现社会公平方式的不同强调，形成了多种社会公平及其保障理论，但万变不离其宗。从确保社会公平实现的手段来说，社会公平保障可以理解为，按照公平的原则不断调整和完善政府、市场和社会治理结构，改造和安排法律规则、体制政策，以保障公民的政治经济文化权益的普遍平等。从确保社会公平的实现结果来说，社会公平保障就是通过对公民之间的利益关系进行调节，使公民在政治、经济、文化、伦理、法律等方面达到权利与义务、贡献与所得、自由与秩序等的合理分配，保障人民平等参与、平等发展的权利。

从根本上来说，社会公平保障就是对公平的社会存在的确认和正义的社会结构的维护，即罗尔斯所强调的"社会结构的正义性"价值的确认和维护。社会公平的深层含义，就是社会的政治制度、

---

① 《习近平关于全面深化改革论述摘编》，中央文献出版社2014年版，第92—93页。

② 《十八大以来重要文献选编》（上），中央文献出版社2014年版，第553页。

经济制度所构成的"社会结构",以及社会政策和社会机制所构成的社会规则在现实社会发展阶段的"合理性"和"正义性"。这种合理性包括各种基本的社会权利和社会义务的分配,以及其他社会公共产品的公平分配。社会借以实现这一公平"合理性"的基本方式是构建社会公平保障体系,这包括了国家的宪法、社会体制、经济体制、政治体制和文化体制等(即罗尔斯的社会结构),以及通过国家权力机构及政府系统所制定的各种重要政策,等等。[①]

从社会公平保障的理论渊源中,我们发现,不管是福利经济学的社会公平保障理论,还是自由主义社会公平理论,都涵盖了现代社会中的三大主要方面:政府、市场和社会,只不过是各自的侧重有所不同。第一,市场经济体制本身包含着社会公平的要素,要充分发挥市场在资源配置中的决定性作用。市场经济给予每个市场主体自由参与经济活动的平等权利,抛弃了"出身决定命运"。市场经济的竞争方式本身追求的是公平,市场经济中必须遵循等价交换原则,竞争者必须在过程平等、规则平等的条件下开展公平竞争。同时,市场竞争的分配方式是按贡献参与分配,这本身也是公平的。第二,由于市场提供的机会公平和规则公平并不能保证社会弱势群体在竞争中的不利地位,市场都有失灵的地方,因此政府必须负担起保障社会公平的责任,确保社会成员基本权利平等,合理分配社会财富,保障基本的生存权和发展权。第三,公民社会在保障社会公平中发挥越来越重要的作用。公民社会作为独立于国家的社会自治领域,有自身的价值理念,追求独立自主、崇尚民主法制,提倡公平、公开和参与的精神。社会公众能够通过社会组织平等参与社会活动,有利于充分反映自己的利益要求,有利于通过社会公益促进社会公平,通过社会调节实现社会公平。总之,社会公平保障是一项综合性的社会工程,政府、市场和社会在其中扮演着不同的角色,发挥着不同的作用。从某种意义上讲,现代社会公平保障,就是政府、市场和社会协同互动的社会公平保障机制。

---

① 万俊人:《社会公正为何如此重要?》,《天津社会科学》2009 年第 5 期。

关于社会公平保障，有几点需要说明：

第一，社会公平保障是人们对社会公平关注的自然延伸。遵循人们对社会公平的认识，对社会公平保障的认识也包括两个方面。一方面，反映社会公平保障和实现状况的客观认识，主要涉及社会权力关系、利益关系和在资源配置中的制度体制、政策机制和社会规范对社会公平的保障；另一方面，社会公平保障也涉及人们对于社会权利关系和利益关系的价值期望和满意度评判，主要是以人们的主观感受为中心。本研究中，我们主要针对的是第一方面的研究，即主要关注的是整个社会的经济、政治、文化、教育等客观的社会公平关系。

第二，社会公平保障有广义和狭义之分。广义理解，社会公平保障是一个涉及政治制度、法律体系、市场体制、社会政策等方面的综合体。广义的社会公平保障涉及政治、经济、文化等社会生活诸领域，贯穿于生产、分配、交换、消费各个环节，存在于立法、司法、行政等各个方面。狭义的社会公平保障，主要包括两个体系：一是基本公共服务体系，主要包括公共教育、劳动就业服务、医疗卫生、住房保障等，二是社会保障体系，主要包括社会保险、社会救助、社会福利等。[①] 其中，狭义的公平保障也是对于社会公平保障实践的主要方面。本研究采用广义用法，从宏观整体上和社会结构中研究当代中国的社会公平保障问题。

第三，必须树立正确的社会公平保障理念。公平是一定社会关系的反映，公平观念也不是永恒不变的，而是由经济关系和社会发展阶段决定的，并随着经济关系的变化而变化，因而不能抽象地谈论社会公平保障，必须依据社会经济发展所能提供的条件来确定社会公平保障的能力和水平。这就意味着，社会公平保障水平与经济社会发展水平是相对应的，社会公平保障必须着眼于发展实际，必须树立正确的社会公平保障理念。在社会公平制度设计和政策制定

---

① 孙祁祥、锁凌燕、郑伟：《城镇化背景下社会公平保障体系建设的国际经验及其启示》，《中共中央党校学报》2014年第2期。

中,既不能以公平牺牲效率,又不能以追求效率而牺牲公平,既不能急于求成,又要切实稳妥推进。

第四,社会公平保障不是保障平均主义,而是以差别保障为条件的。社会不公平受众多因素的影响和制约,比如自然禀赋、政治社会因素等,众多因素的影响造成社会成员在权利、机会、结果等方面的不公平,社会公平保障就在于努力消除社会制度因素不合理(比如制度壁垒、二元结构、排斥性政策等)而导致的社会不公平,在于保障"同一尺度",保障人们在竞争起点、过程中的公平,也在于侧重保障特定社会弱势群体,以保障基本的生存权和发展权平等。

## 二 社会公平保障的内容要素

在现代社会,对社会公平保障的能力和水平,是判断一个社会及其制度正义与否的主要尺度。党的十八大提出要"加紧建设对保障社会公平正义具有重大作用的制度,逐步建立以权利公平、机会公平、规则公平为主要内容的社会公平保障体系"。这是从加强制度建设的意义上而言的,标志着我国开始将社会公平保障体系建设提升为完善社会主义市场经济制度、推进现代国家治理和保障国家长治久安的基础工程,为我国社会公平保障体系建设指明了方向。[①]

### (一)社会公平保障的具体内容

党的十八大报告将"权利公平、机会公平、规则公平"三种公平向度作为主要内容,形成了一个组合关联、自成体系的"三位一体"的公平观,在党的文件中,还是第一次。[②] 这实际上构成了社会公平保障的具体内容。

第一,权利公平是指共同体中的每一个成员都具有同样的尊严和权利。权利公平囊括了生存权和发展权,强调每个人和所有人民有权参与、促进并享受经济、政治、文化和社会发展。从内容上看,权利公平包括了法律规定的诸多方面的权利,包括政治权利、

---

[①] 魏志奇:《国家治理现代化中社会公平保障体系构建》,《中国特色社会主义研究》2015年第3期。

[②] 李强:《三位一体的公平观》,《前线》2012年第12期。

社会经济权利、获得救济的权利等。权利公平是社会公平保障体系中最为基础和核心的内容。没有基本权利的公平，就谈不上其他公平。

第二，机会公平也称作起跑点的公平，指人民在参与经济、政治、社会事务的机会上，在获得各种资源的可能性上，处于同一起跑线上。机会公平要求，在社会发展过程中，社会要毫不偏袒地为所有人提供同等的机会，不论是来自城市还是农村，不论是怎样的家庭背景，只要通过自身的努力，就可以取得应有的回报；不论是怎样的财富创造者，都享有同样的参与竞争的机会，只要靠诚实公平竞争，都可以获得应有的收获。

第三，规则公平也称作程序公平，指所有社会成员都必须遵守法律、法规，所有行为都必须受到法律的约束。规则公平主要体现了法治的理念。法治的核心灵魂是大家在规则面前一律平等，不论职位高低、不论贫富，没有人可以享有特权。如果说机会公平是起跑点的公平，那么规则公平则是在起跑以后，人们在竞争全过程中遵循同样的规则。[①]

### （二）社会公平保障的具体形式

制度是社会公平保障的具体形式。这里的制度泛指构成社会结构、社会运行的规则体系，是规范个体行动、蕴含社会价值的一种社会结构和社会规则。按照新制度主义理论，制度是一种无处不在的规则，凡是存在互动关系的社会结构中，就必然存在制度的规范和约束作用。制度的主要作用形式是规范和调整社会中人与人之间、不同群体之间的关系，以及社会中各种资源的配置关系。制度的首要价值是公平正义，社会是否公平，根本上取决于各种调节社会关系和资源配置关系的制度体系的实际运行状况。

实现社会公平，保障人们平等参与、平等发展的权利，必须把公平的制度保障作为根本支撑。社会公平保障体系的制度支撑，从类型来看，涉及民主权利保障制度、法律制度、司法制度、公共财政制

---

① 李强：《三位一体的公平观》，《前线》2012年第12期。

度、市场准入制度、社会保障等制度。从分配的角度看，涉及收入分配制度、税收调节制度、转移支付制度、社会互助制度等。从社会运行层面而言，涉及利益竞争机制、利益表达机制、决策参与机制、整合协调机制、评估调整机制等。① 如果说权利公平、机会公平、规则公平是社会公平保障体系的具体内容，那么由以上制度、体制和机制组成的社会公平保障制度体系，就是社会公平保障体系的具体形式。

### （三）社会公平保障的根本要求

社会公平保障体系，不限于社会层面，其覆盖范围涉及经济、政治、社会、法律、伦理等各领域。由于社会公平体现的是人们之间一种平等的社会关系，因而必然广泛存在于人们的社会活动和利益关系的各领域，产生了诸如生存公平、产权公平和发展公平等众多范畴。"努力营造公平的社会环境，保证人民平等参与、平等发展权利"，显然是从更广阔的意义上理解社会公平保障体系的。"保证人民平等参与、平等发展权利"，则是从制度之善和国家治理的结构和方式的层面而言的，即政治上每个个体公民具有参与社会管理和公共政策的权利，经济上保障一切市场主体的平等法律地位和发展权利。也就是说，社会公平保障，不只是社会分配的问题，还涉及社会制度的正义。

实际上，制度不公和治理失效已成为当前各种社会矛盾和社会问题层出不穷的根源所在。当前的现实告诉我们，无论是从抑制和约束权力、摆脱人治走向法治的政治层面看，还是从保障一切市场主体的平等法律地位和发展权利、保障市场决定性作用的经济层面看，或是从社会政策和公共决策制定的社会层面看，都必须着力于加强社会公平保障的制度建构，以促进社会结构的正义和国家治理结构的正义。

---

① 李迎生：《制度建设与社会公正》，《教学与研究》2007 年第 5 期。

# 第二章 当代中国社会公平保障的主要问题

近几十年来，我国社会公平保障取得了明显进展。伴随着经济的高速增长，国民福利日益增长，民生问题持续改善，公民的基本生存权和发展权的保障取得了明显进步；伴随着政治体制改革和法治建设推进，政治文明和政治透明度不断提升，国家为公民提供了越来越多的机会上的平等。这些都是我国社会公平保障取得的重要成就。然而不可否认，我国社会公平问题依然比较突出。社会财富分配不均导致贫富差距不断拉大，政策和制度歧视以及各种社会歧视问题依然存在，权力寻租、权力侵犯权利现象依然没有得到根本改善，公众的社会不公平感依然强烈，等等。总的来说，我国社会公平保障面临着许多问题，并呈现出了一些严重危害社会公平和制度正义的新趋向和新特征，这必须引起我们的高度重视。本章我们将就此展开，透视我国社会公平保障面临的主要问题。

## 第一节 权利领域的社会公平保障问题

当前我国社会公平保障的一个重要问题是：公民的民主权利保障还无法系统性落实。公民个体和社会不同群体间权益的不平衡，很大的一部分原因来自于公众的知情、参与、表达和监督等民主权利得不到平等而有效的保障。同时，政府的民主决策机制容易虚置，给政府官员、强势利益群体追求特殊利益、进行权钱交易制造了空间。

我国《宪法》赋予公民的基本自由和政治权利的规定，为公民权利保障制度的建立提供了法律依据。《宪法》第三十五条规定：中华人民共和国公民有言论、出版、集会、结社、游行、示威的自由。《宪法》第四十一条规定：中华人民共和国公民有提出批评和建议的权利，有提出申诉、控告或者检举的权利。因此，公民依法享有的知情权、参与权、表达权和监督权具有宪法依据。在党的文件中，党的十七大报告提出，要保障公民的知情权、参与权、表达权和监督权。党的十八大报告强调，保障人民知情权、参与权、表达权、监督权，是权力正确运行的重要保证。党的十九大指出，要完善基层民主制度，保障人民知情权、参与权、表达权、监督权。我们认为，知情权、参与权、表达权、监督权是对民主权利内涵的拓展和充实，是对公民权利在国家政治经济活动过程中的明确化和具体化。如果公民的知情权、参与权、表达权和监督权没有得到有效保障，就不可能有真正的、实质的社会公平。

## 一　公民知情权保障问题

所谓知情权，即公民对国家重要决策、政府重要事务以及社会上当前发生的与公民权利和利益密切相关的重大事件，有了解和知悉的权利。当今世界很多国家都加强了有关信息公开的立法，以保障公民的知情权，增强政府的透明度，实行以"公开为原则、不公开为例外"。我国近些年来在保障公众知情权方面取得了一些进展，但信息透明度和政府透明度依然缺乏。公众缺乏取得相关信息的有效途径，而一些信息资源却成为国家机关或者少数人获取利益的工具。这不仅不利于政府与公众的沟通与信任，会造成官民关系的紧张，而且也造成经济活动成本相对增高，社会资源浪费，易滋生腐败等影响社会公平的问题。

以我国的财政透明度为例，根据上海财经大学公共政策研究中心的跟踪调查评估，我国31个省级政府财政透明度平均分由2009年的21分提高到2014年的32分（100分为满分）。这意味着在财政预算方面，社会公众能够获得的财政基本信息尚不到1/3。2017

年的平均分是48.28分,这意味着仍然有超过50%的调查信息没有公开,而2017年财政透明度最低的省份公开了不到30%的调查信息,得分仅为25.5分。可以说,我国公众知情权保障的完善程度整体上仍处于初级阶段,对于公众知情权的保护力度严重欠缺。

再以近几年我国发生的多起环境突发事件为例。近年来,我国的厦门、大连、宁波、昆明、九江等多个城市将建的PX炼油等项目遭民众抗议,环境群体性事件频频发生。虽然群体性事件发生后,政府与公众进行了沟通和协商,使冲突事件趋于平缓,但我们看到,在群体性事件发生前,一些地方政府很少主动公开环评报告、启动民主协商程序,决策前并没有保障公众知情权,对于公众存在的疑虑不能及时解答,加重了公众的不信任。2015年震惊中外的天津"8·12爆炸事件"发生后,涉事公司称环境评估时无反对意见,但据媒体报道,周边居民对所谓环评报告并不知情。更重要的是,爆炸发生后,多家媒体指出,按照《危险化学品经营企业开业条件和技术要求》,"大中型危险化学品仓库应与周围公共建筑物、交通干线(公路、铁路、水路)、工矿企业等距离至少保持1000m"。但实际上受到爆炸影响的最近居民区仅距事发地600米。① 从这一系列环境突发事件的处理过程可以看出,公众的知情权实现程度较低,削弱了其保护自身利益的能力,环境案件的受害者和利益相关者无法获得有关公共决策的有效信息,并进而提出利益诉求、影响环境决策,导致了民众利益的极大受损。

总体来看,我国公民知情权的主要问题体现在这几方面:一是从政府信息公开的角度讲,主要是立法保障不足。政府信息公开的立法,在国外早已有着成熟的实践,而我国目前只是政府规章,没有专门立法,不足以为保障公众的知情权提供充分的依据,妨碍了公众对政府和社会信息的获取和利用。二是政府信息公开的随意性大。由于缺少专门的法律依据,地方政府或部门实施政府信息公开

---

① 《天津港火灾爆炸事故涉事企业安评报告低调公布》,《中国青年报》2015年8月22日第3版。

时，拥有一定的自由裁量权，一些地方政府和部门出于自身利益考虑（有时是"维稳"考虑）选择性地公开信息，或者随意不公开，公众只能被动接受。三是政府信息公开中的监督和救济难以落实。《政府信息公开条例》规定了公民对没有依法履行政府信息公开的行政机关的举报，或对侵犯合法权益的行政行为的申诉的权利，但实际操作却很复杂。近年来有很多公民个人或律师就某一些事件申请政府信息公开，但大多情形都会被拒。通过政府信息公开的行政复议和行政诉讼等救济渠道也很难实现有效的权利救济。

## 二 公民参与权保障问题

所谓"参与权"，主要是指公民依法通过各种途径和形式参与国家事务管理、经济和文化事业管理、社会事务管理的权利。公民参与的具体途径和形式包括选举、投票、协商、座谈会、论证会、听证会、批评、建议、通过平面媒体和网络讨论国家政务等。当前我国在保障公民参与权方面的问题，主要体现在以下几个方面：

一是参与渠道不畅通。目前，在公共决策中，公民参与的渠道主要有两种：一种是制度性渠道；一种是自愿性渠道。[①] 我国的制度性参与渠道包括公民通过行使选举权来参与政治，通过选举代表进入决策机关参与、审议、监督、制定公共政策，通过村民自治和城市居民自治行使民主权利、参与公共事务管理；另外还有社情民意反映制度、专家咨询制度、重大事项社会公示制度等制度性参与渠道。但是由于各种复杂的原因，主要是政治体制改革滞后，我国的权力运行方向和政府体制基本属于自上而下的管制模式，而不是自下而上的治理模式。我国公民行使参与权在民主选举、民主管理、民主决策、民主监督等环节缺乏法治和制度应有的刚性，一些党政领导干部和权力机关对公民的参与权采取实用的态度，缺乏敬畏，公民参与的过程和程度基本上都由政府主导和控制，导致宪法和法律赋予公民的参与权在一定程度上徒具形式而缺乏实质。这正

---

① 万朝珠：《公共危机决策中的公民有序参与》，《行政论坛》2012年第4期。

是习近平指出的"人民形式上有权、实际上无权"的现象。具体的表现，后面的章节我们会详细论述。另外，民意调查、座谈会、听证制度等公民自主参与的自愿性渠道也因为受到政府的主导而扭曲，容易丧失其应有的功能。虽然上述公民自愿性的参与渠道可以将公民的利益诉求部分地表达，但是公民的利益诉求是否能够进入政策议程并受到重视仍有极大不确定性。

二是公民参与的组织化程度低。社会组织是公民参与公共政策制定的重要载体。公民的大部分公共参与活动都依赖于各种组织，如单位、居委会、村委会、工会、妇联和各种民间利益团体等。但由于我国大部分社会组织是在政府的领导下成立的，更多地是作为政党和政府的"附属物"：靠政府拨款维持运转，组织和人事受政府的任命，具有鲜明的行政色彩，由于缺乏自主性而无法代表某一社会群体来表达利益诉求。加上我国社会组织自身发展不成熟，常常出现组织分散、管理混乱、自律性差，使公民对民间社团的认同度低，怀疑其参与政策制定过程的动机和能力。

三是政府与公民参与无法实现良性的沟通互动。由于缺乏民主决策的行政文化传统，很多政府管理者都将行政管理作为政府控制的手段，认为公民与政策制定过程无关，忽视公民应有的参与权利。这一方面导致政策制定者、执行者可能利用自由裁量权寻租、设租，使政策失去合法性、权威性；另一方面，由于政府与公众之间缺乏互动，限制了公民在危机决策中的话语权。政府与公民之间并没有建立起一种平等协商、沟通与对话的关系，官民不信任、对抗与防范的社会心态使我国的社会治理成本奇高。

### 三　公民表达权保障问题

所谓表达权，就是公民有权依照法律表达自己对于国家公共生活的看法。表达权是公民在法律范围内自由参与社会政治生活和公共事务管理活动的基础和前提，是公民参与社会民主治理的一项基本权利。表达权实现的核心是公民的思想、态度、意见、价值观在法律和社会道德规范范围内的表达和传播不受任何强制力量的限制。当前我国公民表达权方面存在的问题有：

一是公民表达权的法律保障不足，主要表现为法律空白或规范滞后。虽然我国《宪法》和有关法律对公民的表达权进行了规定，一些法律条文中也包含了表达权的意思，但很多规定散落于各部法律中，缺乏系统的、细化的、具有较强操作性的法律规范。同时，现有法律只是笼统说明，规定并不具体和明细，对于如何落实、如何保障往往语焉不详。总的来说，目前一些法律法规所规定的条文内容偏重于对公民表达的管理，对表达权利的保障还没有摆在应有的位置，致使表达权利落到实处有很大障碍。

二是表达权实现的途径缺乏，缺乏制度化的表达渠道。由于公民表达权利保障仍受到较大限制，权力行使以单向为主，由下而上的制度化表达形式缺乏。在一些公共决策中，公民意见的表达多被当作决策过程的考虑因素而非决定因素，比如，是否让公民表达、让哪些公民表达，以及什么事项需要公民表达，大都取决于领导意志而不是制度约束。在国外非常成熟的一些公民表达制度，如公民通过书信、传真、电子邮件等书面形式表达诉求，政府设立投诉建议受理机构，民意代表定期接待公民来访制度、收集公民建议征集的制度等，在我国仍处于起步阶段，目前还不成熟、不规范。

三是借助于新闻传媒的表达权实现程度弱。公民表达权的实现有多种渠道：呼口号、作演讲、游行示威、发表作品、撰写文章等，其中新闻传媒是主要表达渠道，这得益于新闻传媒的传授对象极其广泛，传播速度十分迅速，报道的信息客观真实，具有很强的公信力和影响力。尤其是在信息社会，媒介传播多样化和便利化，公民表达权的实现离不开网络、新媒体、自媒体等各种媒介。应当说，随着媒介渠道的扩展和互联网自媒体的发展，公民表达的渠道和机会应该更加自由和畅通。然而，很多政府机关并不将公民对公共信息的反馈或公民意见作为民意向上传递、反馈并认真对待，而是单纯以监管者的身份，把重点放在监控和管理上，比如对地方政府各级领导干部及其出台的一些政策的不利消息进行简单粗暴的删帖，有的甚至直接以"寻衅滋事"对提出意见的公民实施抓捕，被群众戏称为"不去解决群众提出的问题,而是解决提出问题的群众"。试想,如果公权力机关完全主导各种媒介资源,公民自由独立的表达必然会被压缩,社会传播的声音表面看似一致,实则是歪曲和掩盖了一些客观事实,压制了不同声音。总的来看,我国的新闻传媒在保障公民表达权的实现方面,还有很大的拓展空间。

四是信息的不透明和不开放影响表达权实现。公民表达权的实现是以充分的知情为前提的。有了充分的知情权,公民才能了解到与自己利益相关的各种信息,并以此为依据积极地参与社会事务和公共事务的意见表达,进而有效实现公民的表达权。当前我国公民知情权保护仍然存在很多问题,主要是程序缺失,法律法规中未专项明示公民知情请求权,实践中,政府及其相关部门往往为了自身利益对本该公开的信息设置限制,使公民表达受到极大限制。

## 四 公民监督权保障问题

所谓"监督权",是指《宪法》赋予公民监督国家机关及其工作人员的活动的权利,是公民作为国家管理活动的相对方对抗国家机关及其工作人员违法失职行为的权利。公民监督权主要包括三个方面:其一是对立法、决策的监督,如申请违宪审查、违法审查等;其二是对行政执法的监督,如申请行政复议、提起行政诉讼等;其三是对公职人员滥用权力、不作为和腐败行为的监督,如申诉、控告、举报、检举等。

公共权力的滥用是最大的社会不公平。当前在一些地方,以公共利益名义出台的公共政策成为侵害公共利益的红头底本,这是公民监督权薄弱的结果。[1] 比如,针对一段时间曾引发巨大民怨的河南强制平坟,有学者评论"河南平坟运动之所以进展迅猛神速,完全出于地方政府的土地饥渴"[2]。比如,安徽安庆强力推行火葬引

---

[1] 刘中起:《公共决策如何从利益冲突走向利益整合》,《行政管理改革》2015年第5期。

[2] 姜浩峰:《调查周口"平坟运动":一场数字游戏?》,《新民周刊》2012年11月30日。

发巨大反弹，对其原因，有调查认为，"这是新来的大领导要靠这个事情立威，将殡葬改革视为整肃干部队伍之后的首次出征"。再比如，2017年11月，北京大兴区西红门镇因突发火灾在全市范围内展开了大规模的"群租公寓"整治运动，基层政府在没有周全的安置方案和步骤的前提下，通过一纸行政令就强令住户搬离，导致很多人在天寒地冻时刻连夜搬家，一些住户没有来得及整理的财产和物品被随意处置。对此，《北京日报》发表评论也认为，"一定要防止简单化和急躁情绪"，"给分流群众留出时间"①。这无疑都是公民监督权薄弱导致公共决策的"公共性弱化，社会公正缺失"的缩影。

总体来看，我国公民监督权保障不力并造成社会公平的主要问题有：

一是信息不透明、决策不透明影响监督的有效实施。由于很多行政决策和行政行为通常在信息不公开和政务不透明的情况下进行，使公民无法获取监督政府所需的相关信息，难以实施监督。政府与公民之间的信息不对称，往往导致监督不得要领而流于形式。

二是制度性监督的实效不足。监督权的实现，最根本的保障是权力分权制衡，否则基本上会流于"自己监督自己"的怪圈。我国已形成了包括党内监督、人大监督、政府专门机关监督、政协民主监督、民主党派监督、司法监督等在内的监督体系，但基于分权制衡基础之上的独立监督格局并未形成，实践中很多监督制度虚置化现象普遍，影响了监督机构应有的独立监督功能。譬如，各级地方的人大监督存在"不便监督、不好监督、不愿监督"的现象，人大代表与选民之间缺乏应有的联系，人大代表的一些提案脱离公民的真正利益诉求。再比如，在公民行使信访监督的信访制度中，信访部门因为权限原因，一般只能将公民的意见转呈给相关政府部门，具体的事情还要相关政府部门处理，往往一拖再拖，不了了之，难以形成有效监督制约。

---

① 《要坚定有序也要人文关怀》，《北京日报》2017年11月29日。

三是公民监督缺乏必要的法律保障。目前我国许多关于公民监督的法律规定只是笼统地规定了监督主体及其权利,原则性较强,尤其是关于公民监督的程序、方式、方法等细则规定较少;公民监督的法律救济也缺乏应有的法律保障,公民虽然有权监督,但是否受理、能否奏效却要取决于受理者的工作权限和工作态度。[①] 比如,近几年公民因行使监督权而被诉诽谤的案件不断发生,公民监督的司法保障还很欠缺。这在一定程度上影响了公民监督的权威性和严肃性。

四是公民监督成本高。实践中,很多公民出于维护自身权益的需要对公权力机关进行监督,但是我国行政仍然强调管制与管理型职能,政府的强势与公民的弱势并存,形成"官强民弱"、权力大于权利的非均衡博弈格局。在这种情况下,政府缺乏主动自觉接受监督的意识,而公民行使监督权的过程可谓"路漫漫",公民行使监督权,往往会因一些政府部门不作为或消极作为如不负责任、相互扯皮,甚至是打击报复,需要消耗大量的时间精力,巨额成本让很多人对监督望而却步。有学者对国家信访局门口的长期信访人员进行了随机调查,很多信访者表示,曾经受到受地方政府指使的各种势力的各种手段的报复,包括受到威胁和被殴打等违法行为的对待。

## 第二节 社会领域的社会公平保障问题

现阶段我国社会公平保障问题集中存在和反映在社会领域,这不仅是因为在社会领域存在社会公众感受和反映最强烈的民生问题,比如劳动、就业、分配、社会保障等;而且也是由于经济、政治、法治等领域社会公平保障存在的问题最终会在最现实最直接的社会民生上集中反映,权利是否公平、过程是否公平、机会是否公

---

① 梁玉芳:《对我国公民监督存在问题的思考》,《前沿》2013年第3期,第101页。

平，最终都要体现到社会生活中，体现到公众的生存利益和发展利益上。

## 一　劳资公平保障问题

劳动者的权益保护，牵涉权利公平、机会公平、结果公平等社会公平的基本内容，是实现社会公平的基本要求。在我国现阶段的发展水平下，强资本弱劳工是客观存在的劳动关系。由于劳动关系中的劳资双方并不像民事关系中的主体关系平等，而是在一定程度上具有人身依附关系，同时由于缺乏劳资利益平衡机制，资方为争取最大利益，千方百计压低用工成本，于是很多损害劳动者权益的现象常有发生。

### （一）劳动者难以获得公平的报酬

在分配关系中，初次分配是基础性的分配关系，当前我国初次分配中，资本与劳动分配的不公平，不仅数额大，而且涉及面广，导致分配秩序混乱。按照财政部财政科学研究所所长贾康的计算：1993—2007年，我国企业的资本收益由38.83%增至45.45%，增加6.62个百分点；而居民的劳动报酬占GDP的比重由49.49%降至39.74%，降幅9.75个百分点。[①] 中国社科院发布的《社会蓝皮书》也认为，我国劳动者报酬占GDP的比重由2004年的50.7%下降到2011年的44.9%。发达国家的这一占比一般都在50%以上。劳资分配不公平，意味着劳动者付出的劳动力得不到相应的公平回报，意味着社会财富在向非劳动方积聚，贫富差距也就因此而逐渐拉大，这其中也不乏资本方的变相掠夺现象。

另外，职业阶层分化加剧，导致不同行业、不同单位之间福利待遇差别特别大。根据中南财经政法大学中国收入分配研究中心的调查，我国电力、通信、金融保险业等垄断行业的收入最高，社会服务业和农林牧渔业职工平均工资最低。2013年，国家统计局按非私营单位和私营单位两个组别发布的2012年职工平均工资显示，

---

[①] 李丽辉：《劳动收入占比为何持续下降》，《人民日报》2010年5月20日。

不同组别、不同行业从业人员工资差距依然很大，其中私营单位平均工资仅为非私营单位的61.5%。私营单位职工中，平均工资最高的信息传输、软件和信息技术服务业为39518元，是全国平均水平的1.37倍；最低的农林牧渔业为21973元，是全国平均水平的76%。最高与最低行业平均工资之比是3.96:1。①

垄断行业与竞争行业收入差距非常大。我国目前的垄断行业，主要是依靠国家特殊政策或专有技术垄断整个行业生产与经营的行业，如石油、电信、烟草、盐业、金融、供热、电力、航空、铁路等。我国的垄断是建立在非竞争市场基础之上的，而不是从公平竞争基础上衍化而来。因此，这种垄断并非市场经济发展的结果，而是市场经济不发达的产物。由于大部分垄断行业、企业的运营成本、盈利状况、劳动力水平等都不为公众所知，导致垄断行业不合理的高收入现象难以监管，一些单位和行业中隐性收入和非法收入问题十分突出。从2015年1月开始，中央管理企业按照《关于深化中央管理企业负责人薪酬制度改革的意见》调整了企业负责人的基本年薪标准，然而垄断企业凭借其行业垄断地位获得超额垄断利润，仍然严重影响着行业间的收入分配公平问题，现有政策依然没有触及实质。

### （二）劳动者获得劳动法保护的成本较高

虽然2013年新修订的《劳动合同法》强制要求用人单位与劳动者签订书面劳动合同，意在对劳动者的权利进行保护。但实际上，为了降低用人成本和逃避责任，一些用人单位依然不愿与劳动者签订合同，这在一定程度上造成劳动者维权的困难。尤其是在生产条件落后的企业工作的工人，以及在非法经营的企业里劳动的农民工，为了通过不稳定的工作获取微薄的报酬维持生计，只能选择从事无劳动关系证明的劳动。实践中，由于没有签订劳动合同，用人单位拖欠劳动者工资现象比较严重，我国现行刑法规定了"恶意欠薪"条款，并没有从根本上解决劳动者工资拖欠现象。近几年出

---

① 引自《国家统计局公布2012年平均工资》，《中国新闻》2013年5月18日。

现的很多职业病如尘肺病患者，由于没有用工合同或证明，也没有工伤保险，维权之路很艰难。另外，实践中还存在劳动者的休息权得不到保障、"过劳死"现象越来越多、带薪休假难以落实等，不一而足。

同时，临时工的劳动保障问题也非常突出。2013年新修订的《劳动合同法》明确规定了临时工享有与用工单位正式工同工同酬的权利，但是由于我国的职业体制没有改革，仍然存在着编制的划分，编制外的临时工与编制内的正式工之间的差别仍然无法弥合。很多临时工就出现在事业单位、国企、政府部门、国家机关单位，他们的收入不仅与在编人员差距较大，也无法享受在编人员的福利待遇，如落户口、评职称。同样是劳动者，却不能得到平等的尊重。

### （三）劳动者维权困难

由于劳动力市场供大于求、法律保障欠缺、维权成本高等原因，劳动者维权困难。主要体现在：（1）维权风险大。《促进就业规划（2011—2015年）》指出，"十二五"时期，我国劳动力供大于求的总量压力持续加大，城镇需就业的劳动力年均2500万人，还有相当数量的农业富余劳动力需要转移就业，劳动力市场的这种格局势必影响劳动者的权益保护。由于企业在劳动力供给充足的情况下拥有很大的选择权，处于强势地位，许多劳动者为了争取就业机会可能放弃部分权利，导致劳动者"有权难维""有权不维"。（2）维权渠道不畅。工会是维护劳动者权益的最主要的集体性组织，但我国工会缺乏相对独立性，一些单位的工会领导人员的自身经济利益依附于企业，还有的工会领导人甚至直接由企业的管理人员兼任，工会在维护劳动者权益方面形同虚设。在劳动仲裁方面，仲裁处理程序繁杂、周期长、成本大，劳动裁决的公正性也常常受质疑。由于劳动仲裁部门与人民法院缺少衔接机制，仲裁生效裁定执行也十分困难。在司法实践中，劳动者申请执行生效的仲裁裁定，往往需要法院执行部门审核执行，但法院往往以案件多、工作压力大为由不审核或消极审核，增加了劳动者的维权难度。（3）维权成本高。劳动者的维权成本主要是经济成本和时间成本。由于法律援助条例的实施,大部分劳动者已经能够打得起官司,但劳动者维权的时间成本却非常大,尤其体现在劳动者发生工伤事故维权中。有些劳动争议案件仅仲裁程序就需要将近一年的处理时间。争议期间,劳动者难以就业,让劳动者耗不起。

## 二 就业公平保障问题

就业是公民基本权利,平等就业是公平正义的基本要求。任何公民都平等地享有就业的权利和资格,不因民族、种族、性别、年龄、文化、宗教信仰、经济能力等受到限制。广义的就业平等权,既包括劳动者求职过程中就业机会的平等,也包括获取劳动报酬的平等、获得培训机会的平等和晋升机会的平等。狭义的就业平等权指仅仅只是在就业过程中每个劳动者的就业机会平等。这里我们主要涉及就业机会不平等,即狭义上的就业平等问题。

我国《劳动法》第三条规定"劳动者享有平等就业和选择职业的权利";第十二条规定"劳动者就业不因民族、种族、性别、宗教信仰不同而受到歧视";第十三条详细规定禁止对妇女的就业歧视。然而这些条款大多比较笼统,实践中对就业歧视无能为力。在我国的就业市场上,很多的招聘均含有歧视性条款,主要表现在:

### (一)身份歧视

身份歧视是指以公民的身份为分类基础,在制定招聘条件、录用员工或在工作中对具有某种特定特征的人群实行歧视,如户籍歧视、地域歧视。在我国,就连一些国家机关招考公务员时,都要求有本地户籍;一些企事业单位在招聘过程中只招聘城市户籍。前几年出现过有用人单位在用人过程中出现排斥河南人的现象,还有用人单位公开宣称不招聘江西人、湖南人,这些都属于地域歧视。

### (二)性别歧视

性别歧视,是基于男女的性别差异而对求职者或员工实行不合理的差别待遇。这种公然的性别歧视在我国很多地方被习以为常。在性别差异对工作岗位没有影响的情况下，很多用人单位依然在招聘条件中明确规定"限男性"或"男性优先"。2012年，自广州、北京、上海等8个城市的女大学生，向各地人社局、工商局集中举报267家在"智联招聘"中发布性别歧视招聘信息的企业，引起很大反响。《2016中国劳动力市场报告》指出，劳动力市场上大学毕业生的性别歧视问题突出，根据《2016中国劳动力市场报告》，2014年和2015年，男性大学毕业生初次就业率均比女性高约10个百分点。

### （三）特殊歧视

主要是对传染病患者和传染病毒患者的平等就业权的歧视。我国《艾滋病防治条例》对艾滋病患者的平等就业权利作出了明确规定，但在现实中很难实现。实践中，艾滋病患者和病毒携带者在就业领域遭受严重歧视，并很难获得有效救济。迄今为止，我国多起艾滋病感染者就业歧视诉讼案，几乎无人获得胜诉。2012年南昌一名艾滋病感染者，因被体检出携带有艾滋病毒，与教师岗位失之交臂，他因此起诉进贤县教育体育局侵犯其平等就业权，要求法院责令教体局重新做出招录行为。[①]

### （四）设定专门针对特殊群体的就业门槛

除了上述种种歧视外，实际上还存在其他各种就业机会不平等，比如，针对就业者的不同社会身份而发生的就业不平等，受影响的群体主要是农民工。对农民工差别对待问题长期存在，虽然限制农民工进城务工的制度性障碍正逐步消失，但对进城务工的农民工需要证件多、管理部门多，相应的收费也多。据了解，外出务工必须办的证件五花八门：当地部门要开具身份证明、务工证、婚育证等；就业迁入地则又需要办理暂住证、计生证、就业证、健康证等证明、证件，很大程度上影响了农民进城就业的门槛和劳动成本。

---

① 《江西艾滋病就业歧视第一案昨起诉》，《江西日报》2012年11月27日。

### (五)"拼爹"现象和"走后门"现象

中国社科院发布的《社会蓝皮书：2014年中国社会形势分析与预测》结果显示，"拼爹"对体制内就业影响明显。出生于管理人员、专业技术人员家庭的毕业生进入体制内就业的可能性要大于个体户、工人和农民子弟。一些用人单位公开招聘时为特定人员"量身定做"了"萝卜坑"，一些应聘人被看作是"陪练"，即便考试和面试第一名也需要"运作"（走关系、行贿），导致"有关系""有背景"的人比较容易进入公务员系统或进国有企业。一般来说，有能力进行暗箱操作的，多是掌握一定公权力的单位和个人。

## 三 教育公平保障问题

教育公平是社会公平的基础，公民受教育权的公平，是权利公平和机会公平的关键。我国《宪法》和法律赋予每位公民享有平等的受教育机会，义务教育法赋予适龄儿童"依法享有平等接受义务教育的权利"。但遗憾的是，人们在教育方面仍然受到很多的不公平，我国公民平等的受教育权并没有真正得到有效保障，权利公平和机会公平因此受到极大制约。

### (一)城乡教育资源配置不平衡

城乡教育资源配置不平衡主要表现在教育经费、师资力量、办学条件等方面。就城乡教育投入而言，城市教育经费在总量上远超农村地区。城市学校尤其是好学校可以吸引更多的生源和择校赞助款，而原本就落后的农村中小学校得到的资助很少。依据教育部年度全国教育经费执行情况统计公告，2004—2011年，我国小学和初中生均预算内事业费支出，农村均低于全国水平，特别是初中阶段的差距比较明显，2011年，农村初中生均预算内事业费支出相当于全国的95%。

同时，城乡教师资源在素质和结构上严重不平等。农村学校教师人均教学压力大，一个农村教师教授数门课，跨年级教学的情况并不少见。农村教师难有机会进行培训，以提升教学技能。相对来说，城市学校的教师队伍结构合理、素质优良、受过专业培训。在教师流动方面，农村学校向城区学校、薄弱学校向优秀学校流动的趋势一直很明显。

在办学条件方面，城乡教育设备配备方面也呈现出巨大不平等。《2012年全国教育事业发展统计报告》显示，全国的小学、初中和高中的器械配备达标率随着年级的升高呈现出依次递增的趋势。这其中不达标学校大部分来源于农村地区。从根本上来说，经济资源作为教育事业的基础性因素，城乡经济配置与占有的不均衡直接影响了城乡教育中的师资、教育经费和教学设备等资源的不公平。

**（二）基础教育机会不公平**

第一，我国西部农村地区，特别是贫困农村地区的适龄儿童、少年的受基础教育的机会相对不足。根据测算，国家扶贫开发工作重点县的适龄儿童的入学率比同期全国的学龄儿童入学率一般要低2%左右，适龄少年的入学率比同期全国的初中阶段毛入学率一般要低4%左右。[①]

第二，残疾适龄儿童和少年受基础教育的机会明显处于劣势。据统计，2004年到2009年，我国学龄残疾儿童和少年入学率增长较快，但总体水平仍然较低，2009年不到70%，与正常学龄儿童和少年的入学率差距高达约30个百分点。2010年和2011年有较大改善，即便如此，2011年与正常的学龄儿童、少年的入学率还有约20个百分点的差距。[②]

第三，农村留守儿童教育机会明显不足。农村留守儿童，主要是指因父母双方或其中一方长期外出务工而被留在农村，由家中其他长辈或父母其中一方抚养的儿童。我国留守儿童教育机会不足，主要表现在：一是教育能力不足。父母双亲外出的留守儿童中大多数被托付给爷爷、奶奶和外公、外婆照顾，由于祖辈教育水平普遍不高，他们对孩子的学习、安全教育能力不足。二是学校教育欠

---

[①] 谢海燕：《受教育权不平等：基础教育与高等教育的双重视野》，《宁夏社会科学》2013年第7期。
[②] 同上。

缺。由于大多数留守儿童的学校教育都在落后地区，这些地区的学校没有能力对留守儿童开设适合儿童身心发展的课程，尤其是心理教育、安全教育及生存教育等，导致留守儿童存在被溺水、交通意外、被殴打、被拐卖等重大安全隐患。三是社会教育缺乏。各级政府鼓励农民外出务工、经商、劳务输出，但是对农民外出打工后所导致的留守儿童受教育的问题却重视不够。

### （三）受高等教育权利不平等

一是高校招生政策本地化色彩严重，对高校所在城市和大中城市的学生有利。发达地如北京、天津、上海等地的学生受高等教育的权利更容易实现，而一些中西部省份，由于优质高等教育资源缺乏，吸纳本省市学生接受高等教育的机会和条件明显不足。

二是以农民工子弟为主体的异地高考产生的受高等教育权的不平等。进城务工人员及其他非本地户籍就业人员随迁子女接受义务教育后在当地参加中考和高考工作，是《教育法》"受教育者在入学、升学、就业等方面依法享有平等权利"的规定。但由于受户籍制度改革进展缓慢、招生资源分配不均等影响，北京、上海、广州这样的流动人口大城市，往往设置门槛，阻止外来流动人口子女在本地参加高考。

三是不同社会阶层子女高等教育入学机会差异较大。在我国，家庭背景、户籍制度、家庭的单位制资源等与受教育机会存在非常紧密的关系。具有更多文化资本、社会资本和经济资本的优势阶层子女得到越来越多的学习机会，而且较多地分布在重点学校的重点学科。[①] 阶层差距正在成为影响教育公平的重要因素。研究发现：出身于较高阶层的子女拥有比较低阶层子女更多的入学机会；高收入阶层子女大多选读一些较热门或收费较高的专业；而低收入阶层子女更多选择那些基础理论或收费较低的专业。高收入阶层子女在选择专业时，更多考虑该专业的个人预期收益，而低收入阶层子女

---

[①] 《高等教育如何实现公平》，《人民日报》2005年2月21日。

更多考虑如何降低入学风险以便获得一定的入学机会。①

## 第三节 市场领域的社会公平保障问题

### 一 户籍制度与公民权益平等

我国的户籍制度是在特定历史情形下形成的，历史上曾经起到过积极作用，但是现在被广泛批评，被认为是一种具有福利身份区隔和歧视性的制度。尤其是在市场化、城市化过程中，农民进城因为户籍面临着享有权益不平等的问题，进城农民成为市场化过程中受到僵化封闭的户籍制度的最大利益受损者。城乡不同户口的公民在教育、医疗、工作、资源供应、社会保障、发展机遇等方面差距很大。户籍制还具有世袭性特点，在一般情况下，城市户口的持有者基本上终身是城市户口；而农村户口持有者，如果不是通过自己努力，将永远是农村户口。②

#### （一）造成城乡公民政治权益的不平等

选举权和被选举权是公民最基本的政治权利。自1953年以来，我国农村和城市每一名全国人大代表所代表的人口数比例经历了从8∶1到4∶1，有人将此形象地称为"四个农民等于一个城里人"。这种规定变相提高了占人口少数的城市人口的权利。直到十一届全国人大三次会议通过的新修改的选举法第一次将这一比例规定为1∶1，城乡选举首次"同票同权"。虽然十二届全国人大工人农民代表占比由十一届全国人大的8.24%提高为13.42%，但这个占比与中国庞大的农民和农民工相比，仍然是很低的。现实中农民的政治诉求和意愿依然无法得到充分的表达，一些公共决策依然无法保障农民的参与权和表达权，城市公共政策的听证会上很少见到有邀请同样是工作生活在城市的农民工代表。农村户籍在一定程度上还成了一种标签，比如同样是公民，在受到伤害获得赔偿时，由于基数上以

---

① 王伟宜：《不同社会阶层子女高等教育入学机会差异的研究》，《民办教育研究》2015年第4期。

② 刘海波：《法律技术与户籍制度困局》，《浙江学刊》2006年第5期。

受害人户籍所在地的人均纯收入作为标准,这直接导致了城乡有别。例如按照某地2011年的人身损害赔偿标准,发生交通事故导致受害人死亡的情况下,仅死亡赔偿金一项,受害人家属因为城乡户口不同获得的赔偿额度相差巨大。这种"同命不同价"现象严重违背了人人平等的《宪法》原则。①

(二)造成城乡公民经济权益的不平等

随着流动人口增多,人户分离在我国城市中已是普遍现象。仅北京一地,第六次人口普查数据显示,2010年北京人户分离人口多达345.4万,占常住户籍人口的比例为27.5%。流动人口既要受制于原籍束缚,又很难享受到流向地的户籍福利。经济福利差别是户籍制度背后的重要不平等,据预测,我国城乡户籍有劳动就业、教育培训、住房待遇、生活福利以及社会保障权益等功能等60多种不平等福利。户籍制度派生出来的福利差异存在巨大差别。

举例来说。近年来各地都出台了住房保障、买车限购政策,这些政策往往是排斥户籍不在本地的外来公民的。在大城市尤其是特大城市,是否享有这些待遇,几乎关乎劳动者一辈子的收入。医疗方面,《2011年中国卫生事业发展情况统计公报》显示,2010年我国人均卫生费用城市为2315.5元,农村为666.3元。农村人均卫生费用不及城市的30%。由于社保、医保"一卡通"并未实现"全国通",居民看病跨地区报销并不容易,城乡居民的医疗补偿待遇差异明显。社会保障方面,根据国家统计局《2014年全国农民工监测调查报告》显示,农民工参加社会保险的水平有所提高,但总体仍然较低;农民工"五险一金"的参保率分别为:工伤保险26.2%、医疗保险17.6%、养老保险16.7%、失业保险10.5%、生育保险7.8%、住房公积金5.5%。

(三)造成城乡公民在文化权益上的不平等

《中华人民共和国教育法》第九条规定,公民不分民族、种族、

---

① 李金忠:《公民权利平等视角下的户籍制度改革》,《人民论坛》2013年第14期。

性别、职业、财产状况、宗教信仰等,依法享有平等的受教育机会。但是,由于教育资源配置不均,城乡教育差别很大,城市良好的教学吸引着大量农村户口的孩子前往城市接受教育,但是户籍制度使得众多城市对农村户口的学生设置政策限制,形成了歧视。于是高昂的择校费、赞助费等,使接受同样教育的农村家庭在金钱方面比城市家庭支出的更多,很多农村户口的孩子无法进入城市学校,只能进入农民工子弟学校。外来人口不仅不能享受当地优质的基础教育资源,在很多地方尤其是大城市也不能异地报名高考。

## 二 垄断制度与市场公平竞争

在市场经济中,公平竞争是市场活动最重要的公平权利。主要体现在:一是各种所有制经济依法平等使用生产资料;二是公平参与市场竞争;三是同等受到法律保护。影响我国市场公平竞争权的因素最主要的也是这三个方面。《中共中央关于全面深化改革若干重大问题的决定》指出,要坚持权利平等、机会平等、规则平等,废除对非公有制经济各种形式的不合理规定。

### (一)行业进入或市场准入限制影响公平竞争

行业进入歧视是最普遍的不公平,主要是通过法规和政策或明示或隐含的规定某类所有制企业可以或不可以进入某个行业或市场。在我国,民营企业往往面临较多的市场准入障碍。目前我国有将近 30 个产业领域存在对民营资本的"限进"障碍,民营企业不仅无法进入保险、证券、通信、石化、电力等行业,而且即使在一些允许民营资本进入的领域,诸多体制性障碍也会使民营资本受到不公平的待遇。例如,一些基础设施项目往往是由特许公司发起的,有资质的民营公司常常不能进入,即便有民营资本参与,其股份比例也必须由特许公司决定,明显存在地位不对等。①

近几年,我国在破除垄断行业准入限制方面也取得了积极进

---

① 杨明秋:《中国企业的所有制歧视问题研究》,《时代金融》2012 年第 9 期,第 24 页。

展,十八届三中全会经济改革的一个重要内容是破除不合理垄断,放宽市场准入,鼓励民间资本进入基础产业和基础设施、市政公用事业和政策性住房建设、社会事业、金融服务、商贸流通、国防科技工业等领域。但是目前民间资本并没有进入垄断业务的核心。例如民间资本进入金融业仍然很难,尽管民间资本的热情很高。总体来说,民营资本进入垄断行业还面临着一系列政策壁垒,即便政策放开,各种地方利益、部门利益使得政策难被落实,民间资本要赢得公平的竞争环境,依然要有很长的路走。

(二)金融信贷歧视影响公平竞争

这主要是指不同所有制企业在获得社会资金方面的差别待遇。尽管在法规上各种企业融资都具有平等机会,但是在实际中,融资信贷歧视普遍存在,特别是中小企业和民营企业的受歧视现象更多。资金是企业运行的血脉,融资公平是企业能够公平竞争的关键。银行借贷和民间贷款是企业获取生产经营资金的主要渠道。但是在银行贷款方面,国有企业和民营中小企业体现出明显的不公平。由于国有企业与政府关系密切,受到政府的扶持,其产业规模也比较大,银行更愿意向国有企业发放中长期大额贷款,政府和央行也往往对国有大型企业给予较多的利率优惠甚至更多的透支权限。而民营企业由于规模比较小,再加上民营中小企业普遍存在自身不足,比如经营变数多、风险大、信用低,导致从银行贷款难度较大,更难获得利率优惠,少数金融机构还采取一些不合理的方式,变相提高对民营中小企业的贷款利率。

在贷款方式上,银行对民营中小企业的贷款多采取担保或抵押的方式,不仅手续繁杂,而且还要付出诸如担保费、抵押资产评估等相关费用。正规融资渠道的阻塞使许多民营中小企业不得不从民间借高利贷。但是,国家对民间借贷的规范并不完善,这加大了民营中小企业的经营负担,使其在市场竞争中处于不利地位。近年来,为促进经济结构转型和提升创新能力,政府针对中小企业融资难出了很多政策,但从根本上解决金融信贷领域的不公平,必须建立市场公平竞争机制,对各种所有制企业一视同仁,必须加强对具有创新能力的中小企业的扶持。

（三）垄断影响公平竞争

在市场里，当某个或多个企业占据优势地位的时候，如其生产的产品占据特别大的份额或者掌握着某一行业中每个企业都需要的资源，他们往往会滥用这种优势地位，采取压制其他企业、侵害消费者利益的手段获取高额利润。市场经济的活力与创新来自于平等竞争，垄断必然导致不平等。

在我国，一些垄断行业往往带有浓厚的行政垄断色彩。之所以说带有行政垄断色彩，是因为它是自然垄断与行政垄断混杂一体的，有着行政权力的保护。这些企业往往会为追求自身特殊利益而作出限制或者排除市场竞争的行为。总体来说，我国垄断影响公平竞争主要体现在以下方面：一是服务价格居高不下，服务质量差。我国的通信、石油等行业的大型国有企业掌握着大量公共资源，拥有强大的市场地位，因而决定着产品供应渠道的权力，把持着产品的定价权，消费者为了获得服务往往不得不接受霸王条款。二是存在腐败问题和不当得利行为。一些垄断行业的背后往往隐藏着权钱交易以及寻租腐败行为，而且行业性特权导致的腐败案件，往往不会是孤立的点，而是成片沦陷，近年来我国铁路、石化、电信、烟草系统发生的一系列"腐败窝案"就是明证。2013年中石油系列"腐败窝案"，牵涉包括两位集团副总经理在内的4名高管，还包括中石油原董事长蒋洁敏。中国移动在2009年至2011年间，连续爆发"腐败窝案"，先后共有8名高管落马。2013年4月中国移动腐败案再次发酵，1天内5名高管被带走。[①] 三是行政垄断强化了产业进入壁垒。一方面是体制性进入障碍，即对某些特定行业建立严格市场准入管制制度，民间资本受到各种审批的歧视。同时，一些地区也实行地方保护，对本地区以外的企业和产品实行与本地企业不同的政策，政府部门与企业共同作出限制或排除市场公平竞争的行为。

---

① 樊大彧：《垄断行业反腐需多部门形成合力》，《中国青年报》2014年3月2日。

### 三 土地财政制度与社会公平分配

所谓土地财政，实际上是一种形象的描述，指政府依靠土地获得财政收入。由于政府支出对于土地资源相关收入依赖偏重，在公众视野内形成了一种带有贬义的"土地财政"的称呼。理论上，政府依靠优化土地资源的配置，促进城市化和工业化发展，本身并无问题。因为我国实行土地公有制和土地用途管制制度。但是由于有效制度供给不足、约束和管理不到位，土地增值收益分配不公平，尤其是"土地财政"所带来的利益连接机制，最为人诟病。土地财政有很多问题，比如财政收支风险、政府债务风险等，从保障社会公平的角度看，主要有以下几方面。

#### （一）土地收益分配不公平

从利益分配的角度看，土地财政就是以政府为主体，围绕土地进行的财政收支活动，本质上它是对各相关利益主体进行利益分配关系的重新调整。这其中，存在居民（农民、市民）、企业、各级政府等各方面的利益相关者。

目前土地收益分配方面存在的主要问题：第一，"土地财政"带来了少数人受益的利益连接机制。在当前的利益格局中，地方政府集中掌握着土地管理的权力，又掌握着社会管理的权力。一方面，可以借用公共利益的名义，低价从农民手中征得土地；另一方面，又作为土地的管理者向房地产企业出让土地。由此，在土地征用与土地出让间的利差是地方政府扩张用地的内在动因。在现行的政绩考核指挥棒下，地方政府为赢得一个好的政绩，促进当地经济增长，必然会千方百计寻求新的收入来源，扩大地方政府收入的最好办法就是通过低成本的手段征收土地，携手房地产商进行土地开发。政府以及银行有动力也有空间在土地审批、银行贷款审批与房地产商进行交易，每一个利益主体都可以从高房价的暴利中分一杯羹。在此过程中，事实上形成了"征地—卖地—收税收费—抵押—再征地"的滚动模式，地方政府、开发商和银行成为最大的受益者。

第二，征地成本补偿有缺陷，失地农民的利益保障缺位。在政府、银行和开发商成为最大受益者的同时，在大量的征地和拆迁过程中，农民和拆迁居民的利益保障并不充分。近几年，随着征地拆迁政策的完善，补偿安置标准有所提高，被征地农民在就业、住房和社会保障等方面也有了较高水平的提高。但土地财政与民争利的现象并未消除，因土地拆迁征用而导致的群体性事件依然时有发生，相关利益群体合法权益的保障依然为土地财政所累。由于社会保障体系的建设还不到位，农村的社保标准还比较低，农民能够获得的保障还不足以保障其养老、看病等基本生存尊严；同时，农民的教育水平与就业能力在市场上并不具有优势，使其在土地征用后只能从事一些收入低、临时性的工作，也有一部分人处于游手好闲的失业状态。

## （二）土地财政导致机会不公平

土地财政使各地地王频现，随着地价不断推高，开发商有了不断提高房价的借口，也给了房产投机者高位接盘的信心，结果全国各地房价大幅攀升。国际上衡量房价高低的一个重要标准是房价收入比，即一个国家居民的平均家庭年收入和他们住房价格之间的比差。目前比较通行的说法认为，房价收入比在3—6倍之间为合理区间，如考虑住房贷款因素，住房消费占居民收入的比重应低于30%。而我国大部分大中城市房价收入比超过6倍，而一些一线发达城市和部分二线城市的比率都超过了20倍甚至更高。这使国人承担比发达国家更重的住房负担。

过高的房价使得中低收入百姓买房安居的梦想无望，同时房价不断上涨，也导致住房不断向富裕家庭集中，大多数居民家庭获得住房的能力减弱、机会减少。房子是仅次于"食"的生存必需品，也是人们追求更高发展的一个起点，在人的基本权利中就包括居住的权利。毫无疑问，高房价放大了先赋性的影响。当房子成为财富的集中代表后，先赋性的家庭条件在房子的问题上被放大了，尤其是在大城市，家庭有房产的孩子和没有房产的孩子，在择业和发展上的起点公平和机会公平受到重要影响。房地产业的暴利已经严重背离了按照贡献分配的原则；房产的财富继承也影响了起点公平和机会公平。

同时，在现行土地批租制度下，地方政府一次性收取了承载在该土地上未来50年到70年的收益，透支了地方未来的土地收入，也造成了代际不公平。一个城市的建设用地总量是有限的，一旦卖完，后续的财政开支就得不到保证，土地财政长期不可持续。

## 第四节　法治领域的社会公平保障问题

社会公平的精义，是维护每一个社会成员的基本权利，只要是关乎公民基本权利范围内的事情，都应当得到一视同仁的维护。在现代社会，只有依靠法治，才能真正实现"一视同仁"。法治能够真正超越各个不同群体的特殊利益，保证社会公平。当前由于法治建设中存在各种各样的问题，致使社会公平得不到有效的保障。按照法治实现过程中的立法、执法、司法等几个重要环节，法治领域的社会公平问题主要体现在以下几个方面。

### 一　立法公平保障问题

立法是国家权力机关按照规定程序制定或修改法律的过程。立法根本上是人民意志的汇集和表达，主要功能在于通过民主的方式和法定程序，合理配置社会资源、分配权利与义务、明确权力与责任等实体性利益安排，实现分配正义的目的。正如所言，立法不公平是最大的不公平。为了实现立法公平，现代社会都要严格按照立法程序，遵循民主原则，允许不同利益阶层和群体参与到立法中来，保证各个主体在利益表达方面的平等，在立法过程中通过各种社会力量和社会利益充分博弈，最后形成共识，写进法律条文中。我国立法不公平主要表现在：

#### （一）立法过程中的公众舆论和公民表达不足

我国的立法决策和制定过程往往是由上而下，总体来说体现党政组织和上级意志有余，而公众舆论和公民表达不足。党中央和上级的意志对立法的决策、过程和结果往往起着决定性作用。一般情况下，需要制定哪些法律、何时制定、具体由谁来负责，往往都由党政组织决定。行政法规和国务院部门规章、地方政府规章制定过程也类似。社会公众无法直接向全国人大或其他规范性文件制定机关提出立法议案，立法机关对民意和舆论表达的反应比较淡漠，很多真正保护人民财产权利和人身权利的法律并不能充分反映民意和广泛集中民智。

### （二）民众参与立法不够

民众可以提出议案的主体范围狭窄。虽然我国目前有关立法的公开透明度不断增强，但很多时候主要是法制宣传的需要，不是从立法公开的角度出发的。实践中，一些部门在制定行政规章，征求其他相关部门意见时，规章草案上还会标注"秘密"二字。公众无法了解立法活动的运作状况，更不用说积极参与立法程序以及将意见反映到法律条文中去了。[①] 从公众参与立法的制度保障方面看，虽然我国《立法法》规定了立法过程中可以采取论证会、听证会、座谈会等多种形式听取社会各界意见，但由于缺少相应规范的程序设计，上述规定有时形同虚设，没有发挥实际作用。通常是否召开座谈会、听证会，决定权在于起草单位，一些起草单位怕麻烦、图方便甚至有意限制了公民参与立法权利的行使。

### （三）立法的部门化、地方化

部门化，就是部门主导法律和行政法规的内容和立法的进程，决定规章的内容与出台时间。政府部门由于离实际工作更近，因而在立法专业性上具备一定优势，但弊端也日渐显现，容易受部门利益影响，导致立法"部门化"——部门利益法制化。比如，行政部门在起草法律过程中，容易渗透部门利益，注重扩张部门权力，如审批权、许可权、处罚权和收费权等。全国人大及其常委会立法的具体实践中，依靠部门立法占据了较大比例。立法的一个重要任务

---

① 马怀德、张红：《立法的民主化及法律监督》，《国家检察官学院学报》2005年第4期。

就是限制公权力,而部门主导立法就很难实现这一目的。当前一些部门之所以争抢草案的起草,很大程度上是受部门利益的驱使,形成人们所批评的"行政权力部门化、部门权力利益化、部门利益法制化"的现象。地方化,就是地方自行立法,为谋取本地利益创造条件。在我国现行立法体制下,地方人大和地方政府分别享有地方性法规和规章的制定权,按照目前的权限划分,除了全国人大的专属事项立法,其余事项其实都是由地方性法规来作规定,这种情形类似于行政法规、部门规章。由于地方利益和地方利益主体的形成是不可避免的,加上立法透明度不高以及地方行政立法的民主参与程度远远低于全国人大立法等弊端,地方通过立法滥设行政许可、实现行业垄断、扩充职权等现象屡见不鲜。

### 二 执法公平保障问题

执法,是指国家行政机关依照法定职权和法定程序,行使行政管理职权、贯彻和实施法律的活动。要保证行政执法不违背《宪法》法律确定的公平准则,必须坚持依法行政。依法行政的本质是有效制约和合理运用行政权力,在法定职权范围内履行行政职能,做到既不失职又不越权,更不能非法侵犯公民的合法权益。在我国,由于执法存在很大自由裁量的空间,也由于政府权力比较大并且法治政府建设的滞后,因而执法实践中违法行使职权,获取非法利益等危害公平正义的行为和现象比较普遍。

#### (一)执法腐败现象严重

腐败是政府权力得不到制约的集中体现,是阻碍社会公平实现的重要因素。当前我国行政执法腐败主要有以下几种形式:第一,以权谋利。大多数被查处的行政执法腐败案件都存在为牟取个人物质和精神利益而滥用职权,私吞公款公物、贪污受贿等现象。党的十八大后查处的周永康、徐才厚、苏荣、蒋洁敏、李东生案莫不如此。第二,权钱交易。主要体现在行政管理相对人为了利用行政管理者手中的关系和渠道,贿买权力,以获得信息、资源和市场先机,获得不正当利益的行为。行政执法过程中的权钱交易广泛涉及房地产、社保、商业、金融、医药卫生、交通、教育等领域。第三，权色交易。近年来被查处的腐败案件，大多数与"包养情妇"等权色交易有关，许多行政管理相对人为了利益，还以色相贿赂权力，从而达到控制权力拥有者为自己服务的目的。一些官员经不住诱惑，违法用权，形成权色交易腐败。第四，行政不作为和乱作为。行政不作为和乱作为被称为"另类的腐败"。一些执法人员在执法过程中因利益关系，放任违法行为发生和蔓延，任其损害公民、法人和其他组织的合法权益；一些执法人员滥用职权，通过违法手段打击竞争对手，侵吞国家资财；一些执法人员玩忽职守、徇私舞弊，常插手职权外的事务，造成价格及业务垄断、地方经济保护等；还有一些国家机关工作人员手持经济大权，却不从实际出发，不依整体规划和缓急程度，在项目申报审定、经费划拨上乱作为，浪费公共资源，等等。

### （二）滥用强制手段

近年来，滥用强制手段执法行为造成群体性事件频发。主要集中在暴力执法、强制拆迁、违规劳教、滥用警力等方面。

暴力执法。由于我国城市管理体制和法律法规的不完备，实践中，城市管理的工作人员乱用权力、违法行政，危害社会公平的现象时常发生。第一，暴力执法的现象普遍。城管人员采用强制手段迫使执法对象停止经营或剥夺其生产资料，如遇到对抗，往往发生肢体冲突，导致人员伤亡。尤其是，我国各城市的城管队伍利用"临时工"的身份进行暴力执法活动的现象普遍。当出现"城管打人"事件后，"临时工"又往往成为城管部门推卸责任的挡箭牌。第二，违反执法程序。城管在行政执法中经常出现程序违规现象，如城管人员不告知执法原因，不告知行政相对人的救济渠道、申诉和控告的权利，不提供陈述申辩的机会，等等。由于城管暴力执法成为社会矛盾的焦点，引起人民群众的很大不满。2012年开始实施的《行政强制法》对查封、扣押等强制措施作出了程序上的规定，但是《行政强制法》的实施并没有遏制城管滥用强制手段的行为。从宏观和深层次原因看，法治政府滞后和执政理念的管理型理念和控制型理念，使我国城市管理在人民基本生存权益与城市管理的面子之间，选择了面子。

强制拆迁。近几年来，随着城镇化进程加快，强制拆迁及其引发的群体性事件层出不穷、居高不下。中国社会科学院2013年《社会蓝皮书》指出，征地拆迁引发的群体性事件占总数一半。2014年最高法发布的典型案例中，涉及房屋征收的补偿价格确定、补偿方式选择、违法建筑强拆等占据大部分。在"土地财政依赖症"的情形下，由于征地市场蕴含着巨额的收入，地方政府的征地积极性空前高涨。一些地方政府通过征地、卖地、降低补偿标准，规避监管，完成土地资本的积累，使原本由控制、监督、保护土地不被滥征、滥用的执法机关，最后演变成征地、卖地的积极推动者和主导者。一些政府为规避行政违法责任，往往将拆迁工作委托给一些组织或企业，把拆迁任务"包干分解"，这是导致发生各种野蛮拆迁、暴力拆迁事件的重要原因。个别开发商为完成拆迁而不惜对所谓的"钉子户"进行非法打击报复行为，比如停水、断电，甚至恐吓、威胁，有的发展到极端——暴力强拆导致发生死人、自焚等恶性事件。而地方政府出于"土地财政"动机，对这些暴力强拆采取默认或支持的态度，甚至不惜采用非法劳教手段压制上访，或动用行政强制手段和公安警力进行限制人身自由、毁坏个人财产等非法行为。为了制止愈演愈烈的行政强拆，2011年国务院通过《国有土地上房屋征收与补偿条例（草案）》，取消行政强制拆迁，规定被征收人超过规定期限不搬迁的，由政府向法院申请强制执行。然而，该新条例之后，各地暴力强拆事件依旧不断上演。"司法强拆"取代"行政强拆"确实是一种进步，但必须以相应机制的建立和完善为前提。① 这是因为在我国，司法不能与行政权力抗衡，这是体制问题，而体制问题不是轻易和短时间能解决的。地方政府如果执意要强拆，不论公安还是法院，都很难做到依法和公正。

---

① 姜明安：《"司法强拆"需要制度保障》，《中国报道》2011年第1期。

滥用警力。2009年我国开始施行的《人民警察法》对警力调度指挥的权限做了规定，"任何单位或者个人不得违反规定调动、使用人民武装警察部队"，但该法没有对地方政府调动武警力量的权力作出明确限制，很难防止地方政府权力的滥用。警察权是维护社会稳定、保证社会秩序的重要行政权力，但同时因为其所拥有的强制力，往往也很有可能对公民合法权利造成严重负面影响，故其权力的行使必须被法律规范。警察权属于政府行政权力的一部分，公安部门同样也是地方政府的组成部门，但这并不表明警方必须对地方官员的指令甚至个人意见言听计从。2010年，甘肃少年王鹏被宁夏吴忠市公安局以涉嫌"诽谤罪"刑事拘留。据媒体报道，他在三年前举报曾经的同学——宁夏扶贫办主任马崇林和吴忠市政协主席丁兰玉之子马晶晶在公务员考试中有作弊嫌疑。被刑事拘留数天后，当事人在舆论和公众的关注下恢复了自由。类似还有跨省抓捕记者案、抓捕人大代表案等。正如新华社评论指出的，归根到底，这些事件源自一些地方政府违法行政和个别领导干部对司法权力的滥用，使公安司法机关沦为权贵的"家丁"、维护私利的"打手"和压制群众意见的"噤声器"。① 滥用警力在各种群体性事件中也很突出，事实上，很多群体性事件如果不是警力的不当介入，矛盾并不会激化到不可调解的程度。这可以从"瓮安事件""孟连事件""四川什邡钼铜项目事件""江苏启东污水排海项目事件"等一系列群体性事件中得到验证。尽管我国出台了很多规定对滥用警力作了一定程度上的限制，但是这些模糊规定，还是给滥用警力留下可乘之机。某种程度上，警察权力和公民权利在一定条件下成反比关系，即警察权的扩大和滥用，意味着公民权的缩小和被侵害。警力滥用始终是当前我国执法和司法领域面临的影响社会公正的主要问题之一。

---

① 新华时评：《遏止滥用警力迫在眉睫》，新华网，http://news.xinhuanet.com/legal/2010-12/02/c_12841604.htm。

### 三 司法公平保障问题

司法是指国家司法机关及其工作人员依照法定职权和法定程序，具体运用法律处理案件的专门活动。我们常说，司法是保障公民基本权利的最后一道防线，是公平正义的最后守护者，是因为司法机关具有相对独立性，司法活动是建立在当事人双方平等的基础之上的，同时司法程序受到法律的严格约束。相对于行政机关在执行法律的活动中常常带有自己的利益目标，司法机关更为中立。人们对司法的信任也正是建立在司法机关是社会公平的坚定维护者身份之上的。因而我们认为，公平正义是司法公信力的生命线，司法公正对于社会公平正义具有极其重要的意义。当前我国司法不公的主要表现是：

#### （一）法院设置地方化、人事管理行政化，使其难以真正实现独立司法

司法地方化是指司法权为地方所控，为地方利益所用的一种"脱法现象"。具体来说，我国地方法院由同级人大产生，法官由同级人大任免，司法机关脱离不了地方党委政府的领导和管理，人事权、财权受制于当地政府，法院人员的工资、福利都需要地方政府解决，所以法院不得不和地方政府搞好关系，司法权力的地方化也就很容易。在这种情形下，在一些案件的处理上，领导批条子、打招呼，插手案件处理的状况并不鲜见，特别是一些涉及地方经济利益的案件，法院难以作出公正的判决。这种体制也使法院成为部分党政领导推行地方保护主义的工具，一些地方领导干部常将行政执法活动的规律适用到司法活动中，使法院的审判活动丧失了其应有的独立性。

司法行政化是指司法违背了司法的属性，蜕变为"行政"。法院系统内部上下级法院之间的关系本该是各自独立的，只有审级的不同，并无上下级之别。但是在现行的体制下，上级法院俨然成了下级法院的"领导"。法院内部形成了"下级服从上级"的行政化的科层结构。大批不办案的"名誉法官"管着办案的法官，而本来

该独立办案的法官,成为这个科层结构的最下层。① 在这种行政化的结构中,一系列利益导向的考评、奖励制度和法官等级制使法官形成了行政官那样的服从命令的习惯。其结果是,左右判决结果的不是法律而是长官意志。司法过程由"依法论证"行为变成"长官意志的决断"。于是司法的目标就产生了"行政化"的倾向,效率、维稳、社会效果等成为司法的目标,而司法公正被忽视。

### (二) 程序公正、无罪推定、被告人辩护权等保证司法公正的现代司法理念在司法实践中缺失

只有遵循司法规律,奉行科学的司法理念,司法公正才能由理念变成实际。在我国,冤假错案、同案不同判等明显违背司法公平现象的背后,大多能看到程序公正、无罪推定、被告人辩护权等现代司法理念缺失的影子。

首先,程序公正难以保障。程序公正是指司法过程中程序的正当性,它意味着当事人在司法过程中受到公正的对待,一切司法活动要严格遵循正当程序的规定。现代司法理念认为,失去程序公正的司法审判几乎不可能有实质上公正的结果。然而我国社会的思维习惯是"重结果、轻过程",司法审判关注实体的问题,至于办理案件的过程是不是合乎正义的要求,是不是符合法定的程序规定,往往会被忽视。实践中,往往是"效率服从于公平、配合服从于制约;在工作程序上,侦查服从于起诉、起诉服从于审判"②。其结果就是,为了实现所谓实体上的正确,采取非法手段办理案件。最典型的是刑讯逼供导致冤假错案。我国近年来发生的多起影响巨大的错案冤案,如湖北省"佘祥林案"、河南省"赵作海案"、河北省"聂树斌案",由于没有经历正当的司法程序,导致疑点重重,广受批评。这些案件如果能坚持正当程序,就不会有刑讯逼供,一些司法工作人员连仅有的一些程序规定也不重视、不遵守,大量的

---

① 周永坤:《司法的地方化、行政化、规范化——论司法改革的整体规范化理路》,《苏州大学学报》(哲学社会科学版) 2014 年第 6 期。
② 韩大元、于文豪:《法院、检察院和公安机关的宪法关系》,《法学研究》2011 年第 3 期。

不遵守审判程序,先判后审,先向上级法院请示再审,行政领导指示代替审判的现象普遍。

其次,无罪推定难以保障。无罪推定是现代法制国家刑事司法通行的重要原则,是国际公约确认和保护的基本人权,也是维护司法公正的根本要求。所谓无罪推定,就是任何人在未经证实和判决有罪之前,应视其为无罪,其核心是对犯罪嫌疑人、被告人所指控的罪行,必须要有充分确凿的证据,如果审判中不能证明其有罪,就应推定其无罪。无罪推定及其设定的一系列具体规则用来"迫使"国家侦查机关、检察机关等对当事人的合法权益予以尊重和保护,避免国家公权力的滥用而对犯罪嫌疑人、被告人的合法权益造成伤害。在我国司法实践中,受传统的"宁可错捕,绝不放过一个坏人"司法观念的影响,司法机关时常会遵循疑罪从有的做法处理存疑的案件,往往对嫌疑人予以定罪和从轻处理。就是我们时常说的,先定性,先抓人,然后找证据。河南省"赵作海案"就是有罪推定、疑罪不从无的恶劣样板。[①] 另外,抓了人法院还没判,媒体先判,这在当下我国司法实践中很常见。

最后,辩护权难以保障。要保证司法公平,就要在司法活动中切实依法保障辩护权。保障辩护权,是司法公正的必然要求,也是当前影响司法公正的薄弱环节。所谓辩护权,就是任何人在遭遇司法机关追究刑事责任时,都有权对指控的罪行进行无罪、罪轻、减轻或解除处罚的申辩。在司法活动中,审判方应该严守消极、中立的态度,充分尊重控辩双方表达意见的机会均等,尤其应该加强对辩护方程序权利的保护,比如犯罪嫌疑人、被告人自我辩护的权利,律师的调查取证、提出证据、会见阅卷、举证证明等各方面的权利。但在现实中,辩护方的律师常被排斥于法律职业共同体之外,甚至有时会形成公、检、法三家"三位一体"与律师对抗的态势。在没有律师辩护的案件中,法律的天平就会因为控辩失衡而发生倾斜。可以说,排斥律师、辩护权的削弱与冤假错案有很大关

---

① 《赵作海式冤案又现,反有罪推定必改体制》,《新京报》2010年6月4日。

系。在近年暴露出来的冤假错案中,更多反映出来也是自我辩护和委托辩护的实体权利没得到尊重、程序权利没得到保障。[①] 当前一些司法者对律师不友善、不尊重,对律师执业不支持、不配合,态度生硬、行为粗暴,甚至激烈冲突的现象时有发生。律师取证难、阅卷难、会见难等老大难问题长期得不到彻底解决,这无疑会导致司法权因失去律师权利的监督而有失公正。

### (三) 司法腐败

司法腐败是指司法机关及其工作人员在司法活动中,为了谋求或保护不正当的私人利益、地方利益、部门利益,利用司法职权搞"权钱交易""权情交易""权权交易",以致司法不公,从而损害国家、社会和公民合法权益的行为。近年来,人们对司法腐败的揭露和抨击频频见诸报端,所谓"司法腐败是最大的腐败""吃了原告吃被告"等广为流传。之所以有这些说法,是因为司法腐败对司法公正和司法公信力的影响是致命的。司法腐败的根源是司法权力的失控和滥用,当前我国司法腐败的表现形式主要有以下几类:

一是滥用司法权牟取非法利益。主要表现为索贿受贿、贪赃枉法、暗中收取好处费保护非法经营活动,当事人、律师与法官相互串通进行权钱交易。权钱交易虽然是绝大多数职务犯罪的共同特点,但在司法人员职务犯罪中却显得尤为突出。由于司法机关工作人员手握生杀予夺的大权,一些涉案人员想尽办法拉拢腐蚀办案人以获取非法利益,而司法机关中的个别人则为攫取经济利益与利益相关人沆瀣一气,该立案的不立案,该调查的不调查,该轻判的重判,该重判的轻判,于是各种"关系案""人情案""金钱案"层出不穷。备受关注的是,近年来司法腐败日益公开化、体系化,司法人员腐败涉案人数越来越多,涉案金额越来越大,涉案人员的级别也越来越高。如 2008 年最高法院原副院长"黄松有案"、2013 年上海"腐败窝案"、2015 年最高法院副院长"奚晓明案"等。

---

① 龙治宇:《充分尊重辩护权是法治建设的应有之义》,《法制日报》2015 年 1 月 7 日。

二是滥用司法权进行创收活动。主要包括乱收费、乱罚款、乱拉赞助,经商办企业,搞有偿服务和变相收费,以及将部分涉案资金提留作为办案经费,等等。由于现行制度的部分结构或安排在激励机制上存在严重缺陷,某些司法机关规定将执法任务、办事工作量与奖金挂钩,导致司法人员滥用职权甚至越权办案;不同司法机关之间的制度与待遇存在较大差别,促使司法机关及其工作人员滥用司法权,着力改善自身条件特别是司法人员的福利待遇。2014年最高法严厉禁止对人民法庭下达诉讼费创收指标或将法庭办公经费与诉讼费收入挂钩①,但实际上,利益驱动使不少司法人员仍然愿意冒险牟利。有些办案机关为了得到涉案资金趋向于案件做出有罪结论;也有的办案机关由于在判决生效之前先行处置了涉案财物,而妨碍法院作出无罪判决;还有不同地区的办案机关为了争夺涉案资金而不惜越权管辖,等等。这种对司法机关形成的利益驱动机制同样是破坏司法公正的重要原因。

此外,司法活动中还存在推诿扯皮、失职渎职等现象,有的刑事案件有案不立、有罪不究、以罚代刑。民事、经济、行政司法中的告状无门、官司难打、有法不依、久拖不决、执行无果的问题,都影响司法公正。2017年,河北赵先生的父亲被撞成植物人,法院判决民事赔偿,肇事司机一边称没钱拒不赔偿,另一边却不停转移财产、出国旅游,被称"教科书式老赖",而被撞者长期维权无果。

---

① 《最高法:严禁对人民法庭下达诉讼费创收指标》,《中国青年报》2014年7月9日第6版。

# 第三章 当代中国社会公平保障的现实分析

研究当代中国的社会公平保障问题,不能仅停留在具体的问题层面,还应深入分析社会公平保障问题的深层原因、呈现形态、后果影响,并从我国改革开放和现代化建设整体演进的过程和趋势中,对我国的社会公平保障总体态势作出评判。唯有如此,才能为当前我国的社会公平保障建设提供有现实意义和前瞻意义的路径指导。本章我们重点关注这些问题。

## 第一节 当代中国社会公平保障问题的基本成因

### 一 市场经济体制不成熟、不完善

当前在我国,几乎所有的发展问题都与市场经济紧密相关,谈论社会公平保障问题毫无疑问与市场经济及其体制是分不开的。实际上,对于社会公平保障而言,市场经济本身包含着社会公平的建构机制,同时也是社会分化和社会不公平的主要推动力量,这已是中外研究者的共识;同时,当前我国处于经济转型和市场经济体制转轨并存时期,市场经济体制的不完善对社会公平及其保障影响巨大。

现代市场经济本身包含着社会公平的建构机制。之所以今天人们格外重视社会公平,之所以我国的民主法治取得了积极进步,很重要的原因在于,市场经济体制蕴含的公平是现代意义上的公平,正是市场经济这个经济基础从根本上支撑着实现公平正义的民主法治制度。首先，市场经济给予每个人自由参与经济活动的平等权利。在人类社会发展史上，直到市场经济确立，才真正打破了只有少数人得到特许才可以从事经济活动的特权。市场经济要求实现经济市场的"准入平等"，这是社会公平的极好体现。其次，市场经济的实现方式是追求公平的。市场交易要求市场主体都是平等自愿的，交易双方都要放弃自己的部分权益，承担约定的义务。再次，市场经济的竞争方式本身是追求公平的。市场经济的重要原则是等价交换，要求竞争者在权利平等、规则平等的条件下公平竞争。最后，市场经济的分配方式也是追求公平的。市场经济条件下，各种生产要素按照贡献大小的原则参与分配，这本身是公正的。

同时，市场机制本身也存在巨大的局限性，这是我国在发展市场经济的过程中，产生社会公平保障问题的重要背景。市场经济本身会产生资源配置和利益分配的极化问题，也会产生个体经济行为使他人或社会受损的负外部性现象。这些现象必然会导致社会不公平，被经济学家称之为"市场失灵"，因此必须通过适当的政府调控来解决。首先，市场机制天然具有两极分化的惯性。市场经济条件下资源要素的自由配置，必然使得资源聚集具有不均衡性，从而导致资源回报率的巨大差异。正如马克思所说，资本的回报率要远远高于经济增长率，而经济的增长率要远远高于劳动者的工资增长率。经济学家斯蒂格利茨说，竞争市场可能会带来很不公平的收入分配，这会使一部分人缺乏赖以生存的基本生活资料。其次，理想的市场能够保障规则和程序的平等，但对起点和基础的差异无能为力。[①] 一个人的家庭背景、社会身份以及自然禀赋的差异，必然导致个体在参与社会竞争中拥有的财富、资源和机会存在差异，因而必然导致事实上的起点不平等，导致各行业、地区发展机会的不均等。再次，自由放任的市场竞争导致收入和财富的分配差距越来越大。很多人不认同市场经济导致分配不公的客观现实。然而正如萨

---

① 万军：《公平社会建设》，国家行政学院出版社2013年版，第53页。

缪尔森指出的，没有理由认为，在自由放任条件下，收入能被公平地加以分配。结果将是，收入和财富存在着巨大的不平等，而这种不平等会长期在一代代人中存留下去。"在市场经济中，财富分配不平等远远大于收入分配的不平等。"① 总之，市场不是万能的，但离开市场是万万不能的，只有不断完善市场经济，才能扬长避短。

具体到我国，当前我国由计划经济向现代市场经济的转轨还没有完成，市场体制存在明显的转轨特征，这种由转轨特征带来的社会公平问题与市场经济本身固有缺陷所带来的社会公平问题，呈现相互叠加的态势。

一是要素市场改革缓慢，导致要素市场发展相对滞后。就土地市场而言，我国农村的土地由农村集体所有，但很多地方村级集体形同虚设，集体所有权的虚置，导致农民的权益得不到保障。一些地方政府"低价征地，高价卖地"实际上侵犯了宪法赋予农民的土地所有权。土地市场化是落实农民土地权利最为核心和根本的问题，我国城乡差距扩大或城乡之间的矛盾主要表现为市场化过程中农民没有获得土地增值的利益。作为基础性资源的土地，事实上一直沿袭着政府计划配额控制模式。就金融市场化而言，我国的金融领域还是一个垄断的市场结构，缺乏竞争。据原国家外经贸部副部长龙永图介绍，我国四大国有银行金融资产占整个银行业资产70%以上，但缺乏为中小微企服务的机制；美国八千多家银行中，前十位银行仅占金融总资产的30%。同时，对民间资本进入资本市场还存在诸多限制，政府金融和资本市场管制过多。实践证明，越是市场化落后，稀缺的资源越掌握在权力部门手里，越容易造成低效率、高腐败、不公平。

二是市场体制扭曲，初次分配失衡。在现代市场经济体制中，劳动者仅有工资性收入是不够的，还必须增加财产性收入。据统

---

① ［美］保罗·萨缪尔森：《经济学》，经济学院出版社1996年版，第544、657页。

计，美国人的收入里面，40%多是财产性收入，而在我国这个数字只有1.8%左右。① 我国通过市场化改革，各种财产性收入等都有了较大的发展，极大地促进了国民收入分配结构的现代化。但在我国现有的产权制度下，财产性收入主要由国家或企业持有，普通居民的财产性收入因在拆迁、征地、居民投资和职工持股等方面存在财产权保障不力而受很大影响，这是导致我国国民收入分配结构扭曲、贫富差距较大的重要原因。

三是政府干预经济多，法治化水平低。法治实质就是从制度上对政府权力的限制，政府和市场的边界不清晰，政府干预多、管制多，必然会损害法治权威。第一，政府干预过多，扭曲了市场。政府通过低地价供给、财政补贴、税收减免、信贷扶持等资源配置方式招商引资，扭曲了市场信号。在给予企业的优惠政策和资金支持方面，一些官员倾向于根据个人的喜好安排，这损害了市场竞争秩序。第二，会形成腐败以及由此而产生的利益共同体。行政权力卷入市场，极有可能增加政府通过行政特权、行政审批权寻租的机会，形成比较普遍的权钱交易。

## 二 政府的社会公平责任与能力不足

由上述可见，市场体制是一种以市场机制为主导的资源配置方式，其追求公平有序的竞争和利益最大化的导向，使其具有了很高的经济效率，并从整体上极大提升了社会福祉。但是市场的这种固有特性，也导致了地区之间、群体之间、个体之间在资源占有使用上的分化日趋加大，并且这种分化的内在循环性和代际传递性最终可能导致"强者愈强、弱者愈弱"和"富者愈富、穷者愈穷"的马太效应。比如，社会的先富阶层通常享有更好的教育和发展机会，而后富阶层则更缺乏教育机会和发展机遇，这决定了在获取资源和竞争机会方面的巨大差异，反过来又使社会分化进行了叠加和循环。市场体制的这一特性，愈发凸显政府的社会公平责任。这就

---

① 《提高收入当从劳动收入始》，《凉山日报》2009年12月13日第2版。

要求在市场体制之外，必须依托政府建立一种社会公平机制，作为市场机制内在缺陷的有效补充。

政府的社会公平责任，一方面是其作为以社会进步目标和社会公共利益为前提的公共管理组织的性质决定的。所谓公共性，就是指国家机关依据法律，行使公共权力，处理公共事务，提供公共产品与公共服务，承担公共责任，实现社会公平。这是对政府基本职责的规定，由此可见，维护社会公平是政府的基本使命。① 另一方面，也只有政府才有权力和能力来充分调动社会资源以维护社会公平，政府是维护和实现社会公平的主要力量。政府作为社会资源的调控者、分配者以及社会规则的制定者、执行者，对社会成员的权利与义务进行设定，对社会不同阶层的利益和角色进行调节，从而具备实现社会公平的权威性力量。即便是在自由市场经济发达的国家，政府的社会公平责任也是越来越加强的。第二次世界大战后，西方主要资本主义国家通过福利国家制度实现了社会财富向弱势群体有利的再分配。一系列保障社会公平的制度得到不断完善和改进，使得现在多数西方发达国家不仅基尼系数较低，而且公众享有的就业保障、基础教育、公共医疗等基本的社会权益保障相对更完善。

政府的社会公平责任，第一，包含对社会成员的生存权、发展权的保障。展开来说，就是要在社会资源稀缺和竞争能力不足的情况下，要确保社会的相对弱势群体的基本生活不能受到影响，以保障生存的基本尊严和自由。这是社会制度的基本正义，是社会赖以持续发展的道德基础。第二，现代政府的一个重要特征是，社会公平保障责任不局限于经济领域，还涉及社会保障和社会福利的改善，政府要促进社会公共服务供应和社会保障覆盖，调节利益差距，进行社会福利的二次分配。② 第三，政府保障社会公平，重在促使发展机会公平。市场经济下，机会公平更为关键。

---

① 陈国权、王勤：《论社会公正与政府公共性》，《政治学研究》2004年第4期。
② 杨文圣、黄英：《论公平视域中政府社会管理的机制创新》，《云南行政学院学报》2009年第5期。

机会公平要求通过税收制度、就业制度、教育制度、社会保障制度等保障在市场竞争中的弱势群体具有平等的发展机会。第四，要构建利益协调机制和利益分配机制，为社会公平保障提供规则和制度。利益关系是一切社会关系的基础，反映、协调和保障不同地区、行业、阶层、群体的利益相对均衡，是政府维护社会公平的基础。社会不同利益主体围绕利益的分配会出现不同诉求，有的甚至是对立和冲突，这就要求政府以利益调节者的姿态和规则供给者的角色出现，通过国家制度和社会规则协调不同主体之间的利益，规范其行为方式，从而保护合法利益，实现公平。由此可见，政府的责任几乎包含了社会公平的基本内容：权利公平、机会公平和规则公平。

但实践中，在这几方面，我国政府保障社会公平的责任和能力都显得不足。

首先，收入分配制度本身欠公平，改革发展成果不共享。我国的收入分配制度一直没有解决好政府、企业和居民的收入分配关系。政府和企业在国民收入分配中的比重增长过快，而居民收入则相对较低。地区之间、行业之间收入分配差距也不断加大。改革开放几十年，改革的代价过分集中到了特定社会群体身上，主要是依靠出卖劳动力生存的社会阶层。相对来说，他们在享有改革成果的次序上却永远是靠后的，即改革代价的付出和改革成果的享有呈现了不对等。并且由于社会结构和话语权的失衡，这种不对等一直很难有较大的改观。比如，城乡分治带来了严重的城乡差别，社会特权阶层的自利行为导致的垄断和腐败等严重影响社会公平的问题一直得不到解决。

其次，公共财政体制和公共服务能力不足。总体上来看，我国的财政没有从竞争性领域、营利性领域退出来。相对于经济增长的重视，政府在公共服务上的投入明显不足，特别是在保障发展机会公平的公共教育资源、公共医疗资源、社会保障资源和就业资源的配置上明显不足。公共财政体制仍未建立，政府的支出仍没有把更多的资金用于生产、提供公共物品或服务，用于调节居民收入分配。仅以社会保障支出为例,国际上通常采用"社会保障支出占财政支出的比重"来衡量各国政府的社会保障财政责任。有数据显示,2015 年我国社会保障(包括社会保险)支出仅占我国财政支出的 12%,远低于发达国家 30%—50% 的比例。[①] 总的来说,我国政府还没有完成从经济增长型政府向服务型政府的转变。

最后,没有较好地承担起利益协调制度和规则的供给责任。政府提供的公共产品,既包括社会保障和公共福利,也包括公平的规则和制度。当前,我国已进入社会利益博弈复杂和利益冲突频发的时期,但我们缺少制度化的利益表达、利益分化、利益博弈机制。利益格局失衡背后就是权利的失衡。政府有责任将社会各阶层、各个集团的利益放在平等的位置上,提供公平的社会规则。然而在实践中,政府履行这一责任仍然障碍重重。政府在社会规则的制定和维护中,容易受社会强势群体的影响或者甚至代表强势群体的利益,从而使弱势群体的利益得不到保障的现象并不鲜见。尤其是政府利益往往与强势群体利益更容易结合在一起。近些年来一个典型的例子是,在地方政府强行推行大项目所造成的征地拆迁矛盾、环境群体性事件背后,几乎都有政府与投资商、银行等强势群体结合成利益联盟的影子。

## 三 渐进式改革模式的弊端

毫无疑问,改革路径的选择与改革政策的制定对社会公平至关重要,因为改革的本身就是社会利益的调整。尤其是像我国这样,既面临着从计划经济体制向市场经济体制的转轨,资源配置方式和利益秩序要发生创造性转换;又面临着从传统社会向现代社会转型的任务,利益需求多元化与社会结构失衡化并存。同时,改革过程中,经验型的改革策略与非规范性的改革方式,也很有可能造成改革成本负担不合理,改革成果与利益分享不均衡,从而导致社会不公。

---

① 《"适时"下调社保费率,今年能做到吗》,《新京报》2015 年 1 月 11 日,第 2 版。

## 第三章 当代中国社会公平保障的现实分析

纵观我国几十年来的改革历史,改革的弊端和后遗症影响社会公平,是无法避免的事实性存在。改革开放之初,我国选择了一条有别于苏联、东欧等国家"休克疗法"式的改革道路,这种改革以传统计划经济体制中最薄弱的环节作为突破口,由易到难、逐步过渡,人们称之为"渐进式改革"模式。

"渐进式改革"模式有几个鲜明的特点。一是从下到上,先易后难。改革之初,主要的改革方式是放活,让农村、城镇的基层力量在实践中自发进行改革探索,然后逐渐为上层接受并转化为经验型的改革方式来向全局推广。同时,改革先从最容易取得成效和利益、关联部门少的领域开始,以此减少阻力,涉及利益关联部门多、阻力大以及上层建筑领域的改革则是后来逐步展开的。二是避开存量利益,发展增量利益。在长期的计划经济体制惯性中所建构起来的资源配置和利益分配模式,已经从上到下在全社会形成了极强的刚性结构,短时间的改革很难在短时期打破这种僵化的体制结构。因而从一开始,改革就尽量绕开原有的存量利益,而着重发展增量利益。如在价格改革中,首先从涉及存量利益较小的商品范围"放开价格"开始。再比如大力发展非国有经济,避开国有经济的改革,尤其是产权变革。这种方式无疑带动了存量改革,使存量利益主体在增量利益的发展中获得了新的收益,减少了改革阻力,赢得了不同利益主体对改革的支持。三是双轨制。"增量先行"的改革路径不可避免地引致了双轨制。作为由计划经济向市场经济过渡的一种过渡性的方式,双轨制广泛存在于生产、流通、信贷、汇率等领域,如"价格双轨制""汇率双汇制"等。四是先经济后社会政治领域。实际上是由经济改革逐渐带动社会政治体制改革。比如,农产品生产、流通体制改革推动了农村行政管理体制的改革,带动了农村税费、医疗、教育、保障等社会领域的改革;城市企业经营、收入分配等领域的改革,促进了城市甚至国家经济管理体制乃至政治领域的改革。①

---

① 马晓河:《渐进式改革 30 年:经验与未来》,《中国改革》2008 年第 9 期。

近几十年我国经济快速增长、社会稳定进步的改革实践证明,"渐进式改革"是成功的。但是这种渐进式改革在获得巨大成功的同时,也产生了一系列特殊的矛盾和问题。尤其是很多改革措施是衔接新旧体制的过渡性制度安排,具有策略性、功利性和短期性,在这种改革路径下,改革的公平价值在一定程度上被忽视。

一是改革主要通过行政方式来推进,没有养成依靠法治和民主的习惯,改革参与机制和利益表达机制因此欠缺。渐进式改革方式运用行政手段,通过先易后难的路径有效避开了利益冲突和社会矛盾,但同时因此具有很大的随机性和策略性,改革的过程中往往缺少对程序和价值的尊重,不利于规则、信任和法律等社会资本的养成和积累。例如,为了避免改革引起"不必要"的"掣肘"和"干扰",一些改革政策通常采取"悄悄进行"的方式。这种偏重于行政命令的方式无疑契合了传统政治经验与文化,有利于决策的方便性,避开了社会复杂信息的干扰因素,但在一定程度上忽略了多数人的参与权、表达权和知情权,同时导致社会的利益表达机制、改革参与机制、矛盾化解机制、社会监督机制、社会协商机制并没有随着改革的过程建立起来。这种弊端在改革进入"深水区"后,愈发凸显。也就是说,改革并没有建立一整套与改革实践和社会体制转轨相适应的配套机制,使社会公共事务缺乏制度的规范,人治的惯性使合法性思维、权利思维、程序性思维等法治思维长期无法牢靠地确立。正因为如此,才有了上一章经济、社会和法治领域的社会公平保障问题。

二是渐进式改革容易使既得利益集团做大。渐进式改革大大降低了由改革带来的风险成本,但这种先改先行、后改后行的方式带来了团体或个人在资源占有机会上的不均等,无形中形成了各种既得利益集团。在改革过程中,这些既得利益集团(部门或个人)利用公共资源、公共权力、金融资本等关键资源优势,获得了大量的利益。并且也会借助自身在权力体制和公共决策中的优势地位,通过垄断资源,扭曲市场,不断强化集团和个人的既得利益,进而在改革面临着削弱自身的利益时，会自觉地阻碍改革。① 社会上流传的"国家利益部门化，部门利益集团化，集团利益个人化"的说法，就形象地说明了改革以后集团利益对公共利益的扭曲、侵蚀和对利益调整的干扰，以致阶层结构出现定型化的倾向，富人阶层的门槛越来越高，弱势群体越来越边缘化。

三是双轨制导致二元结构长期存在。渐进式改革的一个重要特点在于，从计划经济向市场经济过渡过程中存在诸多的双轨制。比如国有企业和民营企业双轨制导致的不公平竞争，比如当前产品市场基本上已经放开，但要素市场的扭曲非常普遍，实际上也是一种由双轨制所导致的不公的收入再分配。城乡双轨制和城乡二元经济结构导致的不公平则非常明显。由于户籍制度的限制，以及税收、社会保障等一系列制度安排，农民进城从事非农经济，在城市受到社会保障、义务教育、公共服务等各个方面的不公待遇。这种体制依然是按身份分配资源的等级制度安排，并把不必要的差距人为的扩大，造成制度性和政策性的社会不公现象。

四是政治体制改革滞后。经济体制依附于政治体制，因而改革是一个包括了经济体制、政治体制和文化体制等在内的整体的、系统的工程。我国的渐进式改革采取了先经济后政治的顺序，目前政治体制改革远远滞后于经济体制改革，使政治体制不适应市场经济的进一步发展。这是当前权力寻租、腐败泛滥、官僚主义等社会公平问题的根源。主要表现在：干部人事制度改革和政治监督的改革缺乏力度，从而使腐败不绝、吏治失范、公权力骄纵，政府权威流失；政府权力界限模糊、随意扩张，很多领域出现了资本和权力勾结共同盘剥公共利益的情况；司法缺乏独立性，导致司法职业精神不断遭到侵蚀、司法腐败屡禁不止、冤假错案成为老大难问题，导致老百姓信访不信法，司法公信力遭质疑，等等。

简言之，随着改革步入深水区与攻坚期，渐进式改革模式的弊端愈发凸显，渐进式改革导致的重要利益秩序调整后置、权力介入

---

① 马晓河：《渐进式改革30年：经验与未来》，《中国改革》2008年第9期。

市场、产权改革的滞后、寻租设租活动普遍等，产生了诸多影响社会公平的矛盾和问题。在全面深化改革的新时代，必须着力于改革路径的重新设计，要清除系列渐进式改革的后遗症，促进权利平等、规则公平和机会公平，这是保障社会公平的必然要求。

### 四　政府治理中的制度正义缺失

罗尔斯认为，正义是社会制度的首要美德。社会正义是制度正义的必然结果；反过来，制度不正义，必然会导致社会不正义。制度正义不仅会带来社会基础结构的根本改良，而且为实现社会正义奠定坚实的制度支撑。所谓制度正义，是指一个国家和社会的整体制度能够充分保障个人的安全、平等、自由，能够保证和实现社会各个阶层、各个集团、各个部分的利益协调、共存，实现全社会成员关系的和谐。[①] 制度正义，意味着社会各个成员由制度赋予的社会交往起点的权利与义务是平等的；意味着公权机构及其成员代表民众行使公共权力，同时受到民众的有效监督；意味着制度能有效缓解和抑制地区间、阶层间、群体间的财富不平等，缩小社会贫富差距。当前我国社会不公平现象的重要原因在于，我国仍然处于社会转型期，制度不成熟、国家治理体系不健全导致制度正义的缺失。

首先，制度设计不正义。从公民权利分配来看，目前的制度体系仍然人为地将社会成员按地区和群体划分为不同的等级，并据此赋予不平等的权利和义务。典型的是目前的户籍制度，将社会成员划分为农村和城市户籍，不同户籍的社会成员在经济权利、社会权利，甚至政治权利诸多方面有不同程度的差别。从权力的授予、配置来看，一方面，权力过于集中，并且对社会资源居于绝对主导地位，由此造成权力腐败根本无法遏制。官员滥用公权力谋私利，官员特权以及由此通过权钱交易、结成利益集团等非法方式衍生和吸

---

[①] 张恒山：《略论制度正义——执政党的至上价值目标》，《中共中央党校学报》2007年第4期。

纳进来的财富、机会、资源甚至开始荫及子孙后代,特权阶层已经是事实性存在。另一方面,由于缺乏对权力的有效制约和监督,行使公共权力的机构和执掌权力的官员们存在大量权力任性行为,以致可以随意侵犯普通民众的人身、财产权益,大量不符合现代社会民主法治基本理念和常识的权力蛮横现象普遍存在。①

其次,制度运行不正义。社会公平离不开好的制度设计,同样离不开好的制度运行和监管。虽然我们越来越充分地认识到,制度运行在现代国家治理中的重要作用,然而仍然能够时刻感受到,制度建设的滞后和制度运行中的异化所造成的社会不公平问题普遍化现象。第一,在社会进行着深层次转型的时代,社会的利益博弈已经显性化、常态化,但是利益博弈和利益均衡的制度体系还没有建立起来,造成社会利益博弈无序化,利益均衡无规则化,社会中普遍存在赢者通吃的现象。第二,由于制度不健全、法律执行不严格,企业甚至公共机构在执行一系列国家保障社会公平方面的制度和政策时,往往根据自身利益权衡打折扣。比如,由于劳资谈判制度基本虚置,企业往往只重视资方、雇主的利益,无视雇佣劳动者的工资待遇、工作环境、劳动保护、社会保障等制度规定。地方政府从自身利益出发,在环境问题、劳工保护问题、人权问题、侵占耕地和城市拆迁事件等方面有法不依、执法不严。第三,明规则不彰,潜规则就会盛行。社会潜规则普遍存在于人们求职、升迁、调干、评职称、入学、就业、就医等社会的各个方面,导致公平正义的制度价值和法律原则得不到伸张,进而使民众对法律和制度不得不抱以疏离和漠视的态度。

最后,制度矫正不正义。所谓矫正正义,是指在人们交往中发生相互侵害的情况下,剥夺不正当获利者的利益,弥补受损害者的损失,恢复侵害者与受侵害者之间的利益的均等。② 制度矫正正义能否得到保障,关键在于公民权利救济渠道和方式是否有保障。当

---

① 唐皇凤:《制度正义:中国政治发展的关键议题》,《桂海论丛》2012年第2期。
② 傅鹤鸣:《亚里士多德矫正正义观的现代诠释》,《兰州学刊》2003年第6期。

前在我国，《宪法》关于保障公民基本权利的原则在实际政治生活和司法实践中难以有效落实。这是行政机关在行政执法过程中，侵犯公民权利的情况时有发生的主要原因。司法救济机制因为法律权威性不高，司法腐败和执行难等问题也在实践中屡遭尴尬。民众"信访不信法"就是明证。在公民权利救济的相关案件中，地方政府甚至司法机构仍然以维稳而不是维权为治理目标，法治的尊严和制度的严肃性往往被置于次要位置。维稳思维的结果就是，或者以暴力手段强迫上访者就范，或者以模糊状态息事宁人，如此形成了"不闹不解决，大闹大解决，小闹小解决"的社会现象。公民的一些暴力维权事件和极端维权事件都说明，救济渠道不足导致制度矫正失效，正是社会矛盾和纠纷难以化解、公平正义无法实现的重要原因。

## 第二节　当代中国社会公平保障问题的呈现形态

### 一　利益分化加剧

利益分化是社会生产力发展到一定阶段的必然产物，也是一种正常的社会现象。但是利益分化的程度和利益分化的生成原因、方式必须符合社会公平原则。同时，如果利益分化的程度和方式超越社会正义和社会心理承受范围，那么社会弱势群体或社会底层的被剥夺感必然逐渐生长，制度的正义和社会的合法性就会受到质疑。

过度利益分化之所以会对社会公平造成侵害，是因为利益分化导致不同社会群体和社会阶层获取社会资源的可行性能力受影响，进而会影响到社会平等。社会不平等的实质，是社会资源在社会成员中的不平等分配。[①] 在阿马蒂亚·森看来，"一个人的可行性能力是此人有可能实现的各种可能的功能型组合"，"不同的群体具有不同的可行能力集，能力强的群体在资源获取中具有优势地位，

---

① 李路路：《国外社会阶层理论》，社会科学文献出版社2002年版，第1页。

反之则处于无力的竞争状态"①。在我国，不同社会群体、阶层之间的利益分化愈来愈大，尤其是由于经济、政治制度和体制不规范不健全等复杂因素，不同群体在资源、机会和收入方面的不平等不断凸显并加剧。处于弱势地位的社会成员承担了大部分改革成本，却成为改革的实际利益受损者，并且逐渐失去了以平等身份和机会参与市场博弈的能力和权利。

一是利益结构失衡，分配不平等。主要表现为利益在城乡之间、不同群体之间、不同阶层之间的比例失衡，利益分配结构不合理。在农村，虽然农民的收入处于较快增长态势，但实际上仍落后于国民经济和城市居民收入的增长，尤其是近年来随着城乡金融不均衡发展，城乡绝对差距仍然呈扩大之势。据统计，十年间，我国城乡绝对差距从2002年的5227.2元扩大到2011年的14832.5元，相对差距在3.1以上。② 另外，城乡关系失衡，还表现在公共资源的城乡配置失衡，农村流动人口市民化难以获得解决，城乡利益格局刚性化及结构化越来越明显，等等。在阶层差距方面，社会分层的加剧使城市社会结构形成了以暴富阶层和部分特权阶层为核心的上层阶层、以白领为中心的中层社会、以城市下岗工人和部分融入城市的农民工为核心的底层社会。根据国家发改委专家马晓河的研究，2000—2014年，中国城市20%的高收入和20%的低收入之间的收入差距，由3.6倍扩大到5.5倍；同期农民20%的高收入人群和20%的低收入人群间的收入差也从6.47倍扩大到8.65倍。③ 基尼系数是衡量社会贫富差距的直观数据。据国家统计局发布的数据来看，2014年全国居民收入基尼系数为0.469，2016年我国的基

---

① 王艳萍：《克服经济学的哲学贫困：阿马蒂亚·森的经济思想研究》，中国经济出版社2006年版，第113页。

② 陈伟、白彦：《城乡一体化进程中的政府基本公共服务标准化》，《政治学研究》2013年第1期。

③ 马晓河：《收入差距在扩大，高低倍差超10倍》，《21世纪经济报道》2016年4月10日，http://news.sohu.com/20160411/n443823034.shtml。

尼系数为0.465。① 这一数字仍然超过国际公认0.4的贫富差距警戒线。而很多民间调查机构的数据还要远远大于官方数据。根据北京大学中国社会科学调查中心发布的《2016中国民生发展报告》，2014年我国顶端1%的家庭拥有全国总财产的29.7%，底端25%的家庭财产拥有比例不到1%。这其中房产的积累占主导地位，比例远远超过一些发达国家。可以说，我国社会财富过度分化的速度和方式比过去要更为复杂可见，少数人占有多数社会财富，多数人占有少数社会财富，低收入群体明显过大，利益分配结构失衡，导致了利益分化加剧。

二是利益主体错位，利益群体异质化。社会转轨和利益格局的调整必然导致各个利益群体的地位会相应发生变化。当前我国社会，由于社会资源的过度集中和体制政策及其他原因导致机会的不公平，使得大部分的社会财富掌握在权贵资本、大型国企和一些民营企业家手里，财富集中程度加剧；而占人口多数的工人、农民等群体沦为财富分配"倒金字塔"的底层。利益群体的异质化还表现在，社会各利益群体之间存在着明确的闭合界限，以利益为纽带的利益群体出现了固化的倾向，行业垄断、政府部门利益，以及各种既得利益群体，都结成了牢固的藩篱，阻断了利益群体之间的交互和流动。主要表现为商业精英、知识精英和权力精英的紧密结合。近几年反腐的各种公开报道中随处可见地方权力精英和知识精英互相利用、过度亲密，权力精英和商业精英之间的利益输送和官商勾结现象。

三是利益表达不足，利益补偿机制缺失。社会利益差距本身并不影响社会公平，相反只要是合法的，都是公正的。但从利益实现的过程来看，利益表达和利益救济低效可能导致社会利益分化的不公平。目前，利益表达不足主要表现在弱势群体缺乏体制内的利益表达渠道和利益协商能力，在可能影响自身利益的公共决策中，各

---

① 中华人民共和国国家统计局：《中华人民共和国2016年国民经济和社会发展统计公报》，《人民日报》2017年3月10日第10版。

个群体的话语权严重失衡,强势群体通过各种渠道影响公共决策的能力远比弱势群体大得多。在市场化、城市化的推进过程中,体制内利益表达渠道的低效,使得侵害公民权益的事件时有发生。同时,保障社会公平,离不开让相对受损者得到补偿,在利益分配结果上保障底线公平,这就需要利益救济(补偿)机制。利益受损补偿机制在维护底线公平、抗拒社会风险方面均发挥着巨大作用,然而由于各种原因,我国的利益救济机制尚未真正发挥作用。保障基本的生存权、健康权和教育权的公共财政体制还没有完全建立起来;针对特定群体的利益受损补偿机制也未建立,尤其是在制度和法律层面对利益再分配和调整过程中利益补偿存在缺失。

## 二 阶层结构固化

所谓阶层固化,是指社会纵向流动的通道日渐狭窄,下层社会向上流动受阻,社会结构调整速度变慢。简单说,就是个人能力并不帮助其向上流动,而身份标签、子承父业现象等先赋性现象对一个人的社会地位影响越来越大。一般来说,决定一个人社会地位的主要因素无非是先赋性因素和自致性因素,前者是个人出生即获得,是先天赋予的条件;后者是指靠个人后天努力所获得的能力。社会学家认为,在一个社会中,如果先赋性因素决定性太大,那么社会成员向上流动就困难,社会分层结构就会趋于封闭,形成阶层固化。

毫无疑问,社会阶层固化对社会公平的危害甚至比贫富分化还要严重。对个体来说,阶层固化剥夺了个人通过努力获得较好的生活条件和生活质量的权利。尤其是加剧了不同社会阶层的人们在教育、就业等保证起点公平的公共资源获取上的事实不平等性,人们常说的"寒门难出贵子"和各种"二代现象"将不可避免出现。对社会来说,一个社会地位的变动主要靠关系、靠背景,这显然缺乏公平的竞争机制,由此导致下层社会群体很难跻身进入社会的中上层,而上层社会人员则为了保住自己的社会地位,往往通过各种手段维护自己的既得利益,导致社会阶层隔阂严重、社会对立情绪严重，也使得努力进取、勤奋竞争的社会创新动力减弱，社会失去发展活力。更重要的是，阶层固化本身就是社会公平缺失的结果，反过来阶层固化又导致实现社会公平的难度增大，成为社会不公的原因。社会公平原则强调权利平等、机会平等、规则平等和司法公正，以此不断降低人们在先赋性资源拥有上的巨大差距，但阶层固化则意味着底层社会人员无法获得更多的社会资源和利益，进而会限制权利公平、机会公平和规则公平，用以提升个体获得成功的自致性因素，将会进一步加剧社会的不公平。

阶层固化现象突出的表现是青年群体在社会流动中的"二代现象"。人们常说的"官二代""富二代""星二代"和与之相对应的"民二代""穷二代""农二代"，分别代表着社会上层的政治精英、经济精英和文化精英和社会底层阶层的子女，这样的社会标签主要决定于他们的父辈拥有的经济资源、政治资源和文化资源的不同。其主要表现是："官二代"继承权位、"富二代"世袭财富，而"穷二代"则世袭了贫困，其结果必然是"精英二代"的代际流动继承性增强，而"草根二代"向上流动的渠道受阻，即二代的财富和资源从一开始就处在了不同的起跑线上，底层社会人员难以拥有平等的发展条件。

这种趋势尤其体现我们前面所讲述的保障起点公平，减少先赋性因素差距的教育、就业方面的阶层固化现象。研究认为，现在教育资源的获取与"身份""家庭背景"等先天性因素密切相关。一些拥有较多经济资源和社会资源的家庭通过将子女送入较好的学校，接受更优质的教育，而"民二代""穷二代""农二代"除非个体特别优秀，否则由于家庭经济以及体制政策的因素只能接受一般的或更次的教育，从而丧失了更多向上流动的机会。[①] 清华大学"中国大学生学习与发展追踪研究"课题组的一项实证调查也证实了这种结论，调查结果显示，家庭所在地为省会城市的学生，获得

---

[①] 邓志强：《青年的阶层固化："二代"们的社会流动》，《中国青年研究》2013年第6期，第6页。

保送资格的可能性是郊区农村学生的 11.1 倍。城市子女在保送招生制度中获得的入学机会是农村子女的 17.2 倍。① 在就业方面,"麦可思——中国大学毕业生求职与工作能力调查"项目组调查显示,从学生毕业后半年的就业状况来看,农民与农民工子女有 35% 的毕业生未能就业,远远高出管理阶层子女未就业 15% 的比例。而我们现在的一些政策还在强化着这种不合理现象,就业的"户籍歧视"和"身份歧视"现象普遍。一些事业单位的"萝卜招聘""内部招聘""人情招聘"时常见诸报端。在烟草系统、电力系统、民航系统等单位,出现一家人甚至三代人都在一个系统的现象。② 总之,社会阶层固化与教育不公、就业不公等起点不公平形成封闭循环,已成为当前我国社会公平保障问题的重要呈现形态,必须通过制度改革打破资源垄断,平等地保障每一个公民的平等权利,促进社会公平。

### 三 社会排斥强化

"社会排斥"是出现于 20 世纪 70 年代的社会学术语,由法国学者勒内·勒努瓦首先提出,是研究社会政策和社会平等的核心概念之一。因社会现象复杂,各个学科的角度各异,社会排斥是个多维度的概念,很难有一个能涵盖全部的定义,但其核心内涵是确定的,即是指部分社会成员不能与主流社会共同分享社会资源及公民权利的境况。

社会排斥通常与社会公平相对应被人们使用,为了深入理解其内涵,我们将社会公平与社会排斥对比来加深认识。社会公平可以通过经济、政治、文化等不同层面来理解。经济层面的社会公平,主要指社会成员在参与社会生产时,机会平等、资源共享,以及在竞争后利益分配上的公平;政治层面的社会公平,是指公民平等享有政治权利、生存权利和基本发展权利,不存在任何特权形式,法

---

① 《农村考生保送机会少》,《中国青年报》2015 年 5 月 28 日第 7 版。
② 邓志强:《青年的阶层固化:"二代"们的社会流动》,《中国青年研究》2013 年第 6 期。

律面前人人平等；文化层面的社会公平，主要表现为文化融合、互相尊重，平等地享有文化成果、遵守道德规范等方面。相应的，经济领域的排斥主要是指群体成员缺乏进入劳动力市场的途径，在生产、消费、储蓄等经济活动方面，很难获得其他群体能获得的资源；政治领域的排斥是指群体成员缺乏政治参与的渠道和权力，导致政治上的弱势化和边缘化。社会关系方面的排斥，是指由于社会关系的断裂或社会网络的缺失，而无法直接参与到社会生活中去。文化方面的排斥，主要指群体成员被社会主流价值体系、文化符号和心理意识等边缘化。[1] 总之，无论是与生存权、发展权有关的物质生活领域和物质资源的获取机会方面的排斥，还是社会参与、社会交往方面等精神生活层面的排斥，都意味着社会剥夺、社会歧视和边缘化，意味着社会的不公正、不平等。

我国现阶段，一些城市无业人员、商业服务业人员和其他低收入人员、农民工、贫困农民、残疾人、贫困妇女儿童等不同程度遭到社会排斥。总体而言，他们在社会生活中占有资源少、实现权利能力弱，表达诉求意愿也小，有人将其基本特征概括为：竞争能力弱，生活上贫困，社会地位低下。[2] 值得注意的是，他们遭受的社会排斥，很大一部分属于"结构性的社会排斥"，即在社会等级结构和制度性歧视、政策性歧视的大背景下形成的被主流社会排斥的状态，属于典型的"权利的贫困"。相对于主流社会的权益保障，他们在生存权、发展权、健康权、平等权、表达权以及救济权方面时常遭遇困境。

比如农民工，作为公民，他们在劳动中应该与其他劳动者享有平等的权益，但在实际状态中，农民工就业选择机会受限、缺乏劳动保护、工作环境恶劣、不能平等享有社会保障福利、同工不同酬等情况时有发生。再比如，城市社会底层的一些流动人员，由于资

---

[1] 曾群、魏雁滨：《失业与社会排斥：一个分析框架》，《社会学研究》2004年第3期。

[2] 张晓玲主编：《社会弱势群体权利的法律保障研究》，中共中央党校出版社2009年版，第70页。

历低、年龄大、专业技能缺失、职业背景缺乏、社会关系弱,再加上劳动力市场中存在的地域歧视、身份歧视、年龄歧视、学历歧视,他们基本被排斥在正式劳动力市场之外,作为外流人员,在城市就业信息获取、职业技能培训、社区职业推荐等方面,他们很难享有真正的公平竞争机会。这是政策排斥。

在制度排斥方面,以处于城市社会底层的城市小贩为例。工商管理将城市小贩归类为"无照经营"主体,不利于市场经济秩序的维护;城市环境卫生管理则将小贩归类为"城市污点来源",不利于创造清洁、优美的城市工作生活环境;而城市综合管理则将小贩归类为"非法综合体",其存在不利于维护城市市容市貌、道路交通、社会治安、食品卫生等。① 由此,城管和小贩之间的矛盾成了社会排斥的必然结果。我们可以看出,在制度排斥链条中,这些貌似合法的排斥性制度和政策作用于社会分层系统和权力关系中的弱势群体,使他们陷入资源匮乏、机会不足和权利缺乏的边缘化境地,使底层流动群体很难融入城市社会。

**四 权力侵害权利**

按照现代政治学理念,政府的本质是用社会让渡给它的那部分权力保障公民权利、维护社会交往的正常秩序,提升社会整体福祉。民众把自己的一部分权利交给政府,政府权力有了合法性来源,政府必须按照人民的意志依法行使人民赋予的权力,保障人民的权益。但是权力的自我扩张属性使政府自诞生起就有自己的特殊利益冲动,因此必须设计一套接受民众监督、保证政府权力依法行使的制度结构和运作方式,使政府的实际运行符合人民赋予权力的初衷和期望。由于我国公民的知情权、参与权、表达权和监督权无法得到有效保障,法治领域存在的立法不公、执法不公、司法不公等问题,导致权力侵害权利问题长期得不到纠正,这主要表现在:

---

① 谷中原、张贵生:《市场排斥与制度排斥:城市小贩的融城困境》,《湖南城市学院学报》2015年第1期。

### (一) 权力制约不足，权力滥用损害公共利益

权力的本质是力量，政府权力更是一种强制力量。权力的强制性赋予它侵犯性，又由于它的侵犯性导致了它的易腐化性。正因为如此，才有了法国著名的启蒙思想家孟德斯鸠的那个著名论断："一切有权力的人都容易滥用权力，这是万古不易的一条经验。有权力的人们使用权力一直到遇有界限的地方才休止。"此论断将权力易腐化的特性描述得极为形象和深刻。因此，政府权力必须要有制约。权力制约的核心，从横向看就是不同权力部门的互相制约；从纵向看就是人民对权力的制度性监督。如果出现了一权独大，或者权力失去人民的监督，那么，权力腐败和权力侵蚀民众利益之事就不可避免了。

我国党政干部的权力授予主要来自上级部门，加上党政不分、以党代政的政治集中体制和计划经济条件下的政府管理体制遗产的巨大惯性作用，使我国的地方政府内部，没有形成分权的制衡机制，权力过分集中的情况一直很明显。一是由于权力往往集中在少数部门和少数人手中，甚至集中在一两个主要官员手中，使过于集中而又缺乏监督制约的权力，走向擅权、滥权和腐败的现象较为普遍。"一把手"权力过大，形成了"决策一言堂、用人一句话、花钱一支笔"的权力专断行为。① 二是政府内部决策权、执行权、监督权分权制约严重不足。大部分监督机构同时受同级党委、行政首长和上级监督机关两方面的领导，监督机构缺乏独立性，其人事权、财政权、领导权掌握在同级党委或行政领导手中，形成一种附属型的隶属关系。这些问题导致公权力滥用，公民权利常常遭受侵害的现象时有发生，比如公民合法的土地财产遭受强拆强征，执法机关钓鱼执法，司法机关腐败，冤假错案现象无法遏制；一些地方政府和党政领导将司法视为私人工具，用来对付那些批评自己的公民和媒体；官僚主义"拍脑袋""瞎指挥"现象普遍，导致公共利

---

① 许耀桐：《党政"一把手"分权、限权的若干认识》，《中共天津市委党校学报》2014年第6期。

益受损、公共资源浪费，等等。

**（二）权力运作不透明，公民正当权利常常被忽视**

政府权力运作透明，是现代国家治理的基本要求。这包括很多方面：政府透明，就是公众有权知道政府在做什么；政府决策透明，就是公众有权知道政府为什么要这样做，政策法规为什么这样制定；行政行为透明，就是公众知道政府具体怎么做。只有政府权力行使透明，公众对权力运作有充分的了解和知情，才能对政府权力有实质性的硬约束，公众的合法权利才有实质性的保障。由于我国公民的知情、参与、表达和监督的权利不受重视，使我国政府决策在透明方面还存在不少问题。

一是财政不透明。这是公众最关心的，也是政府最应该公开透明的部分。透明政府要求公开政府的财政收支，让民众知道自己所纳的税都用到了什么地方，对提高自己的生活水平都起了什么作用。我国的财政透明度一直很低，根据清华大学发布的《2013年中国城市政府财政透明度研究报告》，我国289个城市政府财政透明度总体很低，无一及格。上海财经大学发布的《2016中国财政透明度报告》显示，我国31个省份财政透明度仅有两个省份超过及格线，透明度最低省份公开信息不到四分之一。诸如"三公消费"、社保基金和国有资产，不为公众所知是掩饰利益勾兑和腐败最有用的方法。

二是决策不透明。政府决策涉及民众切身利益，如果不公开透明就很有可能暗箱操作。在现代社会，一些政府的重大决策必须实行公示和听证制度，以利于决策透明，保障公众对于涉及自身切身利益的公共决策有知情的权利和表达意见的正当权利。一般民众对涉及切身利益的政府决策信息知晓不多，政府往往从方便自身工作出发，而不是从方便民众知情和表达意见出发，设置决策程序。一些地方政府惯用"维稳"的思维，一些民生政策偷偷摸摸的出台，防止"闹事"，被戏称为"半夜鸡叫"。从长远看，损伤的是公民的合法权利和政府的法治权威。

三是政府行为不透明。实际上是政府办事的程序等信息不透明，民众往往无法了解政府哪些部门是可以办事的，哪些事情是他们没有权力办的。在可以办的事情中，办事的程序有哪些，需要多长时间，是哪个政府部门负责办理，如果要收费的话，收多少费用，收费的依据是什么，等等。

### （三）权力大于法律，特权现象普遍

权利公平要求没有任何可以超越法律的特权。特权现象的实质是一部分权力凌驾于法律和制度之上，不合理不合法地侵占公共资源，它往往会破坏竞争规则，助长等级差别观念，违反法律面前人人平等的原则，形成社会公平的"破窗效应"。由于特权现象往往以掌握权力为前提，因此特权现象往往发生在党政领导干部身上。主要表现在：

一是利用手中的公共权力谋私。党的十八大以来查处的贪腐分子不分级别、类别几乎都存在这种情况。比如，有的领导干部以个人或者借他人名义违规经商、办企业；有的违规干预市场经济活动，为亲友谋取利益；有的利用职务买卖公共性保障住房从中获利；有的投资入股企业或透露内幕信息给特定关系人获利；有的借着矿产资源开发、建筑拆迁、移民安置、国企改制等政府工程侵占公共利益。

二是社会待遇的延续。比如，有的领导干部"打招呼""递条子"，使子女或亲属提拔快人一步；有的让子女或亲属吃"空饷"，长期占位不干事；有的领导干部通过打招呼，家属去医院看病不排队享受专家特别服务，甚至享受高干病房待遇。这些现象使领导干部及其亲属形成了"特权人事""特权教育""特权就业""特权医疗"等，引起社会公众的不满。

三是体制运作"潜规则化"。由于我国的党政领导干部大多是上级任命的，主要领导干部在任用党政干部上，往往倾向于提拔使用"自己的人"，这种用人体制下产生的干部大都具有裙带关系，即习近平总书记批评的"圈子文化""团团伙伙"。在干部选拔任用中，"不认组织认个人""只唯上不唯实"等潜规则已经普遍化，其结果是官本位突出，官员曲意迎合，好大喜功，欺上瞒下，对群

众疾苦不关注，对群众利益不上心，对群众诉求不理睬，呈现体制性麻木现象。

## 第三节 当代中国社会公平保障问题的基本判断

当前社会公平保障不到位的问题，与我国社会转型的历史、现实和转型制度、政策紧密相关，因而是一个非常复杂的多面向问题。分析当代中国的社会公平保障问题，一方面，要具体分析我国经济、政治、社会和法治各领域的社会公平问题，探求其背后的原因；另一方面，为了更好地梳理我国社会公平保障的实际状况，客观评价我国社会公平保障存在的问题和取得的成就，确定其历史方位，又需要在具体分析的基础上，深入总结我国改革开放以来社会转型的历史进程和制度转型的基本方式，从总体上判断我国的社会公平保障状况。

### 一 社会公平保障的完善是一个渐进的过程

改革开放几十年来，我国社会发展整体上取得了质的飞跃，这不仅体现在经济、社会、政治、文化各领域，也体现在社会公平状况和社会公平保障体系的逐步完善上。总体而言，现实中存在的诸多社会不公平现象和社会公平保障不到位或社会公平保障体系的不健全、不完善，都是社会整体进步过程中的问题。这是对当前我国社会公平保障状况的一个首要判断。

事实上，近些年来，社会公平的理念在我国制度体制改革和法律政策实行中越来越多地被重视，这使我国的社会公平保障有了一个牢靠的基础。这主要体现在：一是社会公平观念更趋于现代。主要是与现代市场经济相适应的公平观念，逐渐得到越来越多人的认可。比如，社会整体上更加珍视权利公平、起点公平、规则公平和程序公平；再比如，现在鲜有按照政治成分和阶级身份来划分人们的社会地位，等等。二是社会流动性大大增长。今天的社会流动比历史上任何时期都要强，社会机会是普遍存在的，理论上，社会向上流动的机会对于每个成员都是开放的,这既是保障社会公平的重要条件,也是社会公平保障取得进步的重要标志。三是民主法制逐步完善,保障公民政治、经济、社会权益的法律制度走向健全。比如,实行城乡按相同人口比例选举人大代表,实现城乡同票同权;再比如加快教育、医疗、就业、社会保障领域的立法,实行最低工资制度,出台城乡居民医保制度,实行义务教育,等等。这些为我国社会公平保障完善奠定了坚实基础。

对于当前我国社会公平保障中存在的问题,也应辩证看待。改革开放完全改变了中国落后、封闭的状态,但也出现了收入差距扩大和社会不公现象,公民权益保障失衡的问题,等等。然而我们认为,现阶段的收入差距与阶层矛盾是在绝大多数人民生活得到改善的条件下,并且越来越多的群体和个体越来越富裕的结果,是人民的各项权益整体上得到不断完善的保障的前提下产生的问题。如市场中农民工与城镇劳动者同工不同酬是当前社会不公平的重要表现,但农民工的出现及其非农化的进程,却是农民摆脱土地束缚并获得择业权利不断扩展的结果,是机会越来越公平的表现。①

同时,社会公平保障的完善必然是一个过程。计划经济向市场经济的转型是一场全面而深刻的体制性变革,牵涉人们的思想观念、牵涉社会利益纠葛。在旧体制不平等的基础上,从旧的有序到无序,再到新的更加公平的有序,必然要经历一个体制变换的过程。历史上贫穷落后状态下的社会不公平问题,也需要经过相当长的社会进步历程才能向公平迈进。社会转型过程中的利益失衡和分配不公在一定程度上也是不可避免的,是改革转型需要付出的相应代价。因此,在积极消除各种社会不公现象,建构社会公平保障体系的同时,要辩证、理性地看待当前社会公平保障问题的进步性与过程性,既将其看作是亟待解决的社会问题,也应视其为国家进步和社会成熟的重要标志。当前对社会公平保障的判断,虽然消极与

---

① 郑功成:《中国社会公平状况分析——价值判断、权益失衡与制度保障》,《中国人民大学学报》2009年第2期。

负面看法居多,但这是公众关注社会公平,追求社会平等的侧面反映。这种价值取向是我国社会公平保障既有成就的体现,它不仅意味着公民个体意识的提升和升华,也是未来国家走向更加文明、更加公平的现代化道路的价值基础。

**二 权益失衡是社会公平保障问题的症结所在**

理论上,公平意味着权利的平等、机会的均等、规则的平等适用,以及权益的平等保障。一个社会中,如果公民个体之间、社会群体之间存在权利不公平、机会不公平,则必然会影响社会资源、发展机会和利益分配的倾斜,即权益失衡;反过来,社会资源、发展机会和利益分配等权益失衡,则又会直接传导并重新影响到权利公平、机会公平和规则公平,如此会形成一个封闭循环的过程:即社会不公平导致权益不均衡,权益失衡又导致新的社会不公平。当前我国社会公平保障问题的症结在于权益失衡,即社会资源、发展机会和利益分配在不同社会阶层之间、不同社会群体之间、不同地区之间的失衡。之所以说是症结,是因为权益失衡既是社会不公平的重要表现,也是社会不公平得以维系的主要原因。

从前面的讨论中,我们发现,权益失衡是当前我国社会公平保障的症结所在。在社会权益方面,教育和社会保障是两大基本权益,前者在很大程度上决定了人们参与社会竞争和获得良好发展的起点公平,后者保障着人们的福利平等权和生存权的实现。在教育权的保障上,我国不同地区之间、城乡之间、性别之间接受的教育机会和教育质量相差巨大。主要表现在,农村教育资源远不及城市教育资源,很大程度上强化了城乡公民之间在起点上的不公平。在社会保障权益上,不同地区、不同群体之间的身份差异和待遇差距依然较大,形成了我国独特的社会保障职工高于市民、市民高于农民的差序格局,形成了所谓的"二等公民"现象。在经济权益方面,收入分配权益失衡,体现在城乡收入差距过大、行业收入差距过大;就业权益失衡,体现在户籍壁垒与市场分割,就业机会不平等、同工不同酬等方面,使得城乡之间、社会不同群体之间的生存和发展状态存在较大差异。在政治权益方面,公民的知情权、参与权、表达权和监督权未能得到有效实现。公共政策闭门造车现象普遍,集中体现在农村征地、城市拆迁等方面;不同群体的参与权不平等,弱势群体表达渠道不畅,保障机制缺乏,以至于一些群众长年累月上访无门。公共政策制定不透明、政府预算处于半密封状态,社会和公众监督不同程度存在有名无实的现象,等等。

  基本权益失衡的结果,是更大的社会不公平。因为基本权益失衡会导致机会更加不均等、起点更加不平等、社会资源更加倾斜,公民个体之间、社会群体之间、社会阶层之间的竞争将会更加不平等。长期性的、制度性的权益失衡会赋予一些社会群体和社会集团事实上的优势社会地位,形成社会的强势权益集团和弱势权益集体(包括了地区、阶层和群体)。比如我国农村贫困地区的部分农民和一些富裕地区的失地农民,城市中的下岗职工、外来农民工、退休职工、无业人员和低收入劳动者以及残障人士等城市社会底层构成了社会的弱势权益集体。弱势权益集体并不缺乏政治权利,但制度排斥和政策歧视等原因导致了长期的权益失衡,长期的权益失衡致使政治权利事实上的失效。反过来,政治权利的失效又加剧了权益失衡的程度。除非国家和政府主动改变弱势群体的这种不利境况,否则他们自身很难通过努力获取为其自身及其后代增长权益的能力。

  相对来说,在我国,体制内的中高层、大中型企业内的管理层等群体、一些垄断行业和暴利行业①以及享有更多资源的发达地区②等,从整体上构成了享有更多权益的强势权益集体,强势权益集体长期享有更多的权益,具备更多的权力、资本和知识资源,不

---

  ① 主要指石油行业、水电行业、烟草行业,金融机构等垄断行业,这些行业往往与政治权力的结合程度较高,占有资源较多,规模与影响力大,一个系统就是一个强大的权益集团,在社保福利、收入分配、政策表达等权益上占据优势。

  ② 由于发展不平衡,我国的北京、上海等一线城市具有较高的社会保障水平,教育等社会资源集中,从政府政策到市民都会有形无形的对外来人口形成基于户籍、医疗、养老、社会保障方面的排斥,造成外来人口的身份歧视和受教育权的不平等。

仅在实现经济利益方面有着天然的优势，而且在政策制定、利益表达和舆论影响、话语权重上也占据很大优势。不同强势群体之间也容易建立起联盟关系，向国家的权力机构渗透，影响政府决策，甚至左右改革。社会规则和公共政策往往是不同利益集团博弈的结果。实践中，很多旨在重新分配权益的改革出不了台或延宕出台，或者已经实施的改革措施发生变异，往往是由于强势既得权益者的阻挠。比如收入分配改革、国企改革、垄断行业改革、价格改革、公车改革、教育改革等，强势既得权益群体不愿意打破现状，不支持改革既有的排斥性制度和歧视性政策，以维护其既得权益。

### 三　制度公平是社会公平保障的重要支撑

由上述可见，社会公平的关键在于权益在社会成员之间是否能够均衡而合理的安排，而权益的均衡合理安排过程，本质上就是制度对权力和利益的调节过程。作为社会活动产物的制度安排，首先必须保证社会成员的基本权益公平配置，即制度公平：社会财富、资源、机会和责任、义务分配正当合理。反过来说，制度只有确保社会成员的权益公平而合理的分配，才有可能为全体社会成员所认同和接受。制度与公平的关系，从公平的角度来看，制度公平是基础性的公平，社会公平唯有通过制度的载体才能最终实现；从制度的角度来看，公平是制度设计和运行的首要价值，这就像"真理是思想的首要价值"一样。

制度公平主要体现在制度矫正和制度保障方面。如果说制度性的权益失衡已成为我国社会公平保障的症结所在，那么，制度矫正和制度保障就是我国社会公平保障的重要支撑。现实社会中，受各种因素的影响，公民个体拥有的资源、机会和财富等不可避免地存在差异，在社会竞争中天然地存在起点上的不平等。但是通过制度安排和制度矫正，起点上的不平等又是可以弥补的，这是社会文明进步的重要标志，也是制度成熟的重要反映，更是制度在社会公平保障中的基础性作用的具体体现。发挥制度在社会公平保障中的作用，就必须通过制度矫正，来平衡经济、社会、政治权益，来平衡不同阶层、群体和不同地区的权益；就必须运用制度保障社会成员在社会生活中的起点公平、机会均等、缩小结果不平等。

从现实出发，当前我国公民的权益失衡从"总病根"上来说，都是制度性排斥和政策性歧视的结果。我国的基本制度环境和根本性制度安排是对社会公平的根本保障，这也是中国特色国家治理的独特优势，但上述可见，也有很多的制度安排与社会公平保障存在不相适应甚至矛盾冲突的地方，在国家治理现代化进程中建构社会公平保障，首先就要改革这些排斥性的制度和歧视性的政策。

第一，改革一系列歧视性的制度安排。在特定背景下为解决某一阶段的问题而设立的制度，一般会具有排斥性或者存在被忽略的某一方面，不平等现象就会出现。为了保障社会公平，这种不平等的制度不应该被固定下来一直得不到改变，而应按照保障社会公平的原则逐渐废止。我国计划经济体制下遗留下来的一系列"一国多制"，即体制内外、城乡之间和不同行业之间的生产资料占用制度、户籍制度、就业用工制度、教育制度、医疗制度、社会保障制度、养老保险制度、劳动保护制度、居住迁徙制度都不同，这些制度使广大农民和一部分体制外的公民长期陷入结构性的机会不公平状态。作为计划经济体制重要支撑的城乡二元体制，它的确立就是以划分城乡二元社会结构和城市优先的资源不均衡分配为前提和目的的，其结果必然是城乡公民权利不平等、发展机会不平等和基本权益不均衡。这些歧视性的制度安排，应加快改革。

第二，建立和完善公民的经济和社会权益的保障制度。与宪法赋予的作为公民基本权利的政治权利相比，公民的经济权益和社会权益可直接作用于公民生活的实际，尤其是对保障弱势群体的机会公平和起点公平有着特殊重要的价值。这包括：保障所有公民享有平等的受教育权益，不断扩展公民的教育权益；提供更多的就业创业平台，创造并维护就业体制公平；完善公民的福利保障体系，健全社会保障体系；改革收入分配制度，缩小在城乡、行业和群体之间的收入差距；优先保障弱者的基本权益，建设公共资源对弱势群体的特别援助体系等。

第三，建构和完善一套保障利益博弈合法化、公平化的制度体系。规则和政策往往是不同利益群体博弈的结果，公平和机会也往往是在社会政治与经济博弈中产生的。社会公平是以利益博弈均衡的体制机制为现实基础的，在非均衡的利益博弈机制中，强势利益集团可以通过各种机会和资源实现自身利益最大化，而弱势群体则完全相反。因此，要直面利益分化的现实，通过制度化来规范和拓展利益表达，特别是改变弱势群体利益表达狭窄的状况。要纠正当前公共政策容易偏离公共利益方向的状态，在公共政策制定上设置利益表达和利益博弈的程序，使利益博弈法制化。要不断完善我国的人大、政协等政治组织，工会、居委会、村委会等群众自治组织和社会团体、行业协会、中介组织等社会组织的利益表达和利益代表功能，为社会利益博弈提供制度支撑和制度规范。

### 四 现代国家治理结构的形成是社会公平保障的根本路径

然而，社会公平保障的最终结果并不完全取决于具体的制度安排，从根本上来说，它取决于权力分配结构和国家治理结构，因为前者只是具体的制度安排，而后者则涉及制度赖以生长的基本制度环境。后者才是生成制度的制度，是生成规则的规则。前述我国计划经济体制下遗留下来的一系列"一国多制"之所以长期存在，根本上在于政治权力结构、公民权利结构决定的社会阶层结构和社会等级格局，即社会结构；在于国家治理结构决定了社会机会和经济资源的分配秩序。从上面的论述中，我们可以得出这样的结论：人民平等参与、平等发展的权利与权利公平、机会公平和规则公平，都深深依赖于权力分配结构和国家治理结构。换句话说，如果国家治理结构没有发生相应转变，社会结构失衡就得不到改变，权益失衡和社会不公就不会得到纠正。这才是我国社会公平问题的基本线索，也是我国社会公平保障体系建构的基本逻辑。因此，社会公平保障的根本路径在于国家治理结构的调适与改进。

那么，怎样的国家治理结构才能从根本上保障社会公平呢？政治哲学家罗尔斯提出，正义的社会结构应遵循两条原则，即自由平等原则和机会公正与差别原则的结合。这两个原则暗含着现代国家治理结构的两大功能，一是关于公民的政治权利平等；二是关于社会经济权益分配正义。这种治理结构，实际上就是确保和发展公民基本权益的现代民主和法制。人类政治经验表明，民主作为公民通过公共授权的方式委托代表治理公共事务的政治体制与政府形式，既是现代国家治理的本质特征，也是公民政治权利和经济社会权益平等的根本保障。法治所追求的保障权利、尊重规则、尊重程序、注重过程，本身就是对公民政治权利和经济社会权益平等的制度确认。换言之，民主和法治本身既是社会公平的构成要素，也是实现社会公平的政治机制。在此意义上，民主和法治作为现代国家的治理结构，是社会公平正义的基石。

社会公平关注的是公民是否有平等的权利和机会获得权益，而民主在人类历史上第一次以法律规定的形式，将权力体系向所有人平等的开放，使每个公民有了平等获得权益的机会。这主要体现在：第一，民主赋予每个公民获得权利的机会。"民主并不必然会使每个人成为领导者，但它相信每个人有平等机会成为领导者。"第二，民主也保证一个对公众负责的政府。从上述社会公平问题可见，政府既可以是维护社会公平的关键力量，也可能是导致社会不公平的根源，民主不仅确立了政府应当为人民负责的观念，也使政府对公民负责具备了现实性。第三，民主程序的公平性在于，它可以消除权利排斥现象。在民主程序中，所有人具有平等权利和有效机会表达他们的利益诉求与思想观念①，可以有效防止社会排斥和制度歧视。第四，民主是修复社会不公平的有效机制。民主机制倚仗独立而公正的司法权纠正权力侵害权利的现象，通过司法救济补偿不公正遭遇，可以有效地防止社会不公现象的政治化和普遍化，等等。

民主创造了社会公平的原则和框架，法治成为社会公平保障的基本形态。社会公平保障体系的法治形态，主要体现在以下几个方

---

① Iris Marion Young: *Inclusion and Democracy*, Oxford University Press, 2000, p.23.

面：第一，宪法和法律平等保障公民的各项基本权利。纵观各国的宪法和法律，国家不得在立法上歧视，或者在涉及公共领域的活动中实行差别对待，公众在政治生活中的各个领域必须体现权利平等，不允许存在"二等公民"。第二，保证全体社会成员平等参与、平等发展的权利。国家通过不断完善法律和制度，不断克服人为因素造成的不公平现象，促使改革发展成果公平惠及全体人民。比如维护市场秩序、"保障一切市场主体的平等法律地位和发展权利"。第三，依法行政和公正司法。权力机关必须按照法定权限和程序行使权力，必须公开透明公正办事，公安机关必须严格依法运用自由裁量权，防止执法不公。审判机关和检察机关确保公民在法律面前一律平等，防止人情和社会关系干扰执法和司法。第四，法治是对权力的有效制约和监督。制约和监督权力，依法治官、依法治权，是法治的核心所在。法治国家通过立法权、行政执法权和司法权，以及通过违宪审查等制度，行使对权力的制约和规范。由此看来，厉行法治就是保障社会公平。

反观现实，我国几乎所有的社会公平保障问题与民主和法治的现代国家治理之间都存在结构性紧张关系，目前的种种社会不公平几乎都可以追寻到民主和法治的结构性欠缺根源上。比如公权力侵害公民权利，钱权交易和贪污腐败；比如歧视性制度和社会排斥，社会福利双轨制；比如阶层固化和强势阶层联盟；比如弱势群体的利益表达不畅通和利益博弈非均衡化，等等，本质上都是权利是否平等和权益是否均等的问题。而权利平等和权益均等是上述民主和法治框架之旨归。

因此，民主和法治作为社会结构正义性和现代性的根本特征，也是现代国家治理的本质内涵。国家治理现代化的过程，本质上就是民主和法治作为现代国家治理结构形成和发展的过程，同时也是社会公平保障体系进行深层建构的过程。以民主和法治为本质的现代国家治理结构是社会公平保障之本。就此看来，从长远看，不断地推动民主和建设法治是国家治理现代化进程中保障社会公平的根本路径。

# 第四章 当代中国社会公平保障的战略选择

当前，处于现代化加速转型期的我国正在经历深刻的经济社会变革，虽然我国经济取得了跨越式发展成就，社会结构实现了历史性转型，人民福祉得到了极大提升，但必须看到，我国的现代化转型还没有完成，转轨特征明显的二元社会结构及由此产生的资源配置与权益保障的不平等仍然是社会公平问题的根源，传统的统治和管理的思维仍然主导着政治生活和社会生活，这对治理体系和治理能力现代化提出重大挑战。这个大背景构成了当代中国社会公平保障的基本方位，也促使当代中国社会公平保障必须面向并适应国家治理现代化的趋势，实现由传统统治和管理模式向现代国家治理的转向。

## 第一节 当代中国社会公平保障的现实依据

以"权利公平、机会公平、规则公平"为主要内容的社会公平保障体系，所蕴含的逻辑必然性和现实深刻性即现实依据，是当下中国实践探索和理论创新的总主题——中国特色社会主义现代化。社会公平保障体系建设必须牢牢把握这个现实依据。

当代中国社会公平保障的中国特色社会主义现代化依据，主要涉及两个方面的问题：一是中国特色社会主义现代化符合世界现代化的一般规律。中国现代化必须借鉴世界现代化进程中积累的一切成果和经验，也必须吸取现代化过程中尤其是一些发展中国家遭遇的曲折和教训。世界现代化的经验和教训告诉我们，公平发展是走出风险社会、应对中等收入陷阱等现代化困境的必然选择。我国现代化转型过程中,转型社会在相当长的一段时期内不可避免地存在"二元结构",存在"转型与社会公平不可能同时实现"的悖论,社会公平保障建设就是打破这个悖论的必然选择。二是我国的现代化道路是社会主义性质的。中国在面对经济文化极其落后的困境下,开创了一条在社会主义制度下推进现代化的道路,邓小平在改革开放初期就指出,我们的现代化是社会主义性质的。因而我国现代化必然以体现社会主义本质要求为旨归,我国的现代化必须要实现共同发展、共同分享、共同富裕,保障人民平等参与、平等发展的权利,确保社会公平。

## 一 保障社会公平是中国特色社会主义的本质要求

### (一) 保障社会公平是社会主义的天然属性

就其基本意义而言,社会主义是一种理想社会思潮。在每一个社会,总会有那么一些揭露现存社会的弊病和探讨设计未来理想社会的杰出人士:柏拉图的理想国是出于对奴隶社会随处可见的饥饿、贫困和残酷压榨的忧愤与控诉;面对社会现实,孔子对大同世界的描述极为美好:"大道之行也,天下为公,选贤与能,讲信修睦。故人不独亲其亲,不独子其子,使老有所终,壮有所用,幼有所长,矜、寡、孤、独、废疾者皆有所养。"这是古代的理想社会。在资本主义萌芽发迹的西欧,莫尔除了谴责剥削制度造成的贫富分化和社会对立外,还刻画出了一个普天同乐、和谐团结的新人类,这是一个人人都能过上美好生活的乌有之乡,但它渗透着人人平等、财富共享、幸福普惠、和谐安宁的"社会主义"追求。

社会主义在发生学意义上是对早期资本主义表现出来的财产私有、残酷压榨、社会对立、贫困暴力和道德沦丧等善恶颠倒社会现象的不满,它确信"有一个使劳动与欢乐,富有与善良,德行与幸福在尘世间结合起来的社会"①。在这个社会,财产公有、集体劳

---

① [美]乔·奥·赫茨勒:《乌托邦思想史》,商务印书馆1990年版,第213页。

动、团结协作，这是一个普惠和共享的制度；在这里，平等是最大的幸福来源，政治权利人人平等，财富分配人人公平，这是一个公正的社会、共同富裕的社会；在这里，生产效率不断提高，物质财富不断涌流，没有贫富对立，没有剥削和侵害，这是一个和平的社会、和谐的社会。这是人类关于社会共富的蓝图，关于社会财富人人共享的愿景。马克思的社会主义从经济学的角度用劳动异化的观点批判了资本主义，舍弃了用道德标准和理性原则批判旧制度设计新社会的总体性乌托邦。科学社会主义批判地吸收了空想社会主义思想的有益成果，提出要通过消灭"牺牲一些人的利益来满足另一些人需要"的情况，让全体社会成员共同享受大家创造出来的社会福利，保证人们体力和智力获得充分自由的发展和运用。① 空想社会主义、科学社会主义都是以促使全体社会成员共同富足，共同享有社会财富和人的全面发展为社会主义目的的。公平分配、普惠共享、团结互助，这些社会主义的特征正是社会公平保障体系的核心理念。

（二）保障社会公平是中国特色社会主义题中应有之义

马克思认为，共产主义社会之所以比资本主义更高级，是因为它是"个人的全面而自由发展为基本原则的社会形式"，它消灭了"受他们自己的生产资料奴役的状况"后，通过社会生产可以保证一切社会成员的富足和不断充裕的物质生活和精神生活，保证他们的体力和智力获得充分运用和发展。然而在社会主义初级阶段，由于商品货币关系的经济形式存在具有客观必然性，因此社会主义的本质和目的就必须是解放生产力、消灭两极分化，最终达到共同富裕。社会主义本质所蕴含的一个基本要求是，在生产发展、财富积累一定程度后应当保证一切社会成员的普遍的社会受益。每一个人仅仅因为他是社会成员的一分子，就应该从社会中得到经济保障和社会照顾的权利，只要这种保障和机会不违背"最小伤害原则"且

---

① 《马克思恩格斯选集》第 3 卷，人民出版社 1995 年版，第 322 页。

有利于社会总体福利的提升。① 必须认识到，中国特色社会主义的生命时空仍然是社会主义，中国道路的生命支点仍然是为绝大多数人利益的社会主义，中国现代化的主要任务是建成富强、民主、文明、和谐、美丽的社会主义现代化。

实现社会主义现代化是社会主义初级阶段的总目标，体现着中国特色社会主义的根本目的：实现人民普遍受益，实现共同富裕，促进人的全面自由发展。改革开放以来，我们开辟了中国特色社会主义道路，按照邓小平所确立的现代化"三步走"战略，我国的社会主义现代化取得了举世瞩目的成就，我国的人均收入已经达到中等收入国家的水平，人民生活水平基本实现小康。党的十九大站在中国特色社会主义现代化的新历史起点上，又清晰擘画全面建成社会主义现代化强国的时间表、路线图。即在全面建成小康社会、实现第一个百年奋斗目标的基础上，经过15年到2035年基本实现社会主义现代化；在基本实现现代化的基础上，再奋斗15年，把我国建成富强民主文明和谐美丽的社会主义现代化强国。按照党的十九大"新两步走"的现代化战略，我国基本实现现代化的重要标准是："人民平等参与、平等发展权利得到充分保障"，"国家治理体系和治理能力现代化基本实现"，"中等收入群体比例明显提高，城乡区域发展差距和居民生活水平差距显著缩小，基本公共服务均等化基本实现，全体人民共同富裕迈出坚实步伐"；我国实现现代强国的重要标准是："实现国家治理体系和治理能力现代化"，"全体人民共同富裕基本实现"。这充分表明，中国特色社会主义现代化就是通过不断改革我国的经济政治社会体制，提升经济政治社会全方位现代化水平，促进经济政治社会全面发展，以此满足人民美好生活需要，促进社会公平正义，实现共同富裕。

同时，经过几十年的改革开放，我国社会的主要矛盾已经转化为人民日益增长的美好生活需要和不平衡不充分的发展之间的矛

---

① 肖顺武：《改革成果分享依据研究——社会受益权视角的解析》，《现代法学》2009年第5期。

盾。在中国特色社会主义新时代，人民美好生活需要不仅表现在人民对物质文化生活提出了更高要求，而且在民主、法治、公平、正义、安全、环境等方面的要求日益增长。这表明，实现民主法治和公平正义在中国特色社会主义现代化的新阶段具有更加重要的地位和更加迫切的需要。因此，一定程度上可以说，中国特色社会主义新时代就是实现共同富裕的时代，就是更加注重社会公平正义的时代，就是更加注重实现民主法治的时代。

总之，着眼于社会公平正义，不断满足人民的多样化需求，是我们经济社会发展的根本目的，是中国特色社会主义现代化的根本品格和本质要求，也是中国特色社会主义向前发展最持久的动力源泉。

## 二　保障社会公平是现代化过程的客观规律

### （一）保障社会公平是对风险社会的积极回应

塞缪尔·亨廷顿（Samuel P. Huntington）提出了一个关于社会转型的重要命题："现代性产生稳定，现代化却会引起不稳定。"就是说，一个完成了社会转型，具备现代性特质的社会，社会发展趋于稳定，而一个处于转型期的社会，风险很大。会引起什么样的风险呢？德国社会学家乌尔希·贝克（Ulrich Beck）认为，风险社会是现代性的一个阶段，在这个阶段上，工业化社会道路上所产生的威胁开始占据主导地位。①贝克认为，工业社会中的风险是大部分人口贫困化的"贫穷风险"、"技能风险"和"健康风险"，是被财富这个肇事者创造出来的。他说："我认为现代国家所要面临的首要问题已不是物质匮乏……风险分摊的逻辑才是所有国家必须费尽心思要解决的问题，这也正是社会病的原因所在。"目前中国社会正处在泛城市化阶段，主要问题有城市容纳问题、均衡发展问题和社会阶层分裂以及城乡差距持续扩大问题，这些问题使中国的社

---

① ［德］乌尔希·贝克、［英］安东尼·吉登斯、［英］斯科特·拉什：《自反现代性理论》，商务印书馆2001年版，第10页。

会变迁进入风险社会，甚至有可能进入高风险社会。①

在当前中国社会，不仅是弱势群体，强势群体的社会剥夺感和不公平感也比较强烈，这是社会风险的重要来源。从社会心理学上，当个体感受到不公平时，会采取种种心理上或行为上的手段，力图消除不公平，这导致了社会风险的发生。这里选择社会心理学的几个理论来解释当前社会普遍存在的不公平心理。一是挫折—攻击理论。这一理论把人对他人的攻击行为和对社会的破坏行为视为遭受挫折的结果，即"挫折总会导致某种形式的攻击行为"。据此可以认为，当有某障碍破坏他们的目标时，受挫者会表现出不满并动员额外能量持续他们的目标，但仍不能奏效时，受挫者会产生破坏行为，并且挫折次数越多时，这种攻击性行为越普遍。反观当前一些社会现象，比如机场爆炸事件、幼儿园杀童事件、袭警事件，都与转型期的社会环境如贫困、人际冲突、不公正待遇以及难以捉摸的前途等不无关系。正是这些不断的挫折感促使个体通过反叛社会的行为来解决问题。

第二种理论是相对剥夺理论。该理论认为，剥夺的感觉来源于人们的实际需要的满足状况与他所期望的满足之间，或自己与他人需要满足之间相比较所感受到的差距感②，这种差距感越明显，就越感到被剥夺。第一种是个人所处的现实状况与较高的期望产生的差距感。一般来说，经济发展和政治进步首先要求社会动员，政府的社会动员往往会集中在某些价值和目标承诺上。这些承诺在较长的一段时期内是可以实现的，但是针对同一社会目标，人们会有不同偏重的期望，人急功近利的心理倾向总是容易将它转换成一个短期目标，这样期望与现实落差也会越大，对现实就越感到不满意。第二种情形是人们常说的攀比心理和嫉妒心理。个人一般喜欢和自身境遇相同或相似的人横向比较，并倾向于比较结果利己的解释。尤其是在法律规则不透明的情况下，人们往往会把自己的失败归结为竞争对手拥有特权，臆想竞争背后一定经过了某种暗箱操作，即

---

① 薛晓源、刘国良：《全球风险世界：现在与未来——德国著名社会学家，风险理论创始人乌尔希·贝克教授访谈录》，《马克思主义理论与现实》2005年第1期。

② 冯必扬：《不公平竞争与社会风险》，社会科学文献出版社2007年版，第58页。

人们往往把挫折与不公正联系在一起。反观当前一些社会冲突事件，普通民众更倾向于将一些社会事件中的反面人物与"富二代""官二代"等自然地联想在一起。此时，人们更容易对社会规范失去认同，进而发生"社会泄愤事件"。

当前我国很多社会公平问题的矛盾和焦点集中在城市拆迁、农村征地、城管执法等领域，这些事件中，在当事人看来是外在原因（利益相关人，党政干部，利益集团）对自身利益的剥夺造成的，因而受损人走上了报复社会的道路。质言之，只要存在利益分享不公正，就会强化社会不公平感，就存在社会风险，不管这个不公正是现实存在的，还是各种因素促使人们臆想的。

### （二）保障社会公平是应对现代化困境的必然要求

从世界范围看，很多国家都在奋力推进现代化，但最终效果却差之天壤。一些国家的现代化以最小的成本取得了最大的成就；相反，另一些国家的现代化却陷入困境：政权更替、社会动乱，人民生活水平停滞不前。总结历史经验，陷入困境的原因是极其复杂的，但基本的一个事实是：长期存在的二元社会结构和明显的社会不公平是社会经济政治冲突的基本原因。

关于现代化可能遭遇的困境的研究，学术界有两个常用的概念，一个是"中等收入陷阱"：当一个国家的人均收入达到中等水平后，由于无法实现经济发展方式的转变，最终出现一种停滞的状态。在这个时期，经济快速发展积累的矛盾集中爆发，原有的发展模式无法有效应对由此形成的系统性风险。当今世界，大多数发展中国家存在所谓的"中等收入陷阱"问题，典型的表现是收入差距迅速扩大，中低收入居民消费不足，发展不平衡，社会分化严重。另外一个概念是"拉美化"，描述的是现代化进程中增长但不发展，繁荣但不富裕的经济社会整体不成功状态。

现代化困境的出现，原因很复杂，比如人口红利、劳动生产率增速、外部环境、社会稳定程度等，但社会不公平无疑是非常关键的一个因素。现代化的困境无疑最后都根源于这一系列的事实：即长期存在的二元社会结构是明显的社会经济、政治冲突的基本原因。一种单纯追求经济优先增长的政策使现代化很难完全摆脱有增长无发展,越增长越贫困的怪圈。没有基本的社会公平保障措施就不可能有完全意义上的社会进步;没有从结构上克服贫困,没有建立起基本的社会政策,经济增长对社会发展很难产生实质的、根本性的影响。

从国际上看,一些成功跨越了现代化困境的发达国家都曾面临过严重的贫富两极分化,伴随而来的是大众消费不足和社会矛盾激化,以及周期性经济危机等,这些问题都严重影响了现代化的顺利实现。但那些跨越了现代化困境的国家,最后都在保障社会公平上做了巨大的制度改进,大都陆续建立了一整套公共服务、社会保障、转移支付制度,以及司法公正、教育公平等支撑起的社会公平保障体系。

从中国的现实情况来看,现代化困境的典型特征,如收入分配不公,城乡发展不均衡,资源环境恶化,社会阶层流动固化,社会治安混乱、违法犯罪事件增多,腐败现象无法遏制,民众权益无法有效保障等特征均不同程度的存在,甚至有逐步恶化的趋势。当前中国正处于社会发展转型的关键期,经济飞速发展和制度与社会治理改革滞后所造成的社会公平问题日益突出,与此同时,人们对社会公平的追求前所未有地高涨,对社会不公的容忍度前所未有地降低,由社会不公平衍生出来的问题不仅使已有的经济发展成就大打折扣,也使得改革与发展的公平性和合法性受到质疑。机会均等条件下的收入不平等扩大是合理的、公平的,通过政府的公共政策可以保障和弥补,这是现代市场经济理论和政策的重要组成部分。最容易引起人们不满的不是机会均等条件下的不平等,而是通过人为的划分市场界限,通过权力干涉和政策歧视导致的各种机会不公平而造成的收入不平等。经过改革开放几十年,中国社会转型到今天,社会公平问题已经成为中国社会问题的基本症结:社会矛盾突出源于社会公平底线遭到践踏;经济缺乏活力源于缺乏公平竞争环境;体制脆弱源于现有体制框架无法提供公平正义;甚至道德的堕落也与社会缺乏公平正义有直接关系。

可以说,从我国现代化转型的历程来看,前几十年我们建立了社会主义市场经济的基本制度框架，促进了经济的高速增长；今后几十年，要在这个基础上建设一个更加公平正义、更加符合现代文明的社会结构。建立一整套社会公平保障体系，促进社会公平正义是未来社会变革的基本方向和目标。正是着眼于我国现代化转型的大趋势大背景，新一轮改革提出要"处理好政府和市场的关系"，"使市场在资源配置中起决定性作用"，"推进国家治理体系和治理能力现代化"，实现"政府、市场和社会新型协同互动"。在深层意义上，建设当代中国的社会公平保障体系，也是现代化新阶段我国着手解决在社会转型过程中所面临的结构性问题的必然举措，是重构以公平正义为导向的现代国家治理结构、降低经济社会转型风险的必然举措。

## 第二节　当代中国社会公平保障的国家治理路向

通过上一章对我国社会公平保障问题的原因和症结的研究，我们得出结论认为，社会公平保障的最终结果，从根本上取决于社会结构所决定的社会阶层秩序和社会等级格局，取决于国家治理结构决定的社会机会和经济资源的分配秩序。而社会结构和国家治理结构的改进和优化，实际上就是国家治理现代化。因此，社会公平保障与国家治理现代化紧密相关，社会公平保障体系必须置于国家治理现代化的层面，在国家治理现代化视野中予以审视。

### 一　社会公平保障体系是国家治理现代化的基本要求

在经济利益迅速分化、社会结构深刻变革、公民参与国家管理的意识更加高涨的时期，国家治理的方式和手段如何应对公平主题，乃是时代大课题。党的十八届三中全会通过的《中共中央关于全面深化改革若干重大问题的决定》提出了"国家治理"的概念，并把推进国家治理体系和治理能力现代化作为全面深化改革的目标。全面开启中国特色社会主义新时代的党的十九大将其概括为习近平新时代中国特色社会主义思想的重要内容。

国家治理，是相对国家基本制度安排而言的，主要是如何使国家和社会的权力运行得合法、顺畅、高效与得到认同的问题。与统治模式中权力的强制命令特征不同，为使国家和社会权力运行合法高效，现代国家治理呈现出一系列新特征：现代国家治理强调在社会规则基础上的多元互动、协调与合作的过程，强调使冲突或不同的利益得以协调并采取联合行动的过程。现代国家治理以保障人民各项权益为取向，以多元主体间的合作求得公共利益最大化为取向。现代国家治理的目的可以表述为，国家权力合法、公平、公开运作；社会组织自主、自治和自律；市场结构成本低廉、绩效高效运转。在这个意义上，国家治理现代化，就是在特定的社会结构和制度体系的基础上，在多元行动者协商协同的过程中，各种社会主体道德自我约束、行为自我规范，人与人之间互爱互助、日常利益有序调节，公共利益得到增进、公共秩序得到维护。这就要求，现代国家治理，一是必须以政治民主、权利平等为基础。公共治理和制度安排都必须保障主权在民，保障各种社会主体的权利平等。二是有效的国家治理，必须以制度公平的保障为基础。实现国家治理现代化，必须建构一种多元主体共同参与、平等协商的现代治理规则和治理体系。这两点是社会公平保障体系的核心内容，是国家治理现代化的基本要求。

## 二 社会公平保障体系是国家治理现代化的制度基础

社会公平保障体系在实践中就是体现公平正义的一系列制度和规则体系：能够通过程序化、规范化的形式维持现存社会秩序，保持社会稳定，同时又能提高运行效率，减少风险和成本。制度和规则体系，同样是国家治理的基础和关键性因素。制度和规则为国家治理行为提供了内容规范和法律保障，是国家治理行为的有效性和权威性的根本支撑。[①] 在一定程度上，可以说，现代国家治理的基

---

① 李放：《现代国家制度建设：中国国家治理能力现代化的战略选择》，《新疆师范大学学报》2014年第4期。

础是社会制度规则体系的公正、高效运转。

从实践中看,公平制度和规则的重塑已经成为国家治理现代化的关键。我国社会公平保障中出现了诸多实践问题,如社会阶层的分化和利益集团对社会政治经济的渗透愈加厉害,现实中广泛存在各种利益集团操控公共政策、民众基本权利遭受侵犯、群体性事件频繁发生、居民收入差距急剧扩大等问题。这必然会引起社会利益分配和个体权利享有的不均衡。与此同时,民众权利意识和平等意识空前增长,民众对公平的制度环境的要求越来越高。现有国家的治理制度容量已难以满足人们改善不公平制度环境的迫切要求。正如著名政治学者亨廷顿所言,现代社会的一个显著特征是:权利越是平等化,民众哪怕对稍微的不平等就愈加敏感和难以忍受。[①]

在目前的国家治理体制下,民众的知情权、参与权、选择权、监督权还未充分保障,公共决策的民主化、科学化、法制化还任重道远,由此造成的公众利益受损和公共价值侵蚀代价难以估量。这对国家治理体制提出了巨大挑战:它要求国家治理必须保证对社会实情和人民意见有畅通的反映渠道和处理机制,对社会舆情必须有及时准确的分析和研判;它要求必须保证权力向社会开放,政治决策和公共政策必须通过听证、协商、论证、公开征求意见等机制充分吸纳社会的参与;它要求必须更多地运用官民协商、上下沟通等方式建构起一整套社会矛盾的化解机制,为公共价值的达成和公共理性的培育设置程序上的必要规则;它要求政府必须肩负起满足全体国民基本公共服务和社会福利需求的重担,更多以创造社会公平为目标作为衡量治理绩效的重要标准。这是社会公平保障体系的具体形式,构成了现代国家治理的制度和规则基础。国家治理现代化的主要任务,就是要建构和完善这一系列制度和规则。

---

① [美]塞缪尔·菲利普斯·亨廷顿:《变化社会中的政治秩序》,华夏出版社1988年版,第12—16页。

### 三 社会公平保障体系是现代国家治理理念的重要载体

从国家管理到国家治理，仅一字之差，但是，内涵上有了重大区别，理念上是一大跨越。现代国家治理的核心理念在于：治理结构上是多元主体共治，治理方式上是民主协商合作；治理结果是责任共担和成果共享。可见，现代国家治理充分彰显着平等、公平、公正的理念。作为社会公平理念的载体，社会公平保障体系构成了现代国家治理理念的重要承载，是实现国家治理现代化的重要载体。具体表现如下：

#### （一）治理主体的多元化

"治理是政治国家与公民社会的合作、政府与非政府的合作、公共机构与私人机构的合作、强制与自愿的合作"。① 现代治理与传统统治最本质性的区别就在于，治理打破了传统的以政府或公共机构为唯一主体的治理模式，治理主体是来自政府但又不限于政府的社会公共机构和众多行为者。多元治理主体共同形成了一种多中心、互动式、开放型的治理结构。国家治理内在地要求承认社会多元力量——公民、私人机构、非营利性组织、市场化组织等参与社会公共生活的平等权利。多中心、互动式、开放型的多元治理结构必然以权利公平作为保障。这一变化还意味着政府不再只是治理的主体，同时也是被治理的对象。治理主体的范围不仅扩大了，治理主体的话语权和决策权也更加分散制约和公平有序，更多融入了公民和社会的权利。②

#### （二）权力向度的互动性

与统治通过政治权威从上而下、单方向的统一意志、制定政策，以实现社会管理的特征不同，治理是建立在市场原则、公共利益和认同之上的合作过程，其权力向度是多元的、相互的，权力的运行方向是交互式的、发散性的，而不是单一的和自上而下的。其

---

① 俞可平：《全球治理引论》，《马克思主义与现实》2002年第1期。
② 刘经纬、董前程：《推进国家治理现代化与保障社会公平研究》，《黑龙江社会科学学报》2014年第6期。

权力由社会组织和公民个人直接行使,社会组织和公民成为这个新型权力网络中的重要一极。这种权力分配模式是一种打破"单向权威"的权力体系,它是以破除官本位和人治色彩为前提的,更具民主性和平等性。国家治理的这种权力运作方式的变革,意味着等级政治向复合政治转变,参与治理的行为主体不再是一种等级隶属关系,而是平等的合作关系或伙伴关系。

(三)治理权威来源的协商自愿性

治理的权威来源可以是强制性的,但更多是协商性的,是各种非国家强制的契约。治理在很大意义上是一种自愿性的协商和合作过程,是公民在协商合作基础上达成对契约的认同与自愿履行。治理必须建立在多数人的共识和认可之上。"没有政府的治理是可能的,即我们可以设想这样一种规章机制:尽管它们未被赋予正式的权力,但在其活动领域内也能够有效地发挥功能。"① 在治理模式中,共同体成员在平等的基础上加入,并通过公平的信息共享和自愿履行义务,自我服务,体现共同体的自治原则。

(四)治理网络的扁平化

比较而言,管理更多体现了国家的意识形态,是一种按责任划分层次的垂直式组织网络。而治理体现了社会和市场的原则,是一种可以自上而下,也可以自下而上,甚至可以从中间向上或者向下延伸的扁平式组织网络。② 这是一种政治社会化的过程,它充分调动多元社会主体参与公共治理的积极性,以治理的民主化最大限度地增进公共利益,从根本上改变单中心治理模式无法有效应对现代复杂社会治理的困境。在这种扁平化的网络结构中,政府、市场和第三部门及公民在保持各自独立的权利、地位及自身的运作逻辑的前提下,形成相互信任、相互合作、相互协同的治理格局,从而将

---

① 罗西瑙等编:《没有政府的治理》,张胜军等译,江西人民出版社2001年版,第5页。

② 刘经纬、董前程:《推进国家治理现代化与保障社会公平研究》,《黑龙江社会科学学报》2014年第6期。

多元主体掌握的资源和工具有效地整合到公共事务的治理过程中来。① 网络化的沟通，既有利于治理机构内部的沟通，也有利于治理机构与民众的沟通，有利于吸纳民众的广泛参与。

## 四 社会公平保障体系的构建过程，就是国家治理现代化的过程

由此可见，国家治理理念的核心特质决定了现代国家治理必须是建立在公平合作和平等参与基础上的，某种意义上，现代国家治理的主要任务就是建立一种多元治理主体公平公开平等参与治理、共同承担责任、共享治理成果的治理机制。具体来说，正是以"权利公平、机会公平、规则公平"为主要内容的社会公平保障体系，确保了多元治理主体平等参与公共事物，平等参与市场竞争，保障了国家治理结构中不可或缺的构成要件；正是以"权利公平、机会公平、规则公平"为主要内容的社会公平保障体系，实现了国家与社会的相互构成和相互改变，实现了权利分享和合作共治，构筑了国家治理的合法性基础；正是以"权利公平、机会公平、规则公平"为主要内容的社会公平保障体系，构筑了一系列理性规则体系和程序正义保障体系，促进了国家治理行为和方式的规范化。可以说，社会公平保障体系的构建过程，也就是国家治理现代化的实现过程。

### （一）保障多元治理主体的权利公平和机会公平，促进治理结构多元化

治理结构涉及的是治理主体，以及主体间关系。具体来说，就是哪些力量可以参与到治理的过程中来，以及这些社会力量以什么样的方式参与到治理的过程。多元化的治理结构要求多元主体拥有权利参与治理并能承担治理责任。在社会公平保障体系中，机会公平是关键，机会公平赋予社会成员参加某种活动的平等权利或平等资格。社会公平保障体系首先赋予政府、市场、社会组织、公民等

---

① 何显明：《治理民主：一种可能的复合民主范式》，《社会科学战线》2012年第10期。

多元主体参与国家治理的平等权利或平等资格,并且保障各治理主体在认同、信任与协调的基础上,负担起共同体的规则建构的责任。有了治理主体的平等权利,才有社会多元主体参与治理的起点平等和分享社会利益的机会均等。① 政府、市场、社会在结构配置中的地位才能发生创造性重构,治理结构多元化才有可能真正形成。

因此,促进治理结构多元化,首先要建构起机会公平的制度保障体系,赋予社会多元主体平等参与治理的权利,着力于形成国家政府、市场、社会以及公民共同参与、良性互动的治理结构。要严格界定公共权力行使边界;要保障一切市场主体的平等法律地位和发展权利;要确立社会组织在国家治理中的重要主体地位;要充分保障公民对治理过程的参与和监督权利。

(二)健全民主公开、程序公平的规则公平制度,实现国家治理方式的规范化

规则公平要求规则制定民主化,规则实施公开化,规则评价程序化。规则公平是社会公平的重要依赖,也是国家治理方式现代化的必然要求。国家治理方式的现代化就是由专断、神秘向民主化、程序化、透明化转化。民主化是国家治理方式的核心价值规范,各治理主体按照民主的精神享有表达对国家治理的建议和意见的权利,并享有自主决策的权利;公开透明是国家治理必须遵循的原则,只有公平透明,其他社会主体才能参与并且监督政府的治理过程;程序公平有助于保证共同体成员的基本权利、有助于协调复杂的社会利益关系、有助于限制政府权力对于社会公正可能的不当干扰、有助于形成社会成员对国家的普遍认同和信任。

因此,推进国家治理方式的现代化,就要建构起规则公平的制度保障体系。要保障公众的知情权、参与权、选择权、监督权;要促进公共决策的民主化,公共政策的制定程序要坚持民主原则,充

---

① 孙晓利:《公正:社会治理的重要维度》,《中共云南省委党校学报》2005 年第 4 期。

分吸纳利害相关人的意见和需求；公共决策制定过程要以公开为保障，不断提高权力运行透明度；要以法律规范治理行为应遵循的程序，如告知制度、听取申辩制度、说明理由制度、听证制度、政府发言人制度、政务网上公开和网上征求意见、讨论、辩论制度等，不断促进国家治理方式的法治化、规范化。①

**（三）建构平等的利益竞争机制和公平的利益博弈机制，实现治理权威的合法化**

与传统社会管理模式更多依赖于行政层次和强制性命令不同，现代治理的权威来源于协商、共识以及在此基础上形成的公共规则与公共理性。治理权威的来源过程在于多元社会主体通过适当的利益表达、竞争和调节机制，以合作代替对抗，通过反复博弈使各种利益在规则博弈中实现均衡。作为社会公平保障体系的重要机制，利益竞争机制和利益博弈机制内含着机会平等和规则平等的精神。有效的利益竞争机制和利益博弈机制在社会沟通和协商的过程中铸造了契约规则、培育了公共理性，构成了国家治理权威的来源渠道。

因此，推进国家治理现代化，就要推进利益表达机制、利益竞争机制和利益博弈机制的构建。要更好更多地运用官民协商、上下互动的方式，通过协调、商议与合作，寻求使各方都获得正当利益的制度渠道。要通过有效的制度安排，使公民不再成为利益机制制定中的旁观者，将利益机制的制定引入公民依法有序的参与和监督之下。要通过不同利益主体之间相互协商，按照规则和事先约定的程序解决冲突，减少公开冲突和对抗的几率。要以促进公共利益最大化，以平衡利益关系、协调利益矛盾为出发点和目标，不断提高国家治理结构的调适能力。

**（四）完善社会保障制度和社会互助制度，实现国家治理结果的公正化**

结果公正是人们参与社会活动之后获得的待遇，分配具有公正

---

① 孙晓利：《公正：社会治理的重要维度》，《中共云南省委党校学报》2005 年第 4 期。

性。国家治理结果的公正性,主要是通过公平的制度规则和权利机会的配置谋求利益分配公平化。现代国家治理,遵循平等和"最不利于者"社会正义的原则,使正义的制度作为承载社会进步的基本依托。在利益分配上,国家对社会弱势群体实行补偿性保障分配,以倾斜性分配政策弥补弱势群体成员存在的匮乏感和剥离感。当然,这并不意味着就是社会资源的占有和分配平均化,国家治理结果公平化,意在提高社会总效率的基础上,弥补市场失灵,维护公共利益,实现社会总福利和人均总福利的最大化。国家治理结果的公正化,更多体现在国家治理能够帮助社会弱势群体提高生存和发展能力上。

因此,实现国家治理结果的公正化,要不断完善和修正社会保障制度和政府公共机制。要通过转移支付机制、社会保护机制、公共卫生教育住房政策等对市场化和社会变迁过程中的弱势群体提供积极的保护和补偿;要通过完善的社会政策推进人力资本建设,增强处境不利者在经济、社会和文化等方面的能力,以不断加牢整个社会可持续发展的基础。① 要建立健全基本公共服务体系,坚持政府主导,推动公共服务体系社会化发展,让开放竞争的市场化手段在公共服务资源配置上发挥更大作用,集政府、市场和社会的共同力量保障人民生存权和发展权。

## 第三节 当代中国社会公平保障的国家治理转向

我们认为,国家治理是现代国家特有的概念,是在超越传统的国家统治和国家管理基础上形成的。它与国家统治和国家管理的区别在于:在主体上,不再是统治与被统治、管理与被管理,而是多元主体共同治理;在方式上,不再是单一向度的管理,而是平等的协商合作;在权威来源上,不再是强制推行,而是依赖于法治规

---

① 姜明安:《现代国家治理有五大特征》,《经济参考报》2014年11月4日。

则。当代中国的社会公平保障必须摆脱传统的统治和管理思维与方式，顺应"国家治理"潮流的转变。

## 一　基本内容：权利公平、机会公平、规则公平

当前中国社会存在诸多亟待解决的不公平问题，社会不公平的关键在于权利公平、机会公平和规则公平依然得不到保障，社会公平保障体系建设仍然严重滞后。因此，当代中国社会公平保障的主要任务和目标是保障权利公平、机会公平、规则公平，逐步建立和完善以公平为价值基础的制度体系，使国家治理体系的公平价值得到维护，国家治理能力的公平诉求得到回应。

长期以来，针对改革开放和市场经济深入进程中出现的各种社会不公平现象，党和政府采取了很多措施，其中尤以不断加大力度改善民生，建立健全社会保障体系引人注目。比如，逐步实现免费义务教育，逐步建成世界上最大规模的基本医疗保障网、最大规模的养老保障网，逐步推进基本公共服务均等化等。但是，随着我国社会发展由生存型跨入发展型，人们对社会公平有了更新更高更全面的需求，主要表现为：已经超越了物质分配的公平追求，转而更注重权利、机会、资源的公平配置和制度公平带来的安全感、稳定感和尊严感。这些客观形势的变化要求有一整套完整的社会公平保障体系的确立和实践。换言之，新阶段我国的社会公平保障模式必须超越碎片化和修补式的模式而进入制度化和体系化模式。体系化的社会公平保障就是社会公平保障体系，其基本内容是"权利公平、机会公平、规则公平"。

权利公平意味着，每一个人——不分出身、性别、民族、职业、财富等条件——毫无例外地、平等地享有法律规定的基本权利，这些权利是人们平等获得生存和发展机会的前提条件。这意味着国家的法律和政治制度必须完善和正义，这要求必须不断完善法律制度体系，不断健全公民行使权利的体制机制，使公民的政治权利和经济、社会、文化等各方面权利得到切实保障。

机会公平意味着每一个人在同一起跑线上，能够获得同样参与

经济、政治、社会事务的机会,获得同等取得各种资源的可能性,这必然要求改革和完善市场经济体制,建立公平开放透明的市场规则,废除垄断和地方保护,要求清除各种制度性歧视,搭建制度性平等竞争渠道,要求保障弱势群体的基本权益,确保"不输在起跑线上"。

规则公平意味着在规则面前没有特权和例外,没有区别对待,在法律面前人人平等。这必然要求"任何组织或者个人都不得有超越宪法和法律的特权",不允许"以言代法、以权压法、徇私枉法",要求改革政治体制和行政管理体制,制约权力、制止特权,要求杜绝各种权钱交易和"潜规则""暗箱操作"。

## 二 基本方向:从统治思维转向治理思维

统治一般是指用政权来控制、管理国家。统,就是某一阶级或集团通过掌握国家机器,来获得和维护其集团利益;治,就是掌握国家权力的阶级和集团通过各级政府机构来对国家事务和社会事务进行管理。统治与治理虽一字之差,但其蕴含却千差万别。在传统的政治结构中,统治者与被统治者,或者管理者与被管理者之间,是一种垂直的关系结构,这种结构往往成为官民对立和社会不公平的结构性根源。现代社会结构,面对市场失灵和政府失灵的问题,依据统治理论作为基础的传统统治管理模式已经无法解决包括公平问题在内的社会问题。

与统治强调服从等级结构不同,国家治理概念内含着平等、参与、合作、互动、公平、法治、民主的思维。1995年,全球治理委员会的报告认为:治理是各种公共的或私人的机构管理其公共事务的诸多方式的总和。① 从过程来看,治理是建立在市场原则、公共利益和认同之上的合作,它的基础不是控制,而是协调;它不是单向的,而是持续的互动;政府在其中与其他团体、公民平等的身份参与协商合作,共同治理。从结果来看,治理固然要追求绩效,

---

① 俞可平:《治理与善治》,社会科学文献出版社2000年版,第4页。

但更为重要的是体现公平、参与、法治和民主的价值观，自愿性、责任性和公开性、透明性是其基本特征。近年来兴起的网络治理模式、参与式治理模式和新公共服务模式就是基于治理思维而建构的社会治理模式。

就此来看，治理思维中蕴含着社会公平的激活机制和实现机制。从社会公平的激活机制方面来说，治理蕴含着以民主的方式整合多元利益的含义，这就必然要求扩大人民的政治参与和利益表达，通过建立利益表达机制、社会协商机制和社会沟通机制，来确立和维护社会公平保障体系的制度外壳；治理内含着信仰法治、厉行法治的含义，这就必然要求通过制度化、法律化的途径保障人民的民主权利，引导人民运用法律手段维护自身合法权益；治理蕴含着公共决策科学化、程序化的含义，这就必然要求实现公共决策的公开、透明、参与、互动和回应。

反过来，从社会公平的实现机制来说，治理思维中蕴含着有限政府、法治政府、公众参与、利益表达、社会协商、公开透明等内容，这些内容是社会公平的基础元素，构成了社会公平保障的基本实现机制。如果离开了这些基础性元素，社会公平的主要内容"权利公平、机会公平、规则公平"必然无从谈起。很明显，没有对权利的保障和法治的尊崇、没有程序正义和有效参与、没有利益表达和社会协商、没有公开透明和决策民主，就不可能有社会公平，也不可能真正建立起社会公平保障体系。也正因为如此，有研究认为，国家治理现代化的过程，实际上就是国家治理的公平化过程。[①]

### 三　基本格局：多元共治

多元共治是现代社会治理的基本格局，也是我国在国家治理现代化层面建构社会公平保障体系的必然选择。当前我国处于急速转型阶段，非均质性社会、发展中社会与断裂社会是这一时期的阶段

---

① 刘俊祥：《论国家治理的公平化》，《福建论坛》2014 年第 2 期。

性特征，伴随这些阶段性特征的是我国正在进行的制度转型与国家建设，在这一历史转型过程中，各种传统的、现代的与后现代的因素交织纠缠在一起，其中存在巨大的内生性风险，实现国家治理的现代化正是预防风险、纾解危机，走向民主法治的现代国家的必然抉择。具体来说，面对贫富差距扩大、城乡鸿沟拉大，阶层隔阂与矛盾冲突加深，弱势群体的被剥夺感和不满情绪日渐强化，公众的政治认同程度弱化，政府职能"缺位、越位、错位"并存，政府与市场、社会、公民之间边界不清、关系紧张等一系列问题，必须顺应治理优化的潮流，超越传统的、以政府为单一主体的、集权政治的治理模式，构建多元参与共治的治理格局，将其作为有效回应不同社会阶层的利益表达和价值诉求、构建社会公平保障体系的基本选择。

所谓多元参与的治理格局，就是政府、市场、社会组织以及公民个体之间持续良性互动协作，就是以参与、合作、协商、对话、竞争和集体行动为共治机制，形成一个互相信任、互相合作、彼此受益、利益共享的多元合作网络，达致公平有序、充满活力的社会生活。

首先，多元共治的治理格局必须鼓励公民积极有序参与社会公共事务与公共问题，这也是现代政治文明的内在要求。公民在积极有序参与公共事务的治理过程中，培育了权利意识和参与意识，并能够学会理性地考虑和选择自己的行为，能够在法治的框架范围内运用自己的权利，进而实现公共利益最大化。这意味着我们要把公民的参与权切实落到实处，尤其是在公共决策中必须倾听公民的意见。

其次，要促进社会组织的积极参与。社会组织和政府、企业一起构成了现代国家治理的重要主体，对满足社会多元化需求、激发公民参与和提供公共服务具有不可替代的主体性作用，成为解决市场失灵和政府失灵的有效制度因素。特别是公益性社会组织在授权委托、购买服务及政策引导方面，与政府、企业协同共治，并"在决策执行过程中形成与国家建制对等的监督力量，有效约束公权力的扩张"①。我们必须承认社会组织在现代国家治理和社会治理中的价值，渐次放宽社会组织成立的准入门槛，鼓励和提倡社会组织在法治框架内积极参与社会治理，发挥其社会公平保障主体的作用。

最后，科学界定政府职能和权限，尊重市场经济的内在运行规律。政府应该把本属于市场本身的职能真正交还给市场，赋予市场更大的自主权，激活社会活力，充分发挥市场的资源配置、公共服务和社会创新主体的作用，政府的主要职责应该在于为市场经济的良性运行提供自由平等的竞争环境和制度保障。如此才能从根本上改变以政府为单一主体的治理格局，促进多元参与共治的社会公平治理格局的形成。

这里需要强调的是，公民个体、社会组织和市场企业多元共治的社会公平治理格局的最终形成，从根本上来说，还依赖于制度的民主化程度。社会公平保障体系，首先在于保障社会团体、社会组织和个体公民平等参与公共政策过程的权利和机会，保障人们能够自由地表达意见、观点和利益诉求，并尊重和考虑不同于自己的观点与诉求。而这正是民主的核心旨趣。因此，积极拓展和深化民主的具体形式，是多元共治格局形成的基础。这里，我们以近年来受到越来越多关注的"参与式民主"和"协商民主"为例。"参与式民主"是"民主选举"的重要补充，本质上是公民个人或社会组织通过政治参与表达利益诉求的民主形式，已成为人民表达诉求、参与公共决策的基本形式。在当前我国社会公平问题集中的征地补偿、房屋拆迁、城市规划、移民安置、工程选址、环境保护等领域中，涉及公民、企业、社会组织和其他市场主体的多方利益，但是其中的强势利益群体往往有更大的发言权和影响力。"参与式民主"的发展必将赋予社会组织、公民个体和其他市场主体越来越多的平等参与的权利，也将赋予更多的参与平等、程序正义、规则公

---

① 王名、蔡志鸿、王春婷：《社会共治：多元主体共治的实践探索与制度创新》，《中国行政管理》2014 年第 12 期，第 18 页。

平等社会公平的意义。"协商民主"在肯定政府权威性的前提下，主张通过平等自由的对话讨论、协商辩论，缩小不同利益群体的诉求差距，以增强公共政策的合法性。当前在我国社会公平问题相对突出的劳资矛盾、信访冲突、农村基层腐败等领域，通过吸纳相关利益群体、组织和个人建立劳资协商谈判机制、召开居民听证会、协商民主恳谈会等协商民主形式，对社会公平将是非常有力的保障。

### 四 基本形态：法治化

法治是现代国家治理的基本方式，是国家治理现代化的基本形态，在国家治理现代化层面，社会公平保障体系的基本呈现形式和主要实现方式也必然是法治。社会公平首先意味着权利的伸张，如果权利得不到伸张，权力得不到遏制，社会公平则无从谈起。而法治的要义正在于通过法律化的制度保障权利、规范权力，保障人们的各项权益平等。因此，法治是保障社会公平的基本形式和主要途径。在这个意义上，社会公平保障的基本形态就是法治化。

所谓法治，就是依据法律的治理。法治是与人治相对的治国方略、社会调控方式。法治在内容上强调法律至上，它包含了一种法律价值、法律精神，一种社会理想。形式意义上的法治强调"依法治国""依法办事"的治国方式、制度及其运行机制，"法律至上""制约权力""保障权利"的价值、原则和精神就体现在法治的形式当中。在现代法治社会，社会生活的方方面面，都有相应的法律、制度和规则，社会中的任何组织、群体和个人，做任何事都要按法律、规则和制度去做。由于这些法律、制度和规则本身体现着权利公平、机会公平和规则公平，因此当一个社会中的任何组织、群体和个人都能依法依规行事时，社会本身就是公平的。换句话说，法治追求权利的公平、规则的公平、过程的公平、机会的公平、程序的公平，只要实行良法善治，实现权利、规则、机会、过程和程序的公平就是顺理成章的。简而言之，对法律、制度这些法治形式的尊崇，就是法治，就是对社会公平的有力保障。在现代社会中,法治就是社会公平保障的基本形态。

法治对社会公平的保障作用,或者说社会公平的法治保障形态,体现在以下几个方面:第一,宪法和法律平等保障公民的各项基本权利和自由。宪法和法律对公民基本权利在不同层面的发展具有清晰、立体的理性认识,并在实践中有严格的执行和监督体系。纵观各国的宪法和法律,国家不得在立法上歧视,或者在涉及公共领域中的活动实行差别对待,公众在政治生活中的各个领域必须体现平等和自由。第二,依法保证全体社会成员平等参与、平等发展的权利。国家通过不断完善法律和制度,不断克服人为因素造成的不公平现象,促使改革发展成果公平惠及全体人民。比如,维护市场秩序、实现公平正义的市场经济的法律制度,"保障一切市场主体的平等法律地位和发展权利"。第三,依法行政和公正司法。行政和司法机关必须按照法定权限和程序行使权力,法律规定政府机关必须公开透明、公正办事,公安机关必须严格依法运用自由裁量权,防止执法不公。审判机关和检察机关依法独立行使审判权、检察权,坚持公民在法律面前一律平等。防止人情和社会关系干扰执法和司法。正如习近平所强调,"如果人情介入了法律和权力领域,就会带来问题,甚至带来严重问题"[①]。第四,法律建立和完善了对权力的制约和监督。制约和监督权力,依法治官、依法治权,是保障社会公平的重要内容,也是法治的核心所在。法治国家在立法权、行政执法权和司法权方面,以及通过违宪审查等制度,行使对权力的制约和规范。在这个意义上,维护法治与保障社会公平是统一的,厉行法治就是维护公平正义。

当然,这只是法治在保障社会公平的应然[②]和理想状态,实践中,社会公平往往因为法治在实践运行中遭遇侵害而得不到保障。法治在实际运行中往往要受到政治的操控,因为对于掌权者来说,法治所赋予的对权力的制约,往往会束缚其手脚。同时法治也受到

---

① 《十八大以来重要文献选编》(上),中央文献出版社2014年版,第721页。

② 习近平:《关于〈中共中央关于全面推进依法治国若干重大问题的决定〉的说明》,《人民日报》2014年10月29日第2版。

社会变迁因素的制约，法律规则往往会与其他社会规范甚至个人生活经验发生冲突，这些都是法治所面临的挑战。但无论如何，在我国当前，只有不断推进国家和社会生活法治化、厉行法治，才是保障人民合法权益、监督政府依法施政、彰显社会公平正义的根本之道。如果有了法律而不实施、束之高阁，或者实施不力、做表面文章，那制定再多的法律也无济于事。

**五 基本动力：改革**

改革是社会变革的方式之一，主要是由执政者自上而下推动的、在基本制度不变的情况下，就某些具体制度进行的改变，以适应社会变革的要求。《辞海》里对改革的解释是"把事物中旧的不合理的部分改成新的、能适应客观情况的"。从体制变迁的角度讲，一个成熟的社会体制必然要经历改革的艰难历程，很难设想一个不经改革就能应万变的体制是什么样的？"改革开放是决定当代中国命运的关键抉择"[①]套用这句经典的表述，我们认为，建立健全社会公平保障体系，改革是基本动力。

当前的社会公平保障问题是社会转型过程的改革不彻底造成的。当前中国社会的各种现象，都能够从体制转轨和社会转型这个当代中国的"大变局"中追寻到问题的根源和解决问题的方式，当代中国的社会公平问题也正衍生于此背景。对于当代中国社会的转型，学术界普遍采用"双转交织"说，所谓"双转交织"，就是指中国从传统社会走向现代社会的过程中，既面临社会转型的任务，同时又面临体制转轨的使命，即要完成由计划经济体制向市场经济体制转轨的使命。按照亨廷顿的现代化理论，现代化过程本身会带来利益分化、分配不公等导致社会冲突的因素，库兹涅茨曲线也说明了现代化和社会转型过程本身会带来社会不公现象，这是一般的现代化规律。然而对于我国来说，体制转轨（从计划体制向市场体

---

① 《中共中央关于全面深化改革若干重大问题的决定》，《人民日报》2013 年 11 月 16 日第 1 版。

制转轨）和社会转型交织在一起，使中国的社会公平问题更加复杂。事实上，体制转轨过程中留下来的一系列二元结构和双轨制，正是社会公平问题的主要根源。比如，当前突出的城乡差距、贫富差距、区域差距、行业差距的根源就在于转轨体制，人们对改革的呼声也正在于改革这些领域的转轨体制。总而言之，中国的社会转型尤其是体制转轨，主要是通过体制改革完成的，正如所言，"三十年制度的改革才是奇迹"。同样，转型的巨大代价和面临的公平问题也是由改革不彻底和改革方式不当造成的。

在我国社会转型的新阶段，对于保障权利公平、机会公平和规则公平，改革的重心应该在于重新建构起一系列利益调整的制度和机制。从现阶段制约社会公平实现的因素来说，不管是横向的经济体制、政治体制、社会体制、生态体制因素，还是纵向的政府—市场关系、政府—社会关系，政府—个人关系因素，根源上都牵扯到公平竞争机制、权益保障机制、权利救济机制、利益表达机制、公共决策机制、成果分配机制，这些都必须通过更加彻底的深层次的体制改革才能改进。在经济和社会领域，国企、土地、金融、财税、教育、医疗卫生、养老保险等方面集中的社会不公平问题，必须进行金融体制、财税体制、投资分配体制、企业体制等体制改革，其实质是建立公平竞争机制、权益保障机制、成果分配机制等。政治领域的官员滥用职权、官商勾结、腐败泛滥、官民对立、分配不公、执法不公、司法不公，以及利益集团迟滞改革等问题，都必须通过权力监督制约体制、行政管理体制、干部人事体制、公共决策体制、公共财政体制、行政执法体制、司法体制等改革，其实质是建立权益保障机制、权利救济机制、社会协商机制、利益表达整合机制。概而言之，体制改革作为国家治理现代化的重要推动力，也是国家治理现代化层面建构社会公平保障体系的根本动力和基本手段。

总之，在国家治理现代化层面建构社会公平保障体系，治理思维是基本思维，多元共治是基本格局，法治是基本形态，改革是基本动力。作为实现社会主义现代化的主轴，国家治理现代化将对社会公平保障的方向、进路和效果产生极大的支撑作用和推动作用。

# 第五章　西方发达国家社会公平保障的治理经验

西方发达国家在近代率先实现了工业化，较早进入市场经济，它们在社会和经济发展过程中，也曾经面临着社会不公和社会公平保障的问题。不仅如此，在思想渊源上，西方发达国家具有丰富的正义理论和社会公平理念；在实践中，西方发达国家在现代化过程中通过法制、政策的完善和社会公平治理机制，积累和完善了一整套社会公平保障体系，对保障社会公平正义发挥着极其重要的作用。这些经验做法对我国社会公平保障的建构具有重要启示意义。本章我们以国家治理现代化层面建构社会公平保障为基本定位，即以治理思维为基本思维，以多元共治为基本格局，以法治为基本形态，围绕"权利公平、机会公平、规则公平"的基本内容，从权利保障机制、政府公共机制和社会治理机制三方面，介绍发达国家社会公平保障的治理经验。

## 第一节　权利保障及其救济机制

社会公平保障首先是公民的权利保障。权利保障关系到公民是否享有广泛的民主权利，公民能否平等地利用社会资源，公民最基础的生存和发展条件是否平等，公民能否平等享有社会发展成果等。西方发达国家的权利文明经历了漫长的发展历程，尤其是经过近现代剧烈的社会变革的洗礼后，积累了一整套现代民主运行机制和操作程序。其中保障人的基本权利公平的理念和做法，有力地保障了社会公平，集中了全人类的智慧，值得我们参考和借鉴。

需要强调的是，一切权利制度的安排都与权利的价值理念和国家的政治制度密切相关。因此，权利保障受到社会制度，尤其是政治制度的规范，不同社会制度和政治制度对权利保障的规范是不一样的。同时，西方国家的权利保障是个大概念，既涉及国家治理在政府和社会层面的具体体制机制，也涉及三权分立、司法独立等西方国家根本的政治制度层面。因此，这里所谓的借鉴，是在遵循我国政治制度的基本原则和规范范围之内，借鉴和汲取与我国政治制度相适应的经验与做法，主要是西方发达国家在国家治理过程中政府和社会层面权利公平保障的主要经验。

## 一 西方发达国家对公民知情权、参与权、表达权和监督权的保障

### （一）西方发达国家对公民知情权的保障

西方国家很早就重视对公民知情权的保障。早在1690年，"知情权"的概念就已出现在洛克的著作《政府论》中。洛克认为，只有让公众知情，公民才能对政府行为进行监督。1945年，美国学者肯特·库伯提出了法律意义上"知情权"的概念，认为政府应该最大限度地确认并且保障公民知情权的实现，特别是必须保障相关的行政信息能够让公民顺畅地获取。

目前，世界上已有50多个国家将知情权列为公民最基本的权利之一，对保障公民基本权利起到了极大作用。联邦德国在《基本法》中从宪法制度的层面，确认了知情权是公民的一项基本人权。美国是目前世界上对公民知情权保障力度最大的国家，已经形成包括政府信息公开制度、政府会议公开制度、立法公开制度和司法公开制度等各项制度在内的知情权保障制度。美国于1966年制定的《信息公开法》中规定："美利坚合众国的任何一位公民有权看到除法律特别禁止的所有联邦或州政府的文件，而且实现这种权利无需任何必要的理由和请求。"1976年颁行的《阳光下的政府法》，确认了公民对于情报、政府会议和相关文件有知晓的权利，赋予全

体国民最大限度的知情权和政府官员最小程度的隐私权。1978年颁布的《政府行为道德法》规定，包括总统在内的所有国家工作人员，必须在任职前报告并公开自己及其配偶的财务情况，包括收入、个人财产等，以后还须按月申报。该部法律并对申报资料的保存期限、公开方式、查阅手续以及对拒绝申报和虚假申报的处罚办法也都作了详细规定。按照这些规定，对一些重要信息，行政机关要自动公开，公众可以申请公开。如果政府机关拒绝信息公开申请，申请人可通过行政复议和司法审查寻求救济。同时还辅之以一系列的政府公告制度和公民申请告知和咨询制度。① 这些法律条文和制度的规定在实践中对保障公民知情权的实现，发挥了无可替代的作用。

学者高新军在《美国地方政府治理案例调查与制度研究》② 一书中对美国公众知情权的保障有这样一段描述：

> 这里所有的会议都是公开进行的，电视台现场直播，选民可自由参加旁听；在政府办公楼的秘书办公室和经理办公室里，你可以拿到和索要到任何你需要的材料；在艾莫斯特镇，一份艾莫斯特镇当选官员名册上，255名镇代表会议的代表等所有民选的地方政府官员的姓名、住址、电话一应俱全；在《查询指南》上，所有政府部门的电话、上下班时间、地址、电子邮件地址整齐齐备。在联邦和州政府一栏中，不仅国会参议员和众议员的联系方式一应俱全，甚至还有美国总统布什的联系地址、电话和电子邮件地址。

---

① 陈娟：《英美知情权保护制度对我国的借鉴》，《山西省政法管理干部学院学报》2007年第2期。

② 这是目前国内第一部通过实地调查和制度研究，来阐释美国地方政府治理的专著。书中通过对美国不同地区的十多个地方政府案例的研究，比较全面地介绍了作为发达市场经济国家的美国在地方政府治理方面的经验。参见高新军《美国地方政府治理案例调查与制度研究》，西北大学出版社2007年版。

## 第五章 西方发达国家社会公平保障的治理经验

实际上,这种政府性公开,既是公众了解政府行为的直接途径,也是公众监督政府行为的重要依据。西方发达国家政府信息公开,在很大程度上促进了透明政府的形成,有效消除了公民与政府间的信息不对称,避免了公权力机关滥用权力、违法乱纪和贪污腐败的行为。

### (二) 西方发达国家对公民参与权的保障

在西方,公民参与治理的实践早在古希腊时期就已经出现了。在古希腊城邦,公民可以通过公民大会、人民法庭等方式参与城邦的直接管理和城邦重大事件的决策。现代西方国家在代议制民主基础上发展形成了多种公民参与治理模式。现代西方国家的公众参与内容非常广泛,包括立法层面的公众参与,公共决策层面的公众参与,社区治理层面的公众参与等。

从国外公众的立法参与来看,立法听证制度是公众参与最为行之有效的形式。美国立法听证制度的基本程序包括:第一,发出通知。通知的内容包括听证会的时间、地点、程序等;第二,给相关利害关系人参与听证的机会,使利害关系人得以在听证会上表达自己的意见,进行辩论;第三,证人发言并对证人提问。要求听证会涉及的有关人员到国会及其委员会作证或提供证词,不出席或不提供证词者,将会被依法采取强制措施。[1]

从公共决策层面看,公众参与是大多数发达国家公共政策决策过程中的重要程序。在美国,必须通过各级议会批准和决策的政策,都有明确的公众参与的法定程序,如公众意见最后未被采纳,决策制定部门必须对未采纳原因进行详细说明,并形成书面材料邮寄给每一个意见提出者手中。美国在城镇化过程中通过听证会的形式,使社区居民参与到社区基础设施建设、环境保护等环节,有效维护了低收入人群的利益,也很好地平衡了社区建设中各利益群体的权利与义务,达到了各方权利保障和利益协调的目的。在日本,法律赋予公民高度的参与权,比如制定一项城乡规划,日本《城市

---

[1] 参见朱景文《西方国家立法听证会制度》,《中国人大》2000 年第 4 期。

规划法》中明确了城市规划决定及变更中公众参与的形式、公告展览以及告示的适用条件、参与人员。政府部门被要求提供市民参与的机会与渠道,并充分尊重公众的意见,与居民面对面的协商讨论,赋予居民充分的话语权。对于参与程度,小到一条路该种植什么树种、配置什么款式的路灯等,政府都会征求当地居民的意见,与居民合作商量来决定。①

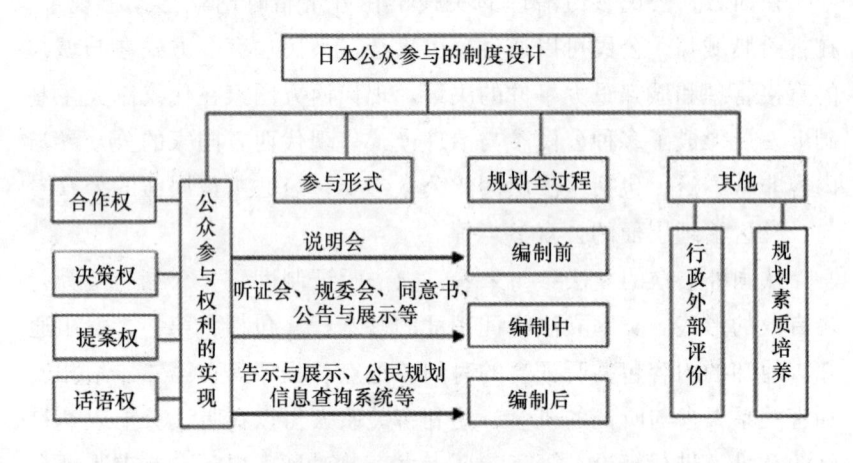

**日本公众参与的程序设计**

### (三) 西方发达国家对公民表达权的保障

在西方发达国家,表达权是宪政制度保障的公民基本权利,其实质是公民有权依照法律表达自己的看法。一般意义上,西方发达国家的表达权是宪法规定的议论自由、新闻自由与出版自由,同时包括游行、集会、示威等表达权利等。在这方面,西方国家的规定具体而详细,但表达权也是有限度的。在我国,党的十七大政治报告中将表达权与知情权、参与权和监督权相并列,作为受法律保障的公民基本权利。我们主要强调的是政府治理层面对表达权的保障,因此,这里着重介绍一些发达国家在建立通畅的利益表达渠道

---

① 参见邓凌云、张楠《城市规划中公众参与的制度设计研究》,《城市发展研究》2011年第7期。

## 第五章　西方发达国家社会公平保障的治理经验

方面的经验做法。

发达国家法律赋予了公民对政府行为和政府官员进行批评，或者对政府决策和行为提出自己的见解的权利。在治理机制上，许多国家的公民主要通过三个渠道行使表达诉求和意见。一是向所在地区的议员投诉。向议员表达意见，是美国公民表达诉求的主要方式之一，每位议员都有专门的办公室和助手负责处理选民投诉。[1] 二是向行政机构投诉。一方面可通过政府各部门内设的投诉机构，就这些部门职权范围内的事项进行投诉；另一方面有专门受理公民对政府及公务员进行投诉的机构。如在加拿大，联邦廉政专员署是专门负责监督联邦政府成员的机构。而在德国，法律规定"任何人都有权利，自己单独或与别人联合，以书面的方式向负责的机构或公民的代表提出请求或异议"[2]。三是提起诉讼，通过司法救济途径解决。在美国，公民对法律的认同和服从程度很高，大量的社会矛盾都通过司法途径解决。[3]

另外，政府主动敞开民意对话渠道，鼓励人民表达意见。新加坡人民行动党设立民情联系组，每两年在全国范围进行一次全面调查，通过手机投票、电话访问、网络调查等方式，了解国民对于一些标志性的公共事件、政府政策和国家前景的看法。政府通过民情联系组，鼓励公民参与公共政治生活，又通过论证政策实施的民意反馈，吸纳公民意见，帮助改进政府的各项决策。[4]

西方发达国家普遍将表达权视为基本的人权，言论表达自由受到最严格的法律保护。公众不仅可以通过媒体获取政府政策信息，还可以通过媒体表达诉求和监督政府。美国新闻表达的基本准则是：除非能证明媒体存在着实际的恶意，否则对公职人员的报道即使不准确，也免受司法追究。总的来说，当代西方发达国家取消新

---

[1] 陈雪莲：《国外公民利益诉求处理机制》，《行政管理改革》2012 年第 2 期。
[2] 参见德国联邦《基本法》第十七条。
[3] 陈雪莲：《国外公民利益诉求处理机制》，《行政管理改革》2012 年第 2 期。
[4] 胡月星：《新加坡、韩国在创建完善公民利益诉求机制上的探索》《行政管理改革》2014 年第 8 期。

闻出版检查制度，使新闻、出版自由有了保障，民意表达渠道也得以拓宽。再比如，利益集团与社会组织的表达成为西方发达国家公民表达的重要延伸和具体体现。利益集团可以通过与国会议员和其助手进行直接接触，表达诉求，影响决策；利益集团可以通过发表谈话，发布消息、刊登广告等方式对某个问题行使表达，进而形成舆论压力，影响政府决策，等等。[①]

### （四）西方发达国家对公民监督权的保障

监督权，是西方国家主权在民、分权制衡原则的具体体现，主要通过以公民基本权利及其保障机制展开。监督权包括公民直接行使的监督权和公民通过选举的代表间接行使的监督权。议会机构的弹劾质询、选举罢免、公民投票、集会游行示威、提起宪法诉讼、行政诉讼和新闻监督等都是常见的监督方式。由于政治文化的不同，西方的制度设计对政府及其官员有着近乎苛刻的预防。从我国的政治体制现实出发，我们主要介绍西方国家为防止政府及其官员滥用权力而设计监督权的主要经验。

首先，保证监督机构的独立性。主体的独立性是监督有效性的重要保障，西方国家的正式监督机构都具有较强的独立性。北欧国家设立了相对独立的监察专员制度，比如瑞典和挪威的议会监察专员，由议会任命，只对议会负责，监察专员的活动经费、薪酬由议会拨付，其任务是监督中央和地方国家机构中的公职人员。不接受其他任何组织和个人的指示和干涉，摆脱了监督对象的依附关系。在廉洁程度较高的芬兰，政府设立司法总监和议会督察员两种监察官员，接受和审理普通公民对官员的监督举报。美国各部的监察长由总统任命，直接对总统负责。英国的议会行政监察专员在任期内享有相当于法官一般的工作独立性，可以在确定的人数内任命自己的工作人员。

其次，提供各种渠道鼓励公民批评监督政府。以日本为例，日

---

① 罗自刚：《西方国家民意表达的社会化机制研究》，《太平洋学报》2011年第2期。

本在全国各地建立了"民间行政观察员"制度，民众也自发成立"全国公民权利代言人联络会议"等自组织，对政府进行日常监督。在反腐败监察机构，日本政府在各个人群聚集的地方设有"公益举报窗口"，鼓励检举人通过上访、电话、传真、信函、网络等形式举报腐败行为。为保护举报人，一些国家还设立了举报人保护制度，鼓励和保护公民举报。[①]

最后，为便于监督，对公职人员的日常行为进行细致而严格规范，包括接受礼品、礼金、吃请、馈赠等工作生活中的方方面面。美国1993年生效的《行政部门雇员道德准则》规定，政府雇员不得接受多于市场价格20美元的非索取馈赠，一年内从一种渠道所接受的馈赠不得超过50美元。德国的《联邦政府官员法》要求所有公职人员包括家属都不得接受来自任何方面、任何形式的馈赠，公务员收受礼品以15欧元为界限。[②] 加拿大《利益冲突法》规定，凡是可以为公职人员带来优惠的任何境况都应避免，包括接受馈赠、礼品、招待费和其他福利以及配偶子女及亲朋好友享受优惠待遇，等等。

## 二　西方发达国家对公民经济社会权利的保障

对社会公平保障而言，公民的经济和社会权利，包括工作的权利、保持基本生活水准权利、社会保障的权利、健康的权利和受教育的权利等，无疑是非常重要的。它关系到权利平等，影响机会公平和规则公平。从国际人权法律文件中的地位来看，公民的经济社会权利具有与公民政治权利同样的法律地位。1948年通过的《世界人权宣言》，就明确将经济和社会权利与公民权利和政治权利并列规定。目前世界很多地区和国家的宪法法律对此都有规定，如1961年获得通过的《欧洲社会宪章》、1988年通过的《美洲人权

---

① 王春英：《论西方国家公民对政府的监督与制约》，《北京行政学院院报》2011年第5期。
② 深圳大学当代中国政治研究所课题组：《西方国家是如何"把权力关进制度的笼子里"的》，《党政论坛》2014年第12期。

公约经济社会和文化权利任择议定书》和《印度宪法》、《日本国宪法》等都不同程度上对公民的经济社会权利的地位和保障措施进行了规定。

　　历史上看,二战前后,西方发达国家的经济社会权利得到了大规模的确认。战后左翼的英国工党获得选举胜利,为公民经济社会权利的制度化提供了重要契机。工党在大选中向英国人民作出了承诺:任何人——不论性别、年龄、种族及其他背景——和任何群体都可以接受公共服务,可以得到相同的待遇。工党上台以后通过一系列的立法,包括教育、医疗卫生、国民保险、国民救助、家庭补贴等方面确立了整套社会公平体系;在经济社会政策方面,工党进行了包括经济资源分配、经济权利的以及公民公正而平等地获得公共服务和参与社会机会等的调整。20世纪90年代开始,工党开始寻求第三条道路,公民经济社会权利保障的责任由强调国家开始转向强调市场、公民社会等非国家行为体。

　　战后的美国,为应对经济危机而实行的罗斯福新政首先确立了两项公民权利,即劳工的集体签约谈判权和社会保障权,代表了新的公民权利的重要开端。到20世纪60年代,约翰逊政府推行了"伟大社会"的改革措施,着力于重新改造美国社会和公民的平等生活,尤其是实行联邦补助的医疗保险制度、保障受教育机会的平等、改善城市居民的居住条件、保障公用设施的平等使用等。同时,美国最高法院通过对权利的重新解释,创造了新的公民权:如平等的受教育权、个人的隐私权、不因种族而受歧视的权利等。这使处在市场经济边缘的公民的基本生存和发展权利得到了更多保障,重新定义了公民权利的内容和国家的责任。[①]

　　下面以教育权平等为例,来看看西方发达国家如何保障公民的经济社会权利。

　　首先,特别强调机会的平等。战后英国社会开始对"教育机会均等"有了特别的关注,开始集中确保"受教育之机会是开放给所

---

[①] 王希:《美国公民权利的历史演变》,《读书》2003年第4期。

有儿童"。当时英国政策制定者认为,学校应为每个人提供免费的中等教育机会。为了改变劳工子女在学校教育方面的不利地位,他们极力主张打破中等教育的三分制(以文法中学、技术中学、现代中学为主体的"三分制"中等教育体系),并在工党执政时期开始广泛设立综合中学,以此消除不同类型学校的学生在就业和升学方面的不平等。这基本保证了基础教育的公平性。在学前教育方面,英国政府不断推出新的扶弱助困举措,以帮助解决家庭环境不利的儿童在教育方面的劣势。力度较大的是1998年的《确保开端计划》,主要在于确保贫困家庭的儿童,包括残障特殊儿童,能受到良好的看护和教育。英国政府为此在全国建立了众多"确保开端计划儿童中心"。2010年的数据显示,类似中心多达3500个。

美国也特别强调机会的平等,即从法律上规定任何人不得因其种族、肤色或原国籍而受歧视。美国是一个移民国家,从独立到20世纪六七十年代,一直存在国内种族、阶层歧视现象,教育领域也不例外。但是,美国社会一直没有停止反对歧视、争取平等的"民权运动"。基本上每次民权运动都以"机会均等"为口号,并试图制定一些公平政策来改变社会不公的现象。尤其是1954年在美国历史上具有创造性历史意义的"布朗诉托皮卡教育委员会案"实现了"无隔离的一体平等",此事件从整体上推动了教育机会平等。进入20世纪六七十年代以后,在以维护黑人权益为代表的民权运动的推动下,《民权法案》确立了任何人不得因种族、肤色或原国籍而在任何受政府财政资助的教育计划中受到歧视的原则。1966年美国教育署发表了"学校反对种族隔离计划修正政策",其中规定了公立学校反隔离的措施,并赋予学校纠正歧视性现象的责任。

其次,注重帮助处境不利人群在起点上的公平。1965年,美国针对社会弱势群体教育平等的联邦政府《中小学教育法》和《开端计划》同时出台。《中小学教育法》针对低收入家庭的特殊需要,对低收入家庭集中的学校进行额外的财政资助。《开端计划》针对处于贫困线以下家庭的3—5岁的幼儿,特别是印第安人、黑人、爱斯基摩人以及新移民的子女，提供定期的免费培训项目，以使其在入学时与其他儿童能处在同一水准上，不输在起跑线上。①

最后，不同的对象采取不同的援助政策。针对教育公平主要涉及的弱势群体对象，包括老人、妇女、儿童、残疾人、孤儿等群体，以及低收入群体、移民、贫民、难民和少数民族群体等的救助需求的差异性，美国政府在保障不同群体的教育公平问题时，采取了更有针对性的政策。针对家庭生活贫困而影响受教育的如《教育巩固和促进法》《初等和中等教育法案》，以及免费午餐计划、教育券计划等；针对残疾人的立法有《教育所有残疾儿童法》《残疾儿童早期教育援助法》；针对学生学习动力不足的问题，2001 年美国政府制定《不让一个孩子掉队》法案，通过制定特许学校制度、蓝带学校计划、小班化计划、适度年度计划、特殊教育项目，缩小穷人与富人、白人与少数族裔学生的学业成绩差距，使学校之间均衡发展，以确保教育公平的实现。

### 三 西方发达国家的公民权利救济

权利救济是公民权利保障的重要环节。"无救济则无权利"，作为英美法国家家喻户晓的法律格言，强调的就是救济对于权利实现的重要作用。所谓权利救济，是指在权利人的实体权利遭受侵害的时候，由有关机关或个人在法律所允许的范围内采取一定的补救措施消除侵害，使权利人获得一定的补偿或者赔偿，以保护权利人的合法权益。在当代西方发达国家，公民权利保障的法治化水平比较高，大多数国家具备完整的基本权利救济的法律保障机制。这些权利救济机制主要包括司法救济、仲裁救济、行政救济等。

由于司法机关能够依靠一系列公正且严谨的程序保障中立性、客观性和公正性，因而司法救济构成了西方权利救济体系的最终也是最重要的机制。在西方发达国家，无论是英美法系国家，还是大

---

① 杨汉麟、杨佳、付宏、樊艳艳：《关于教育公平的历史考察——兼以英、美等国作为实施案例》，《湖南师范大学教育科学学报》2011 年第 3 期。

陆法系国家，大都把司法救济权以最高最重要形式予以确认。从法律规定看，西方发达国家的司法救济主要包含了两个层面的内容：一是对违反规则的行为进行处罚恢复规则；二是对因违法行为给其他市场主体造成的损害进行补偿。

德国作为传统的大陆法系国家，由成文宪法明确具体地规定了公民享有的基本权利。在权利救济上，德国设立了宪法法院，专门负责审理侵害公民基本权利方面的案件。1951年颁布的《联邦宪法法院法》标志着德国的宪法法院体制的确立。在受理范围上，德国联邦宪法法院第一庭负责审查公民因基本权利受到公共权力部门侵犯而提出的宪法申诉；第二庭决定联邦政府机构之间、联邦和州政府之间因被宣布违宪而遭到禁止所引起的争议等。这些救济渠道针对可能侵害公民基本权利的立法、行政、司法行为以及非国家性的公共权力行为。公民在权利遭受侵害后，基本都能得到司法救济。比如，如果公民因某一行政行为向法院提请权利救济，法院在审理中发现该行政行为及其所依据的联邦法律违反基本法，就可以将该法律提请宪法法院以作出合宪性裁决。如法院在审理中并未发现违宪情况，公民仍可诉诸于宪法法院，宪法法院也可能撤销原行政行为。①

在美国，独立的司法系统是对个人权利免受侵犯的可靠保障，而这种保障主要是通过不同形式的司法救济进行的。自1803年"马伯里诉麦迪逊案"确立了联邦最高法院对联邦政府的立法行为有权进行审查以来，联邦最高法院在适用宪法基本权利进行违宪审查的过程中，也形成了受理个人权利受到侵害时，通过普通法院的司法程序给予救济的规则。当联邦或州的立法限制个人行使宪法上的基本权利时，联邦最高法院都要严格审查。② 在实践中，美国联邦最高法院对于政府立法或行政行为是否违背宪法的平等权保障而

---

① 徐振东：《对基本权利的侵害与救济》，《法律科学》（西北政法学院学报）2004年第1期。

② 参见周伟《各国宪法基本权利司法救济制度之比较》，《西南民族学院学报》（哲学社会科学版）2002年第2期，第166页。

进行审查时，通常使用三种审查标准：即严格审查（strict scrutiny）标准、中度严格审查（heightened standard）标准和合理基础审查（rational–basis test）标准，其中严格审查标准适用于有关"种族""民族血统"等长久处于不利地位的社会弱势群体案件的审查。据统计，在20世纪美国新政改革和民权运动的短短22年内，被宣布违宪的法律就达59件之多。

我们以保障教育权平等和就业权平等的司法救济为例，来看西方发达国家保障社会公平的司法救济措施。

20世纪60年代末，德国由于接受高等教育的学生猛增，一些大学对热门专业实施入学限额，根据学生考试分数择优录取。但由于录取名额限制，一些原来合格的学生不能入学。慕尼黑大学和汉堡大学医学院在录取过程中，由于拒绝了一些报名学生而被提起行政诉讼。学生认为，实行限额制侵犯了他们选择受教育场所的权利、职业选择的权利的平等，行政法院将这一问题提交宪法法院。审理的宪法法院认为，公民进入这些教育机构，起因于平等原则，因而作出的裁决：《巴伐利亚州录取法》第三条违宪，因为它规定申请者的入学条件为巴伐利亚州或邻近州居民，而且该州教育设施没有得到完全利用。①

1954年，美国来自四个州的年轻黑人声称，他们被白人孩子就学的学校拒之门外，这种隔离措施剥夺了他们享有的法律平等保护。美国联邦最高法院认为，"如果一个孩子在今天没有得到受教育的机会，那么他以后的人生是否成功是大可质疑的。这样一个由政府提供的机会是一项权利，所有人都应在平等的条件下获得。"布朗案这一划时代的判决使受教育权的平等保护原则最终在法律上被确立。

在保障就业平等权的司法救济方面，美国拥有多部涉及就业歧视问题的法律，如《雇用年龄歧视法》《公平工资法》《公平就业

---

① 龚向和：《通过司法实现宪法社会权———对各国宪法判例的透视》，《法商研究》2005年第4期。

机会法》《残障人士法案》和《怀孕歧视法》等，根据这些法律，如果因为年龄、性别、残障、怀孕、种族、国籍、信仰等方面的就业歧视，歧视方会受到法律追惩。法律详细规定了公民在受到歧视时向有关机构提起申诉，直至向法院提起诉讼，进行司法救济的方方面面，这也成为美国反就业歧视最有力的措施。在美国历史上，联邦各级法院曾经通过了一系列有重要影响的就业纠纷案件判例。1993年，联邦第六上诉法院维持联邦地区法院对"麦肯尼诉纳什维尔贝纳出版公司"判决后，原告不服该判决上诉到联邦最高法院。最高法院在审理该案时裁定：被告不能根据事后获取的证据而解雇原告，同时被告不能免除自己对原告的赔偿责任，赔偿金额的起算日期从原告被解雇一直到原告的不当行为被被告发现的那天为止。① 美国最高法院在作出裁决时认为，对雇员给予救济可使雇员免除就业歧视行为，联邦劳工法、平等工资法、联邦残疾法案等均是为了消除就业歧视行为而出台。最高法院在审理麦肯尼案件中确立了保护雇员免受雇主就业歧视的"麦肯尼规则"，影响深远。由于雇主和雇员双方在信息和力量上的不对等，雇主可以根据各种看似合法的理由解雇雇员，并在遭受官司后再去收集各类证据来证明自己行为的合法性。麦肯尼规则确立以后，只要能够证明雇主方确实存在歧视行为，原告就可以获得相应的赔偿，即使在这个过程中有不当行为。

西方发达国家由于司法制度不同，在实践中各国形成了不同形式的司法救济形式。但无论形式如何不同，都共同起到了监督权力、保障社会主体基本权利不受侵害的重要作用。

## 第二节 政府公共机制

保障社会公平是政府的天然职责，离开政府职责的履行，社会

---

① 徐伟红：《麦肯尼规则下的就业歧视诉讼——以美国的就业歧视案件看我国的劳动争议处理》，《法制与社会》2011年第15期。

公平无从谈起。在西方发达国家，政府通过公共机制保障社会公平具有深刻的政治学学理依据和实践经验。经过长期的政治、经济和社会相关的制度或政策设计理论和实践的演变，西方发达国家已经形成了包括公共政策机制、收入分配机制和福利国家机制为主要内容的政府公共机制。

## 一 公共政策机制

公共政策是政府及其公共管理主体制定的、用以调整社会利益关系的政治行动与行为准则。公共政策对于保障起点公平和机会公平、保障资源分配公平公正、调整社会利益关系具有重要作用。从保障社会公平的角度，这里主要介绍西方发达国家的公共教育政策、充分就业政策和社会政策。

### （一）公共教育政策

在西方发达国家，公共教育政策的主要任务在于促进教育机会均等，克服人们在天赋遗传方面的先天不足对以后在社会竞争中的不利影响。西方发达国家较早地实施公共教育政策，为促进义务教育实施，国民获得更多接受高等教育机会提供了基本的推动力。

一是将教育作为公共服务纳入政府重要职能，制定教育发展战略。在美国，仅进入21世纪的十年，就制定了教育发展的2001—2005年战略规划和2002—2007年战略规划，对公共教育特别是中小学基础教育给予特别的重视。二是一直以来对公共教育的财政投入维持在较高水平。早在1980年，美国、英国、日本的教育投入占其国民生产总值的比率已分别达到了8.1%、7.5%和7.2%，近几十年一直维持在9%左右的高水平。目前世界平均水平也达到7%左右，与之相比，我国在2012年刚超过4%。从人均水平看，发达国家更是高于我国几十倍。三是基础教育牢固。以英国为例，英国自1918年颁布《费舍法案》后，就实行免费的初等教育，1944年实行免费的中等教育，到20世纪70年代在公立中小学就读的儿童占全部义务教育适龄儿童的

93%以上。20世纪90年代以来,英国5—16岁儿童和青少年的入学率几乎达到100%。① 四是义务教育后的继续教育。仍以英国为例,英国政府通过出台政策法案对义务教育后公民参加教育和培训的机会予以保障。按照《九月保证》,在接受完义务教育后,青年还可以接受包括16岁以后的教育、18岁以后的教育、延续教育等在内的多种教育和培训的机会。

(二) 充分就业政策

受选举制度影响,西方各国政府都非常重视增加就业机会,最大限度实现充分就业。一般的措施有:通过财政货币政策提振经济增长,增加就业机会;对濒临倒闭的大企业,政府施以财务帮助,防止失业上升;通过对私营企业的资助与税收减免,增加私营部门的就业机会;政府对工人进行职业培训,提高工作技能;清除劳动力市场上的各种歧视;发展新兴产业,使劳动力从传统的制造业向新兴产业转移,等等。

值得注意的是,西方发达国家特别重视调节和改善劳动力供给的政策。以美国为例,为了应对失业问题日趋严重的问题,美国政府于1960年成立了人力委员会,在提供更多职位的同时也提供教育与培训机会,通过职业培训和职业教育来调节和改善劳动力供给。为此美国进行了系统立法,如1962年的《人力开发与培训法》、1963年的《职业教育法》、1974年的《青年就业与示范教育计划法》等。同时,美国提供了发达而健全的就业服务体系,早在20世纪90年代,美国劳工部就提出构建就业服务网络系统,1998年颁布的《劳动力投资法案》以法律的形式确定了"一站式"就业服务体系,包括就业咨询、职业介绍、职业培训、申领失业津贴等内容。

近十年来,西方发达国家特别重视中小企业在提供就业岗位上的作用。据统计,在美国,99%以上的是中小企业,这些企业

---

① 蒋云根:《国外教育公共服务改革成效与启示》,《四川行政学院学报》2008年第3期。

提供的就业岗位占总数的53%。美国各州都设立了小企业开发中心，给小企业提供经营培训、技术支持、信息服务等帮助。近年来越来越多的失业人员都是经由中小企业以及自办小企业实现就业的。①

### （三）社会保障政策

社会保障主要针对由于年老、疾病、事故以及失业等导致的收入减少或生活风险的人群。社会保障政策是政府为国民提供养老、医疗事故和失业保险，以保障和维持国民生活的尊严，增进社会福利的一系列政策，其核心是解决市场经济下公民的社会风险。目前西方发达国家已经建成覆盖全社会的社会保障体系，社会贫困人员、失业人员、需要救济人员等，都能在社会保障网中享受应当获得物质帮助的权利。

西方发达国家的社会保障投入高、普遍性强、涉及面广，实现了社会保障的全民化。根据欧洲统计局发布的 2015 年《政府社会保障支出报告》，将占比较大的教育从社会保障支出整体中剔除后，欧盟成员社会保障占 GDP 比重平均为 19.1%，欧元区成员平均为 20.1%，占比较高的芬兰高达 25%、法国 24.6%。社会保障项目基本覆盖了人口绝大多数。以实行社会市场经济的德国的医疗保险为例，该国实行以社会健康保险为主、辅之以商业保险的医疗保险制度，强制性的社会健康保险制度覆盖了其 91% 的人口，加之商业保险的补充，德国整个健康保险制度为其 99.8% 的人口提供了医疗保障。参加法定保险的被保险人在患病时，不管当时经济状况如何，都可以得到及时、免费或几乎免费的治疗，就诊时一般无须支付现金。

西方发达国家政府向国民提供的津贴和补贴名目繁杂。以英国为例，据统计，英国公民仅保健补贴就几十项，如医疗补助金、病假补贴、长期疾病补贴、残疾人补贴、生育补贴、产妇福利补贴

---

① 李宏：《美国的"充分就业"政策与失业治理及启示》，《江西金融职工大学学报》2006 年第 5 期。

等。在英国，政府会付给失业并正在求职的人以救济金。根据英国政府公共服务一站通网站资料，"求职者津贴"有两种类型。一种叫"基于贡献的求职者津贴"；一种叫"基于收入的求职者津贴"。缴纳过足够的国民保险税者可申领"基于贡献的求职者津贴"，16—24 岁者每周最高可领到约 53 英镑，25 岁以上者每周最高可领到约 67 英镑，津贴最多可领 182 天。

## 二 收入分配机制

市场竞争中的优胜劣汰会造成两极分化和分配不公，必然会引起社会不公平。政府作为公共管理者，通常要采取系列政策手段对收入秩序实施再调节，以解决收入差距悬殊和分配不公问题。在西方国家，政府通常会实行高额累进所得税和各种福利性转移支出，在高收入和低收入者之间进行收入再分配。西方发达国家政府调节收入分配，主要采取税收、财政和立法等手段。

### （一）收入分配中的税收调节

税收是政府保障社会公平最重要的手段，其作用主要体现在纠正市场在收入分配方面的缺陷，缩小收入差距，实现结果公平，以维护起点的公平。第二次世界大战后，西方发达国家通过个人所得税、财产税、遗产税与赠与税等，大规模削减富裕阶层的收入和财富的富裕程度，以遏制资本的快速集中而导致的财富分配差距的扩大，对公平分配起到了重要作用。主要方式有：通过累进所得税制来缩小富人和穷人之间的收入差距，包括征收遗产税、累进税等；区别对待勤劳所得与非勤劳所得，对非勤劳所得课以高税收，对红利与利息等各种财产性收入按较高的税率纳税；对劳动收入，如工资和薪金则课以低税；充分发挥社会保障税的作用，使社会低收入阶层受益；运用税收手段激励慈善捐赠，弥补二次分配的不足等。

美国建立了以个人所得税为主体，辅之以个人财产税、赠与税、遗产税、个人消费税和社会保障税的税收调节体系。美国现行的个人所得税实行累进税率政策，税率分 10%、15%、25%、

28%、33%、35%六档，采取多收入多交税、少收入少交税的原则。①美国的个人所得税收主要来自于富人，缴纳的税款占全部个人税收总额的60%以上。为了鼓励富人支持慈善事业，美国还规定用于慈善的捐款可以免税，这也是美国富人踊跃捐款搞慈善的一个原因。

英国通过个人所得税、遗产税、赠与税、社会保障税等手段调节收入分配。英国是最早开征所得税的国家（1799年）。英国现行的个税分为三档，应税所得2150英镑以下征10%，2150—33300英镑之间征22%，33300英镑以上征收40%。按照此标准，收入越高，税前收入与税后收入的差额就越大，有效防止了收入差距拉大。对于遗产和赠与税，按照英国税法规定，继承人除要对死者遗留的财产缴纳遗产税外，还要对死者7年内赠与的财产，根据不同情形按不同的税率缴纳赠与税。20世纪90年代，为了应对国有资产流失，英国专门对私有化的垄断企业征收一次性税收。按照规定，任何在私有化过程中从股票上市的意外所得中获取益处的企业都必须交纳22%的暴利税。②

（二）收入分配中的财政支出调节

财政支出调节的作用主要体现在：通过各种社会保障与社会福利项目进行转移支付。政府通过财政支出的结构和对象的调整来改善社会成员之间、群体之间对物质财富的占有份额，以此促进社会财富的相对合理分配。实际上是将高收入阶层的一部分收入转移到低收入阶层。社会保障支出调节是最重要的财政调节手段，在一定程度上弥补了个人收入分配上的不公平。

西方发达国家的社会保障支出，大体包括社会保险、社会救济、社会优抚等内容。美国于二战前就创建了一个包括社会保险、社会救济和社会福利在内的社会保障体系，涉及生、老、病、死、伤、残、退休、教育、就业等，内容包含了住房补贴、失业救助、

---

① 姜爱林：《发达国家调节收入分配差距的做法及其对我国的启示和政策建议》，《高校社科动态》2010年第1期。
② 李江涛：《发达国家如何用税收调节收入差距》，《学习时报》2011年7月4日。

医疗服务、残疾保险、退休金、低收入家庭子女津贴和学童营养补助等。英国早在 1601 年就颁布了《济贫法》，1908 年开始颁布实施了包括《老年赡养法》《国民保险法》《职业介绍所法》等系列重要社会福利法案。目前英国的社会福利囊括了儿童和孕妇福利、退休福利、寡妇福利、伤残或疾病福利、失业福利、低收入福利和社会基金等众多项目。这些目录丰富的福利保障绝大部分由财政承担。据统计，1949 年，社会保障支出在英国政府财政支出中所占的比重仅为 13.5%，到 1997 年已经上升到 32%。近年来社会保障支出仍然是英国政府财政支出中的最大项目，占支出总额的 30.3%，占 GDP 的比重则为 13.74%。总体来看，发达国家社会保障整体水平较高，社会保障支出占 GDP 的比例均在 10% 以上，公共财政支出中社会保障支出比例较高，均在 30% 以上。[①]

西方发达国家的转移支付制度也是一种地区间的公平促进机制，其目标通常着眼于实现地区公共服务均等化的公平，在不同地区之间规范分配公共资源。一般由国家设定公平的标准，包括绝对标准、相对标准和其他标准。其中绝对标准主要是贫困线、人均营养水平等基本生存和生活标准。相对标准主要是教育支出、小学生入学率、中学生毕业率、人均收入、平均寿命等生活质量和发展状况指标。其他标准主要是教育机会、就业机会等公共服务指标。[②]

**（三）收入分配中的法律调节**

西方发达国家在调整收入分配差距上，还非常重视发挥法律调整机制的作用。这是其收入分配规范化、成熟化的重要体现。收入分配的法律调节，主要是通过最低工资立法、社会保障立法、劳动者权益保障立法等措施协调国民收入中资本所得与劳动所得的比重，使其更趋向于公平。由于劳动者相对于资本方的相对弱者地位，西方发达国家通常更加注重在立法上保障劳动者的利益。

---

① 引自国际司《英国社会保障制度概述》，中华人民共和国财政部网站（http://gjs.mof.gov.cn/pindaoliebiao/cjgj/201304/t20130409_813504.html）。

② 刘娜娜、马文婷：《西方发达国家预算制度研究概述》，《经济研究导刊》2011 年第 2 期，第 17—18 页。

劳动所得在国民收入中的比重较高,是西方发达国家初次分配调节的重要成就。在初次分配格局中,美国的劳动收入约占国民收入的75%,资本收益只占25%。即便历经了严重的能源危机、通货膨胀、通货紧缩、金融危机等事件和经济周期性波动的影响,美国劳动收入在其国民收入中所占的份额却没有受到太大的影响。据统计,从1985年至2009年间,美国劳动收入占国民收入中的比重在70.0%至75.6%之间浮动,资产占比则保持在15.1%至20.7%之间。①

从整体上来说,整个西方发达国家劳动报酬占比一直比较高,以2007年的数据为例,英国为54.5%,瑞士为62.4%,德国为48.8%,南非为68.25%,整体保持在55%左右。这些成就得益于法律和政府对收入分配格局的及时调整和控制,包括协调劳资关系、保障劳动者工资谈判权利、加强劳动者的人权保障、各种社会保障立法、最低工资立法等。劳资谈判立法和社会保障立法已有论述,无须赘述,这里对最低工资立法予以说明。

最低工资立法是西方国家政府采用的保护劳动者利益的重要措施,其条款一般包含最低工资率或工资额、加班工资津贴、禁止使用童工等。现代最低工资法最早出现在19世纪末的新西兰和澳大利亚,到了20世纪初,英国、法国、美国等国家也结合本国实际,建立了各自的最低工资制度。第二次世界大战后,很多资本主义国家实行了最低工资制度,也包括不少发展中国家。到21世纪初,几乎世界所有发达国家,绝大部分发展中国家都实行了最低工资制度或类似规定。以美国为例,1938年,美国国会通过了《公平劳工标准法案》,当时的标准为每小时0.25美元,而美国联邦政府从2009年7月24日起执行的最低工资标准为每小时7.25美元,71年时间增加了近30倍。按照美国法律,美国劳工部工资工时处负责监督,当发现雇主有故意违法行为时,雇主可能会被追究法律责任和处以最高1万美元的罚金,再次违法可能会入狱。

---

① 于哲、陈雪峰:《美国收入分配运行分析及经验借鉴》,《当代经济管理》2015年第5期。

第五章 西方发达国家社会公平保障的治理经验

美国是发达国家的领头羊,但是其最低工资标准却并不算最高的。根据2015年经济合作与发展组织的发达国家最低工资排名,目前处在首位的是澳大利亚。澳大利亚自20世纪初建立最低工资制度以来,先后经历了多次改革,现在涵盖范围广、设定标准高、法律制度健全。澳大利亚工资一般是每周发一次(公务员或者大机构是每两周发一次),目前每小时最低收入是16.88美元(同期中国是0.80美元)。在澳大利亚,周薪低于300澳元的为低收入者,可以向政府申请补助。

### 三 福利国家机制

福利国家机制是西方发达国家促进和保障社会公平的一项极其重要的制度安排。政府通过创办并资助社会公共事业,实行和完善一套社会福利政策和制度,直接或间接地为社会尤其是社会弱势群体提供社会服务或者收入帮助,以此来维护公平。福利国家不是社会保险或社会救济,甚至不等同于社会保障或社会政策,而是它们的整体综合,它意味着全民都享受国家的福利,不分收入、家庭、教育、年龄,凡是本国的公民都能一视同仁地得到国家的福利照顾。

西方福利国家的起源,可以上溯到1601年英国的《伊丽莎白济贫法》,这被视为欧洲社会政策的萌芽,它首次以立法形式确认了对穷人的救济制度。马歇尔从国家职能转变角度将当时的英国视作一个微型福利国家。到19世纪,欧洲工人运动日益高涨,德国的俾斯麦试图以改善劳工待遇来缓解阶级冲突。在1881年,俾斯麦提出建立针对劳工的全国性社会保险制度,先后颁行了《劳工疾病保险法》(1883)、《工人赔偿法》(1884)、《伤残和养老保险法》(1889),使德国建立了比较完备的现代社会保险制度,并且这种社会保险模式迅速为欧洲各国仿效,使欧洲进入社会政策时代。[1] 进入20世纪后,1929—1933年的经济危机使凯恩斯主义首

---

[1] 李子英:《西方福利国家的发展模式及其对我国和谐社会建设的启示》,《马克思主义与现实》2009年第2期。

先在美国产生影响,这首先反映在美国罗斯福新政时期颁布的《社会保障法》(1935)。《社会保障法》构成了美国现行社会保障制度的基石,美国从此走上了福利国家的道路。

以普遍性和国家制度为特征的福利国家制度出现在 20 世纪中叶。1942 年,英国的贝弗里奇在向政府提交的《社会保障及有关社会福利服务》报告中提出要建立"社会权利"新制度,包括失业及无生活能力者公民权、退休金、教育及健康保障等理念,并将社会保障视为一种以国家为主体的公共福利计划。在报告中,贝弗里奇建议建立一整套以社会保险为核心的社会保障制度,主要内容有:凡有收入的国民都必须参加社会保险;社会保险应包括国民生活基本需要的各个主要方面;因无收入而不能参加社会保险的人,国家应制定公共救助法保障他们的基本生活需要,使其生活水平达到国民最低生活标准。英国政府于 1944 年发布了社会保险白皮书,基本接受了《贝弗里奇报告》的建议,并制定了国民保险法、国民卫生保健服务法、家庭津贴法、国民救济法等一系列法律。1948 年,英国首相艾德礼宣布英国第一个建成了福利国家。《贝弗里奇报告》和英国福利国家社会保障制度的实施,影响到了整个欧洲,西方进入福利国家时代。

20 世纪 50 年代到 70 年代是西方社会福利制度的鼎盛时期,普遍福利政策扩展到整个西方国家,成为全世界公认并为各国采用的经济社会政策。"普遍福利政策",使社会保障覆盖面向全体社会成员扩展,逐步实现了社会保障全民化。而且随着社会保障水准不断提高,西方国家开始采用社会保险金随通货膨胀按物价上涨指数而调整的办法,社会保障体制机制走向了成熟。西方国家的社会福利内容丰富、种类繁多。据统计,美国公民从出生到死亡可以享受 2000 多种政府福利,北欧的瑞典、芬兰等国更是被誉为福利国家的典范和示范"橱窗"。这些福利项目,具体包括社会保险、社会福利、社会救济。社会保险比如养老保险、失业保险、疾病和健康保险、工伤事故保险等。社会福利,有针对孕妇、母亲、学龄前儿童的保护和照顾的家庭补助;也有对中小学生提供免费教育、供给免费午餐、给予助学金或无息贷款等学生补助等。社会救济，有对失去收入或收入低微的老弱病残者给予特殊照顾的补助，例如法国向失业者发放每天22法郎、外加失业前工资42%的救济金；美国向失业者发放180天的基本生活费等。

战后西方发达国家的福利国家机制经历了几十年的发展，有力地保障了社会公平，促进了整个社会经济条件的改善。但它同时也带来了众多问题，最突出的是福利的快速扩张大于经济的增长，造成了巨大的财政负担。据统计，1960—1975年，英、德、法三国的GDP年增长率分别为2.6%、3.8%和5.0%，而同期的社会保障开支年均增长率则分别达到了5.6%、6.7%和7.4%，社会福利的增长速度比国民生产总值的增长速度快了一倍左右。① 另外，庞大的社会福利计划也造成了资本外流、竞争乏力、失业率上升、预算赤字、人口老龄化、官僚主义等系列经济社会问题。随着20世纪70年代全球石油危机爆发，福利国家陷入多维度的结构性危机。于是，随着英国保守党东山再起和美国里根政府上台，西方开始重新反思公平对效率的侵蚀，重新诠释社会公平，在福利中加入效率元素。于是在新自由主义的主导下，国家对经济和社会的干预范围明显缩小，福利国家走上了改革的道路。改革的主要措施包括：一是不再直接提供经济帮助，而是注重人力投资。比如对于失业者，不再仅仅是发放救济金，而把重点放在提供职业技术培训，提高就业能力上。二是推动投资主体多元化。例如北欧国家开始推行社会福利地方化改革；英美等国开始在社会福利中引入市场竞争机制和私营化。三是促进政企间、雇主与雇员间、公私间相互对话，使不同利益主体在市场中彼此协调与平衡，从而弱化全能国家，政府开始走向新公共管理或公共服务的改革道路。

由上述西方福利国家的理论演变和福利国家的改革实践可以观察到，西方发达国家福利制度呈现出的变化趋势（特点）：一是福利权从最初的人道主义发展为现在的公民权利。在历史上，福利被

---

① 李琮主编：《西欧社会保障制度》，中国社会科学出版社1989年版，第105页。

看作恩赐和怜悯，通常与慈善联系在一起，国家无义务提供，民众也无权利主张。从17、18世纪开始，到20世纪初期，再到后来逐渐得到各国法律制度的确认，最后1966年联合国通过《经济、社会和文化权利公约》，全世界确认了福利作为一种包括以生存权和发展权为核心的社会权利，从此具有了规范性、强制性的制度保障。二是内容从历史上的保障生存到现在的保障全面。历史上各国出台的与《济贫法》性质相同的法律制度都具有很大的被动性，福利内容和水平也仅局限于维护社会秩序和解除生存危机。20世纪三四十年代尤其是第二次世界大战后，西方发达国家的福利制度得到根本完善，形成了内容丰富、规模扩大、功能健全的全面保障的福利制度体系。三是对象从历史上的特殊群体到现在的全体公民。从各国福利制度的发展实践来看，其覆盖对象从最初的贫民与灾民，到后来的老年人、残障人士、妇女、儿童等群体，到现在覆盖了全体公民，实现了福利权的平等和共享。

西方福利国家的建设对缩小贫富差距，促进社会公平产生了极大作用。据统计，1949年英国1%最富裕人口的收入占所有收入的11.2%，到1976年降为5.6%。研究也表明，1949—1976年英国社会的基尼系数从0.35下降到了0.31。[①] 尽管20世纪80年代后西方福利国家不得不进行改革调整，许多国家都削减了社会福利支出，但是完备的福利法制体系和政府的公平施政政策的延续，使西方国家的福利支出还在增加，公民福利和社会公平一直得到有效保障，只是增速有所降低。欧洲仍以其高力度的转移支付而著称，一些欧洲福利国家甚至通过增加公共借款来扩大公共服务。这使得主要西方发达国家，尤其是欧洲国家的收入差距一直处于较低位置。从20世纪80年代中期至今，德国的基尼系数一直保持在0.3左右。据欧盟统计局公布的数据显示，2011年，欧盟27国基尼系数为0.307，欧元区15国为0.308。基尼系

---

① ［美］保罗·约翰逊：《1945年以来的不平等、再分配与生活水平》(Paul Johnson, *Inequality, Redistribution and Living Standards Since 1945*)，《英国福利政策》，第21页。

数最低、收入差距最小的国家有：挪威、冰岛、斯洛伐克、瑞典、捷克。基尼系数最高、收入差距最大的国家有：土耳其、保加利亚、葡萄牙、西班牙、希腊。所有国家基尼系数均在 0.4 以下，有 17 个国家不到 0.3。[①]

西方发达国家的福利国家机制虽然不能从根本上解决资本主义国家的社会不公平问题，但通过对弱势群体在社会保障、医疗和教育等方面的制度化支持，通过公民对于政治、经济、社会生活的广泛参与，无疑有利于缩小人们在起点上的差距，促进身份地位的平等，促使社会更加文明和公平。

## 第三节 社会治理机制

西方发达国家经过长期的工业化积累和民主化改革，形成了比较成熟的社会治理机制。尤其是近几十年来，随着治理理念的引入，以及融合对民主、法治、公正等价值的追求，西方国家政府不断改进治理架构和公共服务供给模式，试图通过多种社会主体参与社会治理的方式，一方面提高社会公共服务和公共产品的质量；另一方面拓宽公众表达利益和参与治理的渠道，提高善治的水平。这主要体现在一系列治理机制的创新上。

总体而言，当今西方发达国家普遍存在三大核心治理机制对促进社会公平发挥着举足轻重的作用，值得我们学习和借鉴。一是保障社会平等和公众参与的社会参与机制；二是保障劳动者权益和分配公平的劳资共参机制；三是保障公共服务公平化和市场化的公共服务机制。这三大机制，从社会公平保障方面来说，贯穿了社会公平最为主要的内容，即权利公平、机会公平和规则公平；从治理的角度贯穿了现代国家治理的政府、市场、社会整个框架体系。因此，我们认为，它们构成了发达国家三大社会公平治理机制。

---

① 余芳东：《国外基尼系数》，《调研世界》2013 年第 5 期。

## 一 社会参与机制

公平的治理必然是建立在社会参与基础上的多元共治，这不仅是民主体制的内在要求，也是保障社会公平的必要前提。因为在政府与公众、私营部门和非营利组织的合作治理的框架中，权利和机会必须是平等的。权利的公平和机会的公平，只有在公平治理的框架下才能得到根本保障。

在当代西方国家，社会参与机制是政府所推行的主要社会治理方式，也是西方发达国家地方治理最有特色的内容之一。这种治理，主要不在于民主体制和政治框架里的公民选举和选民罢免等政治参与方式，而在于政府治理过程中鼓励民众的关注、参与监督，即政府日常运作中的决策、执行和监督环节上都充分考虑了社会的广泛参与。

当代西方发达国家治理过程中的社会参与机制，经过长时间的经验积累和完善，已经有了相当规范的程序保障和制度基础，形成了内容丰富、运行有序的完整体系。这主要表现在：首先，为了保证社会参与的有效性，西方国家大都通过法律和制度来推动公众参与机制的形成和发展。一方面通过法律赋权、法律护权，来确认公众与社会的广泛而有效的参与；另一方面通过制度促进公众对政府管理过程的监督和参与。美国的《联邦行政程序法》规定，所有行政立法除少数不宜公布外，都必须经过公众的参与才有效，从而确立了公众参与是合法前提的原则。其次，西方发达国家社会参与治理的内容由少到多，不断扩展，已经涵盖了从福利保障、环境保护、城市规划到政府绩效评估、社区自主管理等与民众关系密切的几乎所有领域。再次，社会参与机制不断完善和改进，注重运用新的技术手段，也注重民众使用新技术手段的便利性，从而使公民参与不局限于政府内部办公和居民办理事务方面，还扩展到运用电子邮件、网上论坛等方式进行网上请愿、网上咨询和网上投诉等电子化服务程序上。[①] 最后，西方发达国

---

① 吴思红：《国外城市民主治理中公众参与机制及其启示》，《湖北行政学院学报》2010 年第 1 期。

家社会参与机制包含了公众参与决策的内涵,使得民众和社会的参与在政府决策中发挥着主导作用。特别是如果涉及公众利益的决策与管理,政府不但要为利益相关者提供畅通和便捷的参与渠道,而且在实质上要把一定的决策权交给公众。比如在美国,与地方政府各个部门相对应的由社会志愿者组成的各种理事会或委员会,通常会参与地方政府相关部门的决策。

在参与方式方面,这里对具有典型意义的几种作列举式介绍。

一是以参政议政为目的的各种地方自治组织制度。美国的一些地方政府有两套班子:一套是以市政经理为首的行政机构,他们是政府日常事务的管理者和政府决策的执行者,是拿薪水的政府雇员。另一套是由不拿报酬(或只有少量补贴)的市民志愿者组成的各种理事会和委员会,主要对政府决策起参谋和咨询作用,实际上成为了民众参政议政的主要渠道之一。例如,在美国的西雅图市,除了专职的政府官员之外,在公共事务中还活跃着41个由专家、政府官员、市民志愿者组成的各种理事会和委员会,他们负责为市政府各个机构提供咨询服务和进行监督。他们向政府的相应部门反映普通民众的呼声、提供制定政策的意见、监督政府的运行。虽然这些人作为志愿者不从政府部门获得收入,但他们成为了美国地方政府运作模式不可或缺的组成部分,体现了自治基础上民众对公共事务的充分参与。[①]

二是听证。听证是西方国家主要采取的民众参与的制度形式,广泛存在于立法、行政、司法等政治过程中,既包括国家层面的听证,也包括地方层面的听证,还包括基层社区层面的听证。国家层面和地方层面的听证制度前面已有介绍,不再赘述,这里简要介绍地方治理过程中的社区听证制度。

在美国,社区会议和社区听证会定期举行。这是社区居民参与社区建设和管理的最直接方式,被称为美国的"基层民主"。社区听证是社区委员会应社区居民或者组织以及政府有关部门的要求,

---

① 高新军:《美国地方政府治理中的公众参与》,《中国改革》2006年第9期。

在涉及居民重大利益问题的解决或决策前，有社区居民、政府代表等参加的会议。由于社区决策影响居民生活的方方面面，因而居民的参与度比较高。美国学者莱昂·比林斯这样描述："就一个争议问题而举行的晚间听证会有上百个证人，并一直持续到次日黎明时分，并不是什么不同寻常的事。"[①] 社区听证的议题是多方面的，除了最为重要的社区预算外，还包括公共福利、环境问题、住房问题、医疗保险、公共安全、教育、地方政府管理与服务等。总之，社区听证会在美国就是一个居民参与管理和解决矛盾与纠纷的重要场所，社区听证表现出的对社区居民参与的巨大容纳，以及对社区决策的影响，使其成为不折不扣的美国基层民主。

三是公民调查。公民调查是指在公共政策过程中，政府为了了解公民对于公共政策的态度、反映或评价，由政府部门组织后者委托的社会组织对公众的一种问询调查。在这个过程中，公民作为利益的表达者和信息的提供者进入参与调查的过程，从而对公共政策和公共服务施加影响。公民调查的方式主要包括电话访谈、问卷调查和信函咨询等。通过调查，公民能够通过各种方式就公共政策执行和公共服务情况向政府提出意见。比如通过信函、上书和访问向政府提出某些政策建议和要求，通过投诉、控诉等方式表达不满、反映问题。政府通过设投诉和权益维护机构、政府热线电话，以及申诉专员各种平台保障公众参与过程。[②]

四是利益团体协商。西方国家存在广泛的社团，这些社团既包括一些利益团体，也包括公益团体和社区志愿组织。社团内部是一个民主协商的场所，对外则可以与其他社团或政府等组织进行协商。由于政府治理离不开社团，因而政府在推行一项决策时一般会邀请社团参与。社团的参与和政府的协商已经形成了制度化的渠道。如英国的国民保健法（1924年）、农业法（1947年）

---

① ［美］莱昂·比林斯：《美国立法听证的几个基本问题》，载于蔡定剑《国外公众参与立法》，法律出版社2005年版，第106页。

② 吴思红：《国外城市民主治理中公众参与机制及其启示》，《湖北行政学院学报》2010年第1期。

中明确规定了利益集团有定期与政府磋商的权利①,政府组织顾问委员会、行政委员会、调查委员会等组织,邀请利益团体参加到其中。如英国的《政府与志愿及社区组织合作框架协议》(1998),明确了政府与社会公益组织在制定公共政策、提供公共服务上的协商、协作原则,规定了政府保障各种不同类型的社会公益组织有公平机会获得政府资助的原则。这意味着在治理过程中,权力被分散到各种社会团体之中,参与者具有影响公共政策的机会。

## 二 劳资"共参制"

公众参与机制解决的是政府治理领域公民的权利平等和公民参与的问题,而劳资共参机制解决的则是保障劳动者权益和分配公平的问题,主要是市场领域的公平问题。当今市场经济发达的西方国家都特别注重对劳动者权益的保障,主要通过劳资"共参制"来实现。所谓劳资"共参制",就是指由雇主组成的雇主协会和由雇员组成的工会结合起来,共同参与管理企业的内部事务,保障劳动者的权益。在一些国家,凡是涉及劳动者权益的问题,如工资、解雇、培训、劳动时间、劳动条件、经济福利等都得采用"共参制",由劳资双方协商解决。

西方发达国家对劳动者权益的保障过程,实际上就是对劳资关系的调整过程。西方国家劳资关系的调整从19世纪下半期就已开始,到了19世纪末到20世纪初,由于工人运动力量的增强和政治制度民主化的推进,工会代表劳工与雇主谈判的方式开始在个别国家的个别企业出现,调整劳资关系的法律也相继出台。第二次世界大战后,劳资关系发生了重大的转折,西方政府加强了对劳资关系的全面干预。首先,涉及劳资关系领域的大量立法纷纷出台,如《劳动法》《工会法》《就业法》《劳动关系调整法》《劳动基准法》等;其次,各国普遍建立形成了劳、资、政三方机构的格局和运行

---

① 应克复:《西方民主史》,中国社会科学出版社1997年版,第405页。

机制,即由政府的劳动行政部门、工会组织、雇主组织组成的三方协调机制。政府的劳动行政部门一般不直接参与企业内部的劳资关系,而是通过法律和政策制定规则、执法监督,由劳资双方实行自治协商;再次,建立了一整套规范化、制度化的法律体系和调整机制,开始形成集体谈判和集体合同制度为协调劳资关系的主要方式;最后,以工人参与权为核心的管理民主化运动蓬勃兴起,劳资关系的调整和处理基本上纳入了规范化、法治化的轨道。这里最主要的是两个制度:集体谈判制度和工人参与决定制。

(一) 集体谈判制度

集体谈判制度的核心,一是注重集体谈判和集体合同的效力;二是允许工人自己组织或参加工会并选举谈判代表;三是政府积极推动集体谈判。劳资双方关于劳动条件和福利待遇方面的问题,都可以通过集体谈判来解决。对于劳资集体谈判的主体、原则、期限、内容等,各国都有明确的法律依据。以加拿大联邦辖区为例,如果工会能够证明其获得了工作场所50%以上工人的支持,就可以取得集体谈判的资格。在加拿大,妇女的平等待遇、蓝领工人的养老金等,最早都是由集体谈判确立的,后来被写入法律。[①] 法律规定雇主不得绕过工会而直接与工人协商,只能通过工会集体谈判,由此达成的协议对谈判单元内的所有工人有效。谈判内容涉及工资、福利待遇、晋升机会、惩戒、休假、裁员、年资以及期限等方面。如果谈判就集体协议内容上存在分歧,或者劳资双方对集体协议的解释、适用等问题产生不同看法,可以交由劳动仲裁机构来解决。这些程序相当繁琐,但是每一步都是工人集体意志的结果,注重对权利平等的保障。集体谈判制度对于劳工的权益保障起到了关键性的作用。

(二) 工人参与决定制

工人参与决定制,即让工人代表进入企业最高决策层,与资方

---

[①] 刘俊、李满奎:《加拿大集体谈判法律制度研究》,《西南政法大学学报》2012年第6期。

共同参与企业管理，共享企业决策的权力。工人参与管理被称为是西方发达国家的经济民主，工人参与制度使劳动力与资本处于同等地位，使企业管理贯彻了民主原则。在实行社会市场经济体制的德国，企业里除董事会外，监事会是企业的最高权力机构，有权决策企业的重大事项。法律规定，监事会成员由劳资双方的代表对等组成，权力相当。工人监事可由工人和职员直接选举产生，工人监事会的名额多的可占到监事会成员的 1/3 或 1/2。企业董事会负责企业的生产、经营、管理，并对监事会负责。另外，企业职工委员会也是德国劳资共决和工人参与决定制度的重要组成。企业职工委员会由全体职工选举产生，主要任务是监督企业为保障职工权益而制定的规章制度和劳资合同的执行情况。德国《企业组织法》规定，在雇主解除各种合同之前，企业委员会要听取有关情况，否则解约没有法律效力。① 在这样的企业治理结构中，工人雇员一方在参与生产、经营、监督等方面都相当深入，法律将这种制度以条款的形式确定，从而使企业员工的参与权利有了法律的保障。德国企业的这种共同参与决定制度，保障了工人雇员的权益，也兼顾了各种利益相关者的利益。

### 三　公共服务社会化机制

社会领域国家治理的重要任务是向社会成员提供和分配公共产品和公共服务，公共服务社会化机制已成为西方发达国家一项重要的社会公平治理机制。

第二次世界大战后，经济的巨大增长凸显出对公共服务体系的迫切需求，主要西方国家大力推动公共服务体系建设，到 20 世纪 60 年代，西方国家基本建立起了普遍健全的公共服务体系，一些欧洲国家建立了由政府提供"从摇篮到坟墓"全面的公共服务的福利国家制度，住房、教育、医疗、交通、失业救助等关系国计民生领域的公共服务大部分由政府提供。但是 70 年代后，整个西方世

---

① 蔡玳燕：《德国企业治理结构的特点及启示》，《前沿》2013 年第 24 期。

界陷入了严重的经济"滞胀"危机，一方面经济衰退和失业率普遍上升；另一方面随着社会福利开支日益扩大，财政赤字逐步增长，由政府包办提供公共服务的弊端逐渐显露出来。在这种背景下，西方国家对福利制度和政府服务方式进行了全面改革，引入私营部门和社会化组织，政府购买公共服务的方式应运而生。所谓政府购买公共服务，就是把原来由政府直接向社会公众提供的一部分公共服务，通过公开招标、合同外包、公私合作等方式转交给社会力量提供，由政府向其支付费用，以提高公共服务供给的质量和效率，改善社会治理结构，满足公众多元化的公共需求。

西方发达国家政府购买公共服务具有深厚的理论依据。20世纪80年代以来，西方国家按照公共治理理论和新公共管理潮流的要求，掀起了新一轮的政府改革，开始重新界定政府职能，运用市场要求引进竞争机制，提高公共服务质量。按照新公共管理理论，传统的"理性官僚制"已难以适应知识经济时代的公共服务需求，面对"政府失灵"的困境，使政府更有效率和责任就必须民营化、社会化，让政府更多利用私人部门生产公共物品，建立起综合运用政府体系、市场机制、社会自治体系的新型公共服务体制。按照公共治理论，治理是国家与公民社会的合作、政府与非政府组织的合作、公共机构与私人机构的合作。非政府组织与公民在治理中与政府组织互相协商合作，形成公共权威，参与公共服务的提供。政府购买公共服务的作用主要体现在：一是为公共服务产品提供更多元更丰富的保障；二是引入竞争机制，择优购买；三是减少政府机构运行成本，节约开支，提高资源配置效率。效率就是公平。

经过几十年的发展，目前西方发达国家政府购买公共服务的机制已经比较成熟。这主要体现在：首先，都具有健全的立法规范。比如在美国，国会和有关部门制定了大约500种政府采购法规，其中《联邦政府采办法案》和《联邦政府采购条例》是政府采购法规体系的核心，统一规范了政府各机构的采购政策、标准、程序和方法。英国先后于1998年和2011年发布了《政府和志愿及社会部门关系的协议》与《开放的公共服务白皮书》，通过立法对政府购买公共服务改革提供了有力保障。其次，在法律的规范下，各国形成了一整套公开透明的操作规程，这包括政府按照一定的程序选定购买的公共服务的范围、项目，确定相应的预算；向社会公布价格预算安排以及质量要求和各项服务指标等；审核投标的资质，通过招投标和委托等方式选定供应商、签订合同并实施相应的过程管理和监督；进行监管考核，并按照绩效进行结算；等等。① 最后，西方发达国家政府公共服务方式基本实现了从政府垄断性提供向政府、市场、社会共同提供的转变，并且需求随着市场化机制不断扩大，政府购买公共服务的范围已经涵盖大多数公共服务领域，尤其是教育、文化、社会服务、公共卫生等主要公共服务领域。政府购买公共服务已经常态化、制度化、法律化。

从购买方式来看，西方发达国家政府购买公共服务主要有四种方式。一是合同外包。就是政府与社会组织等承包商签订提供公共服务的供给合同，政府去购买承包商提供的公共服务，并依据合同对承包商的活动进行监督和管理。在美国，公共服务的合同承包极为普遍。通过合同外包，私营企业和一些社会组织可以提供多种公共服务，从卫生保健到学前教育，从社会住房到老年人照顾，再到社区司法矫正服务等，范围非常广泛。据统计，仅合同签约外包这一项，每年就能为美国地方政府节省15%—30%的资金。② 二是公私合作。就是政府与企业和其他社会力量联合生产公共服务的模式。政府最初不必出资，而是以政府特许、招标的方式让私营企业参与某项公共服务，并允许承包商有一定的投资收益权。三是政府补助。就是政府对服务提供者予以补贴，以减少其服务生产成本。补助的形式有资金、免税或其他优惠，比如低息贷款、贷款担保等。补助主要涉及公共教育和医疗、某些科研项目、部分社会福利设施、基础设施等行业。四是凭单制。凭单是政府发给居民公共服务消费凭证，居民凭券在市场上选择补贴的公共服务或物品，服务

---

① 马广志：《政府购买公共服务的欧美模式》，《华夏时报》2014年2月26日。
② 王名：《国外政府如何向社会组织购买服务》，《时事报告》2013年第7期。

提供机构用凭单与政府兑换现金。凭单在西方国家广泛运用于教育、食品、住房、医疗服务、幼儿保健、家庭护理、老年项目等领域,如教育券、食物券、医疗补助券、幼托券、老年券,等等。①

由上述可见,公共服务社会化机制的公平治理特点主要体现在:一是公共服务的质量和水平是社会公平的必要基础,公共服务社会化本身有利于促进政府提供公共服务的效率,也有利于增进公共服务的普惠性和公平性。公共服务的社会化改革,通过吸引更多的社会组织参与,形成公共服务供给主体多元化的格局,体现了治理结果的公平;二是政府在购买计划、政策制定、监督评估等公共服务购买过程中听取公众声音,采纳公众的意见建议,同时各种社会组织、市场组织平等参与社会公共服务的供给过程,体现了治理结构的公平性;三是政府在购买公共服务的相关法律和决策中都必须遵循程序上的公开、公平、公正,体现了治理过程的公平。

总之,上述三大社会治理机制基本上代表了西方发达国家近二十多年来社会治理变革的主要趋势和在实践中形成的主要治理模式,也可以称之为其社会治理的基本经验。同时,这三大治理机制对西方发达国家的社会公平保障起到了举足轻重的作用,西方发达国家的社会公平保障的制度化、机制化、现代化、精细化,很大程度上得益于这三大社会治理机制。

---

① 李军鹏:《政府购买公共服务的学理因由、典型模式与推进策略》,《改革》2013年第12期。

# 第六章　当代中国社会公平保障的治理路径

在国家治理思维的指向下,当代中国社会公平保障体系的建构,必须深入制度结构和治理结构的深层,必须触及社会公平问题的实质。只有通过不断完善权利保障机制,保障宪法赋予公民的基本权利,保障公民的知情权、参与权、表达权和监督权,保障公民的经济社会权利,才能保障权利公平;只有通过不断完善政府公共机制,健全公共政策机制、收入分配机制、社会保障机制,才能保障机会公平;只有通过不断完善公共治理机制,健全利益表达机制、利益整合机制、社会协商机制、公共决策的多元参与机制,才能保障规则公平。进而,才能最终建立以"权利公平、机会公平、规则公平"为主要内容的社会公平保障体系,保证人民平等参与、平等发展。

## 第一节　完善以保障权利公平为核心的权利保障机制

社会公平保障的首要内容也是关键内容是权利公平,即每个公民享有平等的权利。现代社会中,公民的权利主要包括政治权利、经济权利和社会权利(或者发展权利)。政治权利、经济权利和社会权利及其平等是相互促进和相互制约的,其中政治权利平等又是其他两项权利平等的前提,没有政治权利的平等,经济和社会权利的平等很难实现。例如,在一个社会中,决定公民经济权利平等的产权制度、税收制度、财政制度、分配制度等各项经济制度和决定社会权利平等的社会保障、医疗养老、教育培训、就业收入等各项制度都取决于政治制度的民主程度和政治权利的平等程度。试想，在一个社会共同体中，如果政治权利不平等，一部分人享有较大的甚至全部政治权利，而另一部分人只享有较少甚至没有政治权利，这种权利享有格局和权利分配格局必然会驱使强势群体利用特殊权利来制定有利于自己权益最大化的规则和政策，政治权利上处于弱势地位的人们的经济和发展权益保障则随时处于被剥夺或被侵占的不安全状态。

需要说明的是，根据上面章节已有的研究，在国家治理现代化视野中，社会公平保障的基本形态是法治。尤其是权利公平的保障，只有通过法治的表达才能得到刚性的约束，只有在法治的思维中才能得到本质的认识，只有在法治的实践中才能得到根本保障。正因为如此，现代社会普遍通过落实宪法上公民基本权利的平等和建立保障公民的参与权、知情权、表达权、监督权等各种法律制度，来保障公民的权利公平。

## 一　保障宪法赋予公民的基本权利平等

公民的基本权利，是宪法规定的公民享有的基本的、必不可少的权利。在我国的宪法中，公民的基本权利包括了政治权利、人身权利、宗教信仰自由、社会经济权利、文化教育权利等。公民的这些权利受到宪法的平等保护。平等权既是宪法的一项基本权利，又是宪法的一项基本原则。公民的宪法平等权首先是法律面前一律平等。任何人的合法权利都一律平等地受到保护。在法律面前，不允许任何公民享有法律以外的特权；同时，宪法的平等权要求禁止差别对待，包括基于民族、种族、职业、性别、出身、宗教信仰、党派、财产状况、教育程度等理由所采取的法律上的差别或者歧视。针对影响我国社会公平的主要问题，当前应该重点保障公民的下列宪法权利的平等。

保障公民选举和被选举权利的平等。公民享有平等的选举权和被选举权，公民代表必须由全体公民平等地投票选举，并且每个公民也应有平等的机会被选举。当前，公民的选举权平等要求：一要实行城乡按相同人口比例选举代表，体现人人平等；二要保障各地方在国家权力机关有平等的参与权，体现地区平等；三要保障各民族都有适当数量的代表，体现民族平等；四要解决外出的农民工等社会流动人员的平等选举权问题。

保障农民与市民享受平等的经济权利和文化权利，消除身份歧视。这是中国公民权利平等保障一直难以落实的问题。除了前面提到的选举权平等的问题外，还必须废除基于户籍限制、身份歧视、地域歧视的各项差别对待，保障农民平等地参与社会管理的权利；要保障农民的土地财产权利、土地承包经营权利等各项财产权利，禁止在征地补偿过程中的土地产权交易进行"不等价"交换；保障农民的劳动权利平等，以法律制度保障农民平等就业、劳动安全保护、职业技能培训、享受社会保险和福利待遇的权利；要保障农民取得劳动报酬的权利，解决农民与城市市民同工不同酬的问题；要保障农民子女平等地享有宪法规定的教育权，改革现行的城乡二元体制、户籍管理制度、学校收费制度，保障进城务工就业农民子女接受平等教育，取消专门面向农民工子女的不合理收费等。

纠正执法、司法机关侵犯公民宪法权利的现象。"保障私权、约束公权"始终是法治的精髓。我国宪法规定了公民的人身权、财产权等各项权利不受侵犯，但在实践中，执法、司法机关侵犯公民宪法权利的问题仍然突出。要纠正行政主体针对同种情况，有的作为有的不作为，没有同等对待全部法律事实以致侵犯公民权利的选择性执法现象，确保行政机关在行政执法过程中遵循平等原则；要严格司法程序，牢固树立现代司法理念，改革司法制度，完善人权司法保障制度，健全错案防止、纠正、责任追究机制，禁止非法拘禁、刑讯逼供、超期羁押等老大难违法行为，保障公民的人身自由权不受侵犯。

保障宪法赋予的公民监督权的实现，解决监督权无法落实的问题。公民监督对于保证国家权力的行使严格遵守宪法和法律规定，保证政府对其权力行使的政治后果向人民负责，保证政治民主和人民当家作主愿望的实现，具有极其关键的作用。宪法赋予我国公民的批评权、建议权、申诉权、控告权、检举权，当前在很大程度上存在无法落实的问题，并因此对保障公民权利公平形成了直接威胁。因此，要通过完善相关法律监督配套机制，细化宪法监督权利的落实，改变当前公民监督权只是泛泛而谈，而无法律保障落实机制的现象；要保障公民监督渠道畅通，完善信访监督、举报监督、控申监督、批评建议，完善监督人保护机制，不断拓展新的公民监督渠道，健全公民监督权的多元实现机制；要保障言论自由、出版自由、结社自由、集会游行示威自由、通信自由和文艺创作自由等宪法性权利，这些权利既是宪法规定的基本权利，也是公民监督权有效实现的最为重要的条件。

总之，要维护宪法在国家治理结构中的核心地位，通过落实宪法平等权，从宪法中消除二元社会和二元体制的权利不平等根源；通过完善公民基本权利的内容体系，加强对公权力的驯服和监督，理顺国家、社会与个人的关系，进而改进和完善社会结构；通过制度结构和国家治理结构的正义性从根本上保障社会公平，进而减少社会公平问题的制度性根源。

## 二 保障公民的知情权、参与权、表达权和监督权

民主权利的保障是社会公平的根本要求，也是社会公平保障的基本途径。公民的知情权、参与权、表达权和监督权，是对民主权利内涵的新拓展。本质上，它与宪法规定的公民的政治权利平等和人身自由、人格尊严等都是一体的，但同时它又有自己的特点和侧重。它是公民权利和自由在政治和社会活动过程中的延伸和具体化，主要着眼于在公共管理和公共决策过程中公众的角色、利益和作用，强调公共决策和公共管理不应是单向的、被动的过程，而应成为双向互动的过程，特别是在与公共权力行使者的关系中，公众不应是消极的接受者，而应成为积极的参与者。

### (一) 制定和完善"四权"的法律规范

我们认为,只有当权利获得法律的表现形式时,权利才具有现实性;而且只有法律的表现形式越程序化、具体化,权利的保障才越具有现实性。我国《宪法》有关条文对公民权利的规定中虽然也包含了公民"知情权""参与权""表达权"和"监督权"的内容,但"知情权""参与权""表达权""监督权"(以下简称"四权")的概念并不明确,这也使得对公民"四权"的保障,缺乏系统的、具体的、具有操作性的法律规范,缺乏统一有效、衔接有序的制度安排,致使"四权"落实面临很大障碍。

因此,应该把保障公民"四权"纳入宪法法律规范之中,并制定相关法律法规,解决"四权"保障存在法律空白和细化规则滞后的现象。以参与权为例,目前很多法律法规规定了公众参与,但是其规定普遍缺乏刚性。听证就是一个典型的例子。我国《立法法》《行政法规制定程序条例》《规章制定程序条例》等都规定听取公众意见"可以"采取座谈会、论证会、听证会等形式,但是都没有硬性要求,没有规定具体规程,也没有规定未进行听证的法律后果,结果听证程序成为随意取舍的环节。因此,应该制定《行政程序法》,通过《行政程序法》的具体规定,依法保障当事人参与行政程序,充分行使参与权。[①] 知情权方面,应在实践成熟的基础上将现在的《政府信息公开条例》上升为《信息公开法》,为"公开为原则,不公开为例外"提供切实的法律保障,最大程度地方便社会公众获得公共信息,保障公民知情权;监督权方面,通过制定《新闻法》《出版法》等对公民的言论、出版自由进行规范和保护,保障公民有序行使监督权。总之,要通过法治,为公民行使"四权"提供基本保障,增强公民权利保障的有效性、现实性。

### (二) 不断完善公民"四权"的法律救济渠道

无救济即无权利。当前公民"四权"行使不够充分的一个重要

---

[①] 黄学贤、齐建东:《试论公民参与权的法律保障》,《甘肃行政学院学报》2009年第5期。

原因在于：当"四权"受到侵犯时，缺少畅通的法律救济渠道。对公民权利的救济，一般包括宪法救济、司法救济、行政救济、民事救济等方式，这其中，宪法救济、司法救济和行政救济是主要的救济方式。然而我国宪法未对宪法权利救济及具体程序作出规定，司法救济和行政救济实践中的困境也有目共睹，权利救济的障碍影响了公民"四权"的有效行使。

以公民知情权的救济为例，我国《政府信息公开条例》第33条第2款规定："公民、法人或者其他组织认为行政机关在政府信息公开工作中的具体行政行为侵犯其合法权益的，可以依法申请行政复议或者提起行政诉讼。"然而具体操作程序如何，法律冲突时如何适用具体法律，配套制度的衔接等问题，均无明确规定。在行政诉讼中，现行法律没有特定的有关政府信息公开的规定。[①] 这导致虽然因政府的信息不公开而侵犯公民知情权的起诉不在少数，但真正能够立案的却不多。因此，必须完善公民权利救济权方面的立法和司法，切实保障公民权利得到有效救济。国家作为公民权利的保障者，有义务制定并完善各种权利救济法律，并使之成为一种严密的保障体系。我们应当关注法律是否在公民基本权利受到侵害时提供了救济，并在现实生活中是否得到真正贯彻执行。

### （三）发挥公民和社会自治组织的作用

第五章中，我们介绍了发达国家公民和社会组织在地方政府治理或地方民主制度中发挥的基础性作用，我国在这方面可拓展的空间很大。在保障公民"四权"方面，可以说，没有公民和社会自治组织的参与和治理，公民"四权"的保障就缺少基本动力。

因此，应着力培养公民的民主意识，在全社会形成以主张和保护公民权利为核心的法治观念，不断提高公民的政治参与、政治表达能力，使公民通晓权利行使的机制和程序，最终通过法治化、制度化的途径，理性、有效地行使"四权"。同时，要发挥社区居委

---

[①] 韩敬、胡细罗：《知情权法律救济在我国遭遇的尴尬》，《河北法学》2009年第4期。

会和社会自治组织的作用。因为，大多数情况下公民个人维护权利，其权利主张容易被忽视。而社区居委会和社会组织可以通过有组织的行为，弥补公民个人与政治系统协商对话的不平等，使公民个人的利益能够依托自治组织予以充分表达。

### 三 保障公民的经济社会权利

当今世界各国社会公平保障的进步，在很大程度上得益于1966年《经济、社会、文化权利国际公约》（以下简称《公约》）。《公约》以法律形式对经济、社会及文化权利的确认，它对于保障人们的权利公平和机会公平，起到了极其重要的作用。《公约》所规定的各项权利在我国宪法及各项单行法律中已有较全面的体现。比如，我国《宪法》第四十二条至第四十九条所规定的劳动权、休息权、受教育权、获得物质帮助权、社会保障权、文化活动权等。

改革开放几十年来，我国对公民的经济社会权利保障方面，取得了重大的进展。尤其是最近几年，我国积极推动户籍制度改革，逐步保障农民工与城镇居民享有平等社会福利的权利；在工作权和工作条件权方面，实行最低工资保障制度和安全卫生的工作条件保障；在社会保障权方面，推行最低生活制度和社会保险等制度；在教育权方面，明确提出教育经费的投资要达到国民经济总产值的4％等。然而，我国公民的经济社会权利保障在回应社会公平问题和法治化的道路上，仍然任重道远。经济社会权利不能有效保障，仍然是制约社会公平实现的极其重要因素。保障社会公平，必须进一步在社会经济权利保障方面取得进展。

#### （一）加强对公民经济社会权利的立法保护

我国保障公民经济社会权利的相关法律规范还处于零星破碎的状态，体系化、精确化和具体化的权利立法还处于起步阶段。实践中，宪法法律对公民经济社会权利供给不足，是导致经济社会权利保障弱化的重要原因。比如，宪法虽然对弱势群体的权利作出了广泛规定，但仅涉及老年人、妇女、儿童、残疾人等部分人群，而忽略了对其他人群如同性恋者、乙肝病毒携带者等特殊群体的保障。

再比如,《宪法》第四十五条规定了物质帮助权,但并未同时规定最低生活水准权,导致其权利内容不完整;另外,宪法规定的部分权利并不是通过法律来具体化,往往是通过法律性文件如行政法规、地方性法规等来保护,导致实践中效果并不理想。① 因此,要加强对经济、社会权利的立法保障,尤其要克服立法原则性强而操作性弱、立法滞后、立法漏洞多等问题,使立法机关通过对基本权利的立法和具体化系统化的阐释,积极地实施公民基本的经济社会权利。以民生立法为例,地方民生立法可以根据《宪法》和《立法法》的规定,对宪法、法律和行政法规中有关民生的事务作出细化规定,使之便于具体执行。对于属于中央立法职权之外,但国家又尚未制定法律、行政法规的民生事项,地方可以先行立法。②

## (二)加强对公民社会经济权利的司法保护

运用司法手段保障公民经济社会权利,维护弱势群体权益,是西方发达国家的重要经验。在西方发达国家经济社会权利保障的历程中,一些司法判例——如黑人的教育权、反对就业歧视、保护平等工作权——起到了关键作用。诸如劳动权、社会保障权、受教育权等经济社会权利的侵权是否属于司法救济的领域,是一个长期争论的话题。现在看来,答案是肯定的。

在我国,由于受到多种因素的制约,司法部门对社会经济权利的保护作用有限,经济社会权利的侵权案件遭遇大量拒绝受理抑或大面积败诉,使得公民不得不寻求党政机关的法外救济,当行政机关的个案处理或抽象性政策规定归于无效时,公民对遭受的经济社会权利方面的侵权只能听之任之。尽管,依靠司法救济来满足许多人的权利诉求在我国目前的情况下并不现实,但应该迈出渐进的、务实的前进步伐,使司法部门适应这种权利保障的需求。只有在不断地适应和锻炼过程中,整个社会的承受能力才会增强,制度也会

---

① 秦前红:《略论中国公民社会经济基本权利的保障》,《金陵法律评论》2009年第1期。
② 龚向和、左权:《地方民生立法审思》,《河南省政法管理干部学院学报》2011年第2期。

走向成熟。有理由相信,司法机关未来将会有更大的空间和更多的投入运用于经济社会权利的司法救济之中。

(三) 加强对弱势群体的经济社会权利的特殊保护

我们认为,公平并不是一把单一的尺度,而是对各种平等尺度的权衡。这一点与平等不同。在现代社会的公平理念中,权利平等与对弱势群体的特殊保护是不可缺少的两极。所谓权利平等,是指所有基本权利在社会成员间的平等分配与平等保护。所谓特殊保护,是指对某些社会成员(通常是社会的弱势群体)给予更为特殊的权利保护,主要是经济社会权利的保护。现代社会出现的对弱势群体的特殊保护,是对权利平等原则的重要补充。[①] 在经济领域,特殊保护主要表现在:一方面是对弱势群体的特殊保护,比如对中小企业的税收减免政策,对不发达地区的经济倾斜政策,以及对劳工、农民工等容易遭受权利侵害群体的特别关注和保护;另一方面是对强势群体的一定限制,比如对垄断的限制等。在社会领域,一方面是对弱势群体的特殊照顾,比如对低收入者在医疗、住房和基本生活方面予以救济补贴,对失业者进行就业培训,对犯罪行为的受害者提供司法救济,以及防止妇女、残疾人、未成年人和少数民族等弱势群体在教育和就业方面遭受歧视;另一方面是要求强势群体承担更多的责任,比如征收高额累进税、财产持有税,对巨额遗产征收遗产税,以及对奢侈消费品设定高额税率等。

(四) 把重点放在保障机会平等上

机会平等是保障社会成员生存和发展机会的根本保障,也是公民经济社会权利设定的主要目标。当前我国最主要也最应该解决的是机会平等问题。这一方面因为机会平等是社会公平最重要的实现形式,正如世界银行指出的,公平不等于收入的平等,不等于健康状况的平等,也不等于任何其他具体结果的平等,而是对一种机会均等状况的探求;另一方面,是因为机会平等在当前我国显得尤为

---

① 常健、符晓薇:《公共政策的公平之度:权利平等与特殊保护》,《文史哲》2009年第3期。

重要和紧迫,它在很多方面还未能成为现实。根据 2010 年的一份调查报告,我国公民个人成就和收入分配方面的结果不平等中,有 63% 是机会不均等导致的。这广泛体现在区域之间、城乡之间、行业之间以及体制内外,体现在教育、就业、医疗和社会保障权利等诸多方面。可以说,只有机会均等了,公民个体才能真正拥有通过努力改变命运的平等机会。

因此,必须通过全面依法治国促进不同阶层、不同群体、不同地区、不同行业的人们能够平等地获得生存和发展的机会。在制定法律时,应该尊重公民平等表达利益诉求的权利,尤其是涉及影响社会和公众切身利益的财政税收政策时,比如个人所得税的起征点、房产税的征收等,应该举行公开的听证会,邀请所有的利益相关方代表表达利益诉求并提出政策建议。要通过法制改革逐渐废除以出身决定命运的户籍制度,保障进城农民在受教育机会、就业机会、社会保障方面的机会公平。应不断完善市场经济,不断消除在个人创业、市场准入和资源配置等各方面的计划体制和"双轨"制的影响;应不断推进国有经济的改革,把被少数人和少数企业占用的社会资源从垄断部门的行政垄断下解放出来,保障各种经济主体的机会公平,促进企业之间的平等竞争和资源的有效配置。

## 第二节　完善以保障机会公平为核心的政府公共机制

政府公共机制对保障机会公平具有至关重要的作用。机会公平要求,社会成员在社会竞争中,处于同一条起跑线上,社会成员的个人成就很大程度上取决于个人的竞争能力。由于每个人在社会竞争中拥有的资源、财富、机会不可避免的存在差异,天然地具有起点的不平等,但通过政府的公共政策提供平等权益,起点的不平等又是可以弥补的,这种关键的弥补靠的是有效的市场机制和合理的政策机制,比如参与市场竞争机会的公平、受教育机会、就业机会的公平,这些能够保证人们在社会竞争中处于大致一致的起点。我们认为，保障机会公平，是政府最大的公共产品。在市场经济条件下，政府的主要职责在于提供公平的竞争环境，通过教育、医疗、社会保障等公共政策缩小人们在竞争起点上的差距。政府的公共政策机制、收入分配机制、社会福利机制，是社会公平保障机制中带有整体性、根本性的公共机制。

## 一　完善公共政策机制

### （一）公共教育政策

公共教育政策的重要目标是促进教育机会均等，一方面是通过教育平等克服人们在天赋因素和遗传方面的差距现象；另一方面有助于出生于贫寒家庭的子女获得更多良好教育。

我国的公共教育政策实施状况近几十年发生了很大变化，义务教育普及与巩固水平保持高位，城乡免费义务教育全面实现；教育经费投入力度不断加大，义务教育全面纳入公共财政保障范围；各级教育帮困助学体系不断完善，以国家奖学金、助学金制度和以风险补偿金为核心的高等教育国家助学贷款新机制已经形成，等等。但是由于我国长期存在的教育差距，比如城乡差距、地区差距、性别差距和民族之间的差距，尤其是城乡差距改善比较缓慢和复杂。与此同时，近年来，阶层差距成为影响教育公平的重要问题。我国目前的教育分层，体现在户籍制度分割的城乡二元结构，以及重点学校和普通学校的二元结构上。被称为"流动儿童"的进城务工农民工的随迁子女，以及留在农村家中的孩子"留守儿童"的教育现状不容乐观，农民工子女的教育权利和教育机会成为最为突出的教育公平问题。而受到影响的这两个群体总数约一亿人。另外，高等教育机会仍然存在结构性的不平等，在国家重点高校，具有较强的经济资本、文化资本和社会资本优势的社会阶层的子女，占有较大的份额，而教育质量相对较弱的地方性高等院校聚集了较多的农村学生。

因此，完善公共教育政策，促进教育公平，一要均衡配置公共教育资源。机会均等是教育公平的核心概念，即不分城乡、地域和人群，每一个接受基本公共教育的人都有机会得到政府提供的服务。要不断改变建立在城乡二元体制下的公共教育服务体系，建构城乡一元化公共教育体制。要结合户籍制度改革，出台专门性的针对流动人口随迁子女教育权利保障的法律，建立全面而清晰的经费筹措保障机制，将随迁子女教育经费纳入流入地预算内。政府要严格依据法律法规均衡配置城乡和地区间的公共教育资源，实现城乡公民享有公共教育资源的起点公平和机会公平。

二要提升高等学校农村生源，加强对贫困大学生的教育资助，促进高等教育机会平等。我国从2012年起启动面向贫困地区定向招收农村学生的计划，这一计划的名额持续增长。2014年国家改革高考制度，要求改进招生计划分配方式，提高中西部地区和人口大省的高考录取率，这对于保障农村地区和欠发达地区学生接受高等教育机会平等，起到了重要作用。应继续扩大重点大学面向农村地区定向招生规模，提高农村学生比例，不断改变高等教育机会的结构性的不平等。要特别关注贫困地区和社会弱势群体的公共教育服务，建立健全普通本科高校、高等职业学校和中等职业学校家庭经济困难学生资助政策体系，保证贫困地区大学生不因贫困而上不了大学。

三要坚持基本公共教育服务的多元主体、分类供给。社会公平保障的基本格局是多元共治，应推动公共教育筹资主体与供给主体多元化，合理界定政府、社会、市场在教育筹资与服务供给中的责任。政府必须优先向全体国民提供均等化的义务教育服务，义务教育须全面纳入财政保障范围，须完善以公办为主的义务教育办学体制，提高公办教育办学水平。同时，实行多元化的学前教育、高中阶段教育筹资体制和办学体制。在学前教育、高中阶段教育中，应当实行以政府投入为主、受教育者合理分担、其他多种渠道筹措经费的投入机制；应健全政府主导、社会参与的办学体制，促进公办教育和民办教育共同发展，对公办学校与民办学校在学历、学位管理和职业技能认定上给予同等待遇，消除"所有制"歧视。①

---

① 孙伟艳：《对我国当前完善基本公共教育服务的政策建议》，《中国经贸导刊》2014年第6期。

## （二）公共就业政策

在劳动力市场上，由于劳动者自身的素质差异以及劳动力市场制度、规则不完善等，就业必然会出现不平等竞争。公共就业政策，就是通过政府提供公共就业服务来实现平等的就业权。

当前，我国户籍制度的限制和二元分割的就业管理服务制度，使城乡居民享用的公共就业服务资源不平等，就业差异明显。同时，就业结构性矛盾依然突出，目前仍然存在就业年龄、性别、民族等方面的不平衡，特别是年龄、性别在实际就业中影响很大。另外，不同行业之间也存在就业机会不均等现象，突出表现为一些垄断行业存在就业壁垒。像银行、石油、通信、电力等行业炙手可热，但门槛较高、隐性要求很多，时常有媒体报道各种通过内部渠道招聘的影响就业公平的现象。

促进公共就业服务均等化，一要完善公共就业服务的体制制度。应严格贯彻落实平等就业的规定，在政策法规层面保障求职者合法权益，对违反就业平等法规和明显的就业歧视行为，应加大法律责任追究力度；要促进公共就业服务机构规范化，确保就业扶助资金运用规范有效，提高各级公共就业服务机构和基层公共就业服务平台的财政经费支出比例；要进一步完善就业援助政策，通过行政干预、提供公益性岗位等有效手段确保"零就业家庭"得到及时就业。

二要完善公共就业服务政策。应不断健全促进就业创业体制机制，完善扶持创业的优惠政策，形成政府激励创业、社会支持创业、劳动者勇于创业新机制；应不断完善落实"用人单位招用就业困难人员享受社保补贴和岗位补贴"等扶持政策，帮助就业困难群体就业；应不断完善落实市场准入、小额担保贷款、税费减免、免费就业服务等扶持政策，鼓励劳动者自谋职业、自主创业[1]；应建设较为完善的劳动力市场综合性服务场所，为实现基本公共就业服务均等化搭建良好平台；应借鉴国外的经验，改进目前就业服务的

---

[1] 张海伦：《加快推进公共就业服务均等化》，《青岛日报》2013年12月28日。

工作方式，增加求职需求的客观评估环节，细化就业服务工作流程，并结合求职者的实际困难，尤其是弱势群体的就业困难，设计相应的服务程序，实现一对一个性化服务。

三要强化公共投入保障。应进一步加大政府对公共就业服务的投入，落实政府财政对公共就业服务均等化责任，为实现均等化提供切实的财力支撑；应加大相对落后地区及农村地区的公共就业财政支持的转移支付，增强基层政府提供公共就业服务的能力；加强对就业困难群体的援助，尤其是对长期失业人员、农民工、残疾人等就业困难群体的帮扶力度。

### （三）反贫困政策

反贫困政策目的在于保证人们生活在某一最低生活水平线之上，并为那些生活在贫困状态下的人提供摆脱困境的机会。改革开放以来，尤其是最近一二十年，我国在反贫困方面取得了世界公认的成绩。自中国政府发布了《中国农村扶贫开发纲要（2001—2010）》后，不断提高贫困标准，不断增加财政投入，使我国绝对贫困现象在绝对减少，乡村贫困问题得到了极大缓解。2013年11月，习近平到湖南湘西考察时首次作出了"精准扶贫"的重要思想。党的十九大再次提出，要坚决打赢脱贫攻坚战，确保贫困人口到2020年如期脱贫。然而，我国反贫困面临严峻形势：贫困人口总量仍然规模庞大，目前中国有7000万人口没有脱贫，这个数字几乎相当于一个中等国家的人口规模[①]；同时，由于城乡、区域发展不平衡，贫富差距较大，贫困人口的代际传递现象在相对上升；农村人口大规模地向城镇转移和城市土地拆迁征用后，城镇新增贫困人口的可能性正在加大，等等。

新时期，在加强反贫困政策实施的同时，应调整反贫困政策，切实提高反贫困政策的针对性和有效性。首先，制度供给的有效是解决贫困问题的根本。仅仅"送钱""输血"式的反贫困措施还不

---

① 2015年10月，世界银行将最低贫困标准，从1.25美元提高到1.9美元，按照这个标准，我国还有7000万的贫困人口。

够，要推进制度公平化建设，消除制度性贫困和权利性贫困。要在民主治理机制上保障利益表达和利益均衡，保障贫困群体的政治经济文化权益。要保障最基本的工作权、住房权、教育权、被赡养权，为贫困群体的经济福利提供切实的保障；要深化收入分配改革，制定相对统一的城乡贫困线标准；等等。

其次，加强预防性社会政策的实施。目前，随着我国社会保障和社会福利的整体提升，反贫困政策需要从事后救助向针对风险和人群的预防性社会政策转变。尤其是要为没有劳动能力的人群包括儿童、老人和残疾人提供预防性的社会政策。预防性的社会政策，就是要让社会政策发挥人力资本投资功能。一是可以使低收入和边缘贫困人口得到帮助；二是可以避免将有劳动能力的贫困人口纳入最低生活保障的范围内；三是可以增加有选择性的社会救助。例如，对新农合报销医药费后仍有困难的家庭提供医疗救助；在减免农村义务教育阶段的学杂费的基础上，对贫困和低收入家庭的子女在义务教育阶段以后的学习实施教育救助等。

最后，调动社会力量参与，提升扶贫实效。在我国，反贫困工作主要是政府的行政行为，以政府为单一扶贫主体的反贫困模式已难以适应新时期的反贫困需要。从社会公平保障多元共治的格局出发，必须动员各方面的力量，使反贫困工作取得更大成效。要增强反贫困主体的多元性，除政府以外，应积极引进 NGO 等社会力量共同参与，建立包括政府、第三部门、贫困群体在内的多中心贫困治理主体结构；应积极通过各种政策渠道建立起参与式的扶贫机制，引入、培育社会组织，为其提供资金、法律、人才、政策制度等方面的支持；应改变原有自上而下的行政扶贫方式，通过政府为多元主体的合作疏通通道、搭建平台、协调行动，实现脱贫过程中政府与其他主体的多边合作。

## 二 完善收入分配机制

市场经济本身的优胜劣汰规律和市场制度的不完善必然会造成分配不合理，而合理的收入分配是社会公平的重要保障，这就要求政府必须通过各种政策工具，参与一定时期国民收入的初次分配与再分配，缩小收入差距过于悬殊。政府参与收入分配的主要目的在于，保证劳动者和生产要素的投入者在分配中遵循机会均等、规则公平的原则，允许合理拉开收入差距，但又要防止两极分化，缩小人们在竞争起点上的差距。

收入分配机制是政府保障社会公平的有效手段。市场经济中，除市场机制之外，还存在大量的政府控制、管制和干预行为，以及大量的制度、规章和政策，这些政府的行为和制度性因素，对国民收入分配起着极其重要的作用。在初次分配中，政府要不断完善市场体系，尤其要完善对收入分配有直接影响的生产要素市场，建立合理的初次收入分配秩序。在再分配领域，政府的收入分配机制更是可以大有作为，比如，通过税收调节机制、财政支出调节机制、法律调节机制，甚至政府管制手段。

改革开放以来，我国的收入分配制度经过了较大变革。计划经济体制时期，我国实行的是高度平均主义的分配制度，经过20世纪80年代初的改革开放，提出实行"以按劳分配为主体，其他分配方式为补充"。于是，利息收入、股份分红、非劳动收入等打破了平均主义分配。后来又确立了"劳动、资本、技术和管理等生产要素按贡献参与分配"的原则。收入分配制度的改革，为推动市场经济发展起到了极其重要的作用，但同时也带来了很多尖锐的收入不公平问题，主要表现在不同群体之间的收入差距越来越大。随着市场经济的逐渐完善，我们提出要深化收入分配制度改革，认为合理的收入分配制度是社会公平的重要体现，提出初次分配和再分配都要处理好效率和公平的关系，再分配更加注重公平，随之一系列调节收入分配的政策措施也相继出台。

客观地讲，我国在调节收入分配方面，出台了很多有助于提高低收入人群收入的政策措施，特别在提高农民收入上效果明显。然而，由于导致收入差距扩大的制度性和政策性因素没有得到根本改变，收入分配的基本格局没有发生根本扭转，收入差距仍然有不断扩大的趋势，收入分配不公问题一直得不到解决。联合国开发署出版的2011年《人类发展报告》中列出了111个国家近期的基尼系数,其中基尼系数超过0.5的国家有17个,占全部样本国家的15%。综合各种因素来看,当前我国收入差距应该比0.5低不了多少,按照这个标准,我国处于国际上高度不平等国家之一。[①] 另外,必须指出的是,当前我国收入分配问题的巨大挑战在于,现有产业结构和就业结构的调整及其变革的延缓性,决定了收入分配调整的效果并不能直接显现,而伴随着新常态下经济增长出现下滑或出现经济长期衰退,过大的收入差距和收入分配不公对社会公平和社会不稳定的影响会更加凸显出来。因此,解决目前我国收入分配中存在的问题,应该成为各级政府刻不容缓的任务,任何拖延都可能导致我们解决这一世界性的复杂难题需付出更大甚至极大的代价。

(一) 加强税收调节

税收是国民收入分配调控的重要手段。相对规范的税收制度和成熟的税收调节,对国民收入分配格局将产生重要影响。发达国家的社会公平在很大程度上依靠税收调节。我国目前的税制对于提高劳动要素收入分配份额和缩小居民收入差距还可以起到更大的作用。

一是加强个人所得税改革。个人所得税针对个人收入征税,实行超额累进税率,是最能直接有效地调整居民收入分配差距的税种。但我国目前的个人所得税主要由中低收入者承担,高收入阶层的纳税额相对其收入而言则较少。因此,应改变个人所得税的征收模式,实行综合和分类相结合的个人所得税征收模式。应该简化工薪所得的税率档次,降低低档税率;应该调高股息、红利、租赁、财产转让所得等非劳动性收入的税率;应当适当考虑纳税人抚养、赡养家庭人口等费用,综合考虑居民的收入水平、物价水平以及通货膨胀等方面,兼顾降低中低收入者的纳税负担。

二是优化税制结构,建构有助于纵向公平的税制体系。当前绝

---

① 李婷、李实:《中国收入分配改革:难题、挑战与出路》,《经济社会体制比较》2013年第5期。

大多数的西方国家实行以直接税（所得税）为主体地位的税制结构。我国间接税所占比重大大高于直接税所占比重，这在一定程度上加剧了收入分配差距。比如，间接税比重过高易推高物价、抑制内需。对大部分服务行业征收营业税，会造成税收重复征收和税负偏高。因此，税制改革要调整好间接税和直接税之间的比例关系，适当降低商品税的比重，提高所得税和财产税的比重。研究推进环境、资源、财产等方面的税制改革，实现税制结构的优化。

三是可以考虑开征社会保障税、遗产赠与税等税种。随着我国从低收入阶段进入中等收入阶段，居民生活对养老、医疗、保健、社会福利等方面的要求日益提高，这就要求我国必须建立较为完善的社会保障体系。社会保障税可以保障低收入群体的基本生活需要，缩小个人收入差距。遗产赠与税直接面对高收入阶层，可以防止公民通过非个人努力取得的财富积累而暴富，有利于缩小代际之间的收入差距。

（二）加强财政支出调节

财政支出对收入分配的调节，主要是通过支出结构和对象的调整来调节社会成员、社会群体之间的财富占有份额，进而促进社会财富的合理分配，实现社会公平。财政政策在大的原则下不会有特别的阶层倾向性，但可以通过对低收入群体的补助支出直接提高其收入和生活水平，也可以通过偏向于普惠性质的支出，如公共教育、公共医疗、公共设施等为每一个公民创造机会公平的条件。

应加强财政对社会保障和社会福利的支出。社会保障支出主要包括社会保险、社会救济和社会优抚。国际上通常采用"社会保障支出占财政支出的比重"来衡量各国政府的社会保障财政责任。国际上，发达国家社保支出一般要占到财政支出30%—50%的比例，一般的中等收入国家也达到20%左右。"十二五"规划要求我国各级财政社保支出占财政支出比重提高到25%左右。但有数据显示，社会保障支出仅占我国财政支出12%。2016年我国人均GDP为8200美元，按国际上的标准，我国已经进入中上等收入国家。我国作为经济增长速度较快的国家，现阶段应加大财政对社会保障投入力度，达到世界中等收入国家投入的一般水平。

应增加对教育、医疗、就业和住房等公共服务的财政支出。教育、就业、医疗和住房等公共服务是保障机会公平的主要手段。只有增加财政投入，才能保障公民学有所教、老有所养、病有所医、住有所居。近几年来，我国财政逐步加大了对教育、就业、医疗卫生、保障性住房等领域的投入力度，明确了责任和标准，比如2012年首次编制了《国家基本公共服务体系"十二五"规划》，确定了基本公共服务项目，提出了每一项基本公共服务的国家基本标准。然而这些公共服务项目的投入不足仍然制约着我国基本公共服务水平的提高。以财政的教育支出为例，我国目前虽然实现了《国家中长期教育改革和发展规划纲要（2010—2020年）》提出的国家财政性教育经费支出占国内生产总值的比例达到4%的目标，但从国际比较来看，教育支出占GDP的比重，目前世界平均水平为7%左右，其中发达国家达到9%左右，经济欠发达国家也达到了4.1%。再比如，医疗卫生支出方面，根据《国际统计年鉴2013》的数据：我国医疗卫生政府支出占GDP的比例不仅低于世界平均水平（10.60%），而且低于低收入国家的平均水平（5.28%）。[①] 同时，教育医疗就业等方面的公共服务，我国存在巨大的城乡、区域差距，城乡公共服务供给的失衡使得农村居民尤其是农村贫困群体的生存权、发展权得不到有效保障，区域供给失衡使中西部地区尤其是中西部贫困地区财政保障能力软弱。因此，必须着力优化财政支出结构，继续向教育、医疗卫生、就业等领域和薄弱环节倾斜。针对区域差距，要调整财政转移支付的地区分配结构，建构比较成熟和长效的转移支付机制，帮助中西部地区解决财力不足问题，缩小东西部地区基本公共服务领域的过大差距。尤其是广大的农村地区，由于经济发展水平低、社会保障欠缺的现象严重，国家应继续加强对农村地区财政的转移支付，完善社会保障制度及其配套措施。

---

① 梁学平：《我国医疗卫生政府支出现状及国际比较》，《价格理论与实践》2013年第7期。

### (三) 加强法律规制和政策管制手段的运用

在收入分配机制中，法律规制和政策管制是通过对收入分配的政府宏观活动，如最低工资立法、劳资谈判制度、工资待遇直接规定等方式施以干预，目的在于协调国民收入分配的比重，往往具有倾向性和强制性的特征，为社会公平构筑起了硬性规范，发挥着刚性调节的作用。

在国外，最低工资是政府对劳动市场的正当干预。西方国家普遍采用最低工资立法保证劳动者得到合理的报酬，通过最低工资额、加班津贴额、禁止使用童工等条款，保护劳动者的权益。我国目前推行的最低工资制度始于2003年通过的《最低工资规定》。按照这个规定，"最低工资标准是指劳动者在法定工作时间或依法签订的劳动合同约定的工作时间内提供正常劳动的前提下，用人单位应支付的最低劳动报酬"。我国有关最低工资立法的规定按照位阶分别有三个层次：第一层次是《劳动法》和《劳动合同法》。《劳动法》第四十八条规定了最低工资标准确定的程序，第四十九条规定了确定和调整最低工资标准应当综合参考的因素。《劳动合同法》在此基础上增加了集体合同最低工资标准以及对违反最低工资标准行为的民事、行政责任作出了具体的规定。第二层次是部门规章。第三层次是地方性法规。比如一些省市出台了专门性的最低工资法规，另外还有一些专门针对农民工等特殊群体的权益保护规范。

我国的最低工资保障制度在法律适用中出现了诸多问题，主要是法律制度本身的漏洞。比如，我国最低工资标准普遍较低。我国当前的最低工资只相当于25%的人均国内生产总值，不及世界平均水平58%的一半。[①] 比如，最低工资立法层次不高、规范性不强。我国的《劳动法》虽以法律形式确立了最低工资保障制度，但内容规定空泛，欠缺一定可操作性。一些部门规章，立法层次不高，执行力和约束力有限，实践中致使政府责任缺失、工会监督薄

---

① 王晓琳：《我国最低工资保障制度研究》，《法制博览》2015年第7期。

弱,最低工资标准难以落实。另外,行政部门、企业工会、媒体等监督乏力、劳动者维权意识薄弱等,都在一定程度上影响了最低工资制度在我国的有效实施。

完善最低工资立法,必须提高最低工资保障的立法层次,为增强最低工资制度的执行力和约束力提供坚实的法律保障。要通过立法来提高制度的可操作性,明确用人单位、政府、工会的相关法律责任。要通过立法统一最低工资标准的内涵,统一最低工资标准的调整时间,普遍提升各省的最低工资标准。另外,还要完善最低工资保障制度的监督管理机制,拓展政府监督机构、企业工会和媒体的监督空间,提高其监督的积极性。同时也要提升劳动者对最低工资保障制度的了解程度和维权意识,以保障最低工资制度真正发挥保障劳动者合法权益的作用。

另外,我国现行的劳资关系还处于不成熟阶段,亟须完善。我国劳资关系的政府干预,存在缺位和越位并存的不足,劳动基准立法不完备且执法不严,导致劳动者权益屡遭侵害。同时,劳资协定存在很大问题,比如近年来,虽然有区域性、行业性集体谈判的实践,但只限于一些区域性、基层性的企业层面,没有覆盖全区域、全行业的集体谈判。即便一些企业推行的劳资集体谈判实践,也存在谈判内容不全面、集体合同条款空洞化、谈判程序不规范、谈判缺少可操作性的规定或者干脆没有规定。我国的劳资关系中劳动方的权益一直得不到有效保障,也使得我国在国际上一直受到指责,并且备受压力,我国的市场经济地位不被一些发达国家所承认,很重要的一个原因是我国企业治理结构中劳动方没有充分的利益代表,劳动者权益保障方面存在很多问题。

目前劳资矛盾中存在的社会不公平仍然是诸多社会公平问题中影响较大、持续较长的。当前应当从整体上推进劳资关系协调机制的建构,加强政府干预,着力于相关劳动法、经济法的完善,重点完善集体劳动合同。应将集体合同从区域性、行业性的覆盖面扩大到全区域或全行业;应当加强劳资集体合同主体的培育,提高工会的集体谈判能力;应扩大集体合同内容的范围,将劳动报酬、劳动福利、职业安全卫生、补充社会保险等各种劳动条件以及解雇保护等纳入范围;应完善集体谈判启动机制,实现集体谈判常规化、定期化等。①

### 三 完善社会保障机制

社会学中的社会保障(social security)是指国家和社会通过立法对国民收入进行再分配,对社会成员特别是生活有特殊困难的人群的基本生活权利给予保障的社会安全制度。通常来说,社会保障由社会保险、社会救济、社会福利、优抚安置等组成。我国宪法也对社会保障做了明确规定:"中华人民共和国公民在年老、疾病或者丧失劳动能力的情况下,有从国家和社会获得物质帮助的权利。"社会保障制度是现代国家的一项基本社会经济制度,诠释着共同富裕和社会公平的精神,是社会文明进步的重要标志。对于社会公平而言,社会保障的重要价值就在于,它能够从社会建构层面保证社会低收入群体获得保证生产与生活的物质资料,以此来保障基本的生存和基本的发展机会,创造大致一致的起点公平。

经过改革开放几十年的努力,我国已建立起了适应于我国市场经济秩序的社会保障体系,这包括由社会保险、社会救助、优抚安置及社会福利组成的基本保障和由单位补充保障、社会互助保障、个人储蓄积累保障组成的补充保障。② 近年来,我国社会保障体系不断完善、收支规模不断扩大,对于保障社会公平和提升人民生活水平起到了极其重要的作用。我国先后建立了农村最低生活保障制度,开展了城镇居民基本医疗保险试点、新农保试点和城居保试点,并且不断提高和扩大社会救助标准和范围,基本建成了覆盖城乡的社会保障体系。我国最近几年逐年稳步提高养老、医疗、低保等社会保障水平,调增企业职工基本养老保险待遇水平,不断提高国家基本医疗保险的报销比例,不断提高城市居民和农村最低生活

---

① 王全兴、谢天长:《我国劳动关系协调机制整体推进论纲》,《法商研究》2012年第3期。

② 王海东、于善波:《浅析完善我国社会保障体系》,《北方经贸》2013年第6期。

保障标准,等等。可以说,最近短短数年间,我国建立了数亿人被纳入社会保障覆盖范围的世界上最大的社会保障计划,人人享有基本社会保障的目标正离我们越来越近。

然而,由于我国社会保障起步晚、基础差、发展不平衡,从现代国家治理的角度看,还存在诸多亟待改进的问题。

首先是社会保障体系的法制保障不足,导致社会保障体系运行不规范。尽管国家为促进和规范社会保障体系的发展,颁布了从宪法到具体法律等不同层面的法律法规体系,但相关配套的法律、法规、政策还不完善。主要是:体系面较窄,尤其是与发达国家相比,社会保障内容还不够广泛;体系效力层次不高,目前社会保障规范性文件大都是由国务院或各部委制定的行政法规;功能较弱,社会保障法的实施容易出现"法出多门,各行其是";由于法律对社会保障支出的责任界定并不明晰,导致社会保障投入具有一定的随意性;现行法规中缺乏财政对社会保障如何发放支出、支出让谁受益、支出如何增长等重要内容的详细规定①,社会救济、福利、优抚安置等强制性规定也不具体。

其次是管理体制分割,导致社会保障资源配置失衡。目前我国的社会保障已具有了普惠性,但公平性并没有实现。主要是不同地区之间、城乡之间、不同群体社会保障制度存在较大差异。城乡户籍制度造成公民的社会保障权存在差别,城乡居民社保待遇差异巨大。同时,由于各个地区社会保障的项目、水平各不相同,影响了社会保障关系在不同地区和城乡之间的转移,制度体制间缺乏衔接和协调,等等。

最后是社会保障存在不可持续的风险。我国的社会保障仍然处于试验性改革状态,制度运行没有步入成熟。社会保障主体即政府—企业—个人与社会—市场的责任划分不清晰。目前的状态是政府与企业责任偏重,而个人与社会责任偏轻;同时中央政府的责任

---

① 杨伟博:《试谈完善我国社会保障体系法律保障机制问题》,《经营管理者》2014年第36期。

偏重,而地方政府的责任偏轻。与西方发达国家成熟的社会保障制度相比,在社会保障体系结构中,我国的市场和社会力量发展严重不足。由于社会保障责任没有在政府、企业、个人与社会之间合理分担,其不可持续性的风险正在增加。这可以从近年出现的个人账户空账、局部地区养老保险基金出现收支缺口、以房养老、渐进式地延迟退休年龄等问题中发现。

随着城镇化提速、老龄化加剧、人口流动性增强,我国的社会保障制度面临更大的挑战,但是挑战越大,越要更好地发挥社会保障体系的公平保障作用,越要完善社会保障体系的体制机制,要不断通过全面深化改革和全面依法治国,使其逐渐走向成熟、定型。

首先,要建立起社会保障体系的法制支撑。法制具有规范性和强制性,只有不断完善法律法规体系,社会保障体系才会走向成熟稳定。在立法方面,应提高立法层次,全国人大常务委员会应成为立法的制定单位;在立法对象上要扩大社保的范围,重视广大的农村人口以及灵活就业人口;目前可以考虑开征社会保障税以减少个人缴纳;在立法过程中还要注重相关法规的配套和衔接,比如社会保障立法须解决税法、物权法、合同法、侵权法与其之间的配套问题等。在执法方面,要严格落实社会保障的行政复议救济制度,要细化社会保障行政复议的受理范围和申诉程序。同时,要加强执法监督,设置集各级政府及其有关部门、企事业单位、审计部门等于一体的监管体系。在司法上,要完善社会保障案件的诉讼程序,加强社会保障法律实施的司法监督,不断完善社会保障司法救助制度,使当事人在其社会保障权益受不法侵害时获得有力的司法保护。

其次,要整合和优化社会保障制度,提升社会保障制度的公平性。社会保障制度的重要功能在于创造起点公平、维护过程公平、缩小结果不公平,社会保障制度本身不能不公平。当前要整合城乡居民基本养老保险制度、城乡居民医保制度,把进城落户农民纳入城镇住房和社会保障体系中,完善社会保险关系转移接续政策,推进城乡最低生活保障制度统筹发展,建立健全合理兼顾各类人员的社会保障待遇确定和正常调整机制,让城乡居民在同一种制度下享受平等的社会保障权益。

再次,扩大社会保障覆盖范围,实现社会保障"全面覆盖"。我国社会保障参保人数这几年增长很快,但与庞大的人口基数相比,社会保障的覆盖面较窄。比如,目前农民工、失地农民、灵活就业人员还没有充分纳入社会保障范围;相对来说,国有企业高覆盖,其他所有制企业低覆盖;社会保障覆盖了就业人口,非就业人口还有遗漏,等等。因此,要尽快扩大社会保障覆盖范围,以农民工、非公经济组织从业人员及私营企业职工等为重点,扩大社会保障覆盖范围;全面提高私营企业、高风险企业(特别是建筑业农民工)、小微企业及有雇工个体工商户参加社会保障的范围和层次,实现社会保障城乡"广覆盖"。

最后,要促进社会保障制度的可持续。尤其要处理好政府与市场关系,既要发挥政府配置社会保障资源的基础作用和主导作用,明确各级财政对社会保障支出的主导责任,善用国有资本的作用,同时又要发挥市场配置资源的优势,不断改革完善"政府购买公共服务"模式,提升社会保障管理服务体系承载力。社会保障社会化和市场化是世界社会保障改革的主要趋向,我国要鼓励社会保障的"福利多元主义",强调社会保障服务可由包括公共部门、营利部门、非营利组织等在内的多主体来源。政府要引导其他部门提供更多福利服务产品,促进非营利组织参与社会保障事业(特别是社会救济),以弥补政府资源不足的问题。在此过程中,政府要加强社会保障规范提供者、服务购买者、纠纷仲裁者的角色,适应现代治理的要求。

## 第三节 完善以保障规则公平为核心的公平治理机制

公平治理机制是规则公平的重要保障。规则是一个宽泛的概念,包括了所有的法律、政策、制度、规定等。规则公平要求,一方面规则对于任何人都是平等的,规则一旦制定出来后,所有人都要遵循；另一方面，规则必须要经过一定的程序产生，在规则的制定过程中，要开放透明、公平竞争。尤其是在法律政策等规则的制定过程中，相关利益方要充分表达、协商和沟通，不同利益在法律政策的制定过程中都要体现。只有透明的、公平的竞争程序和规则，即公平治理机制，才能鼓励人们通过公平竞争来获取正当利益，才能真正保障社会公平。

具体来说，公平治理机制对社会公平保障的作用体现在这几个方面：一是它将民主理念和民主机理充分地融合到社会公平保障过程当中，最大限度地吸收社会公众参与法律制定、政策协商和决策制定；二是平等地保障公民个人、社会群体、社会阶层自由表达利益诉求和政策主张，通过对话、沟通、协商等方式，妥善协调利益关系；三是多元主体合作共治，将人民团体、经济社会组织和公民个体纳入国家权力机关、行政机关、司法机关等传统政府治理过程中，进而有利于增进信任，达成共识。概括起来，公平治理机制主要包括利益表达机制、利益整合机制、社会协商对话机制、公共决策机制。下面分别论述。

## 一 建立健全利益表达机制

利益表达，是指通过一定的渠道和方式向政府、执政党和社会各级组织机构表达自身利益诉求，以求影响政治系统公共政策输出的过程。利益表达机制，就是在承认个体正当利益的基础上，允许社会成员通过正常合法的渠道和方式表达自己利益诉求的机制。一个社会能否给予不同利益主体公平表达自身利益的机会，并且作出合理的回应，取决于完善的利益表达机制。

利益表达机制对社会公平的保障作用体现在：一方面它是社会公平的前提和关键；另一方面也是实现社会公平的途径和手段。按照戴维·伊斯顿的系统分析论点，政治系统的功能就是把政治环境的输入转换为公共政策的输出，而输入过程尤其是公民要求的输入过程，其实就是利益表达的过程。有什么样的利益表达，就有什么样的政府责任和公共政策。如果公共政策没有公民的利益表达，就不可能自觉地实现利益平衡。特别是在利益分化和阶层固化的当前社会中，必须使不同群体的利益诉求能同等的进入利益协调和利益整合的政治系统中，否则利益表达的失衡必然会导致更为严重的社会分化。

**（一）改变政府可以包办代替人民利益表达的错误认识，鼓励并支持人民表达利益**

受计划经济政府大包办的影响，人们对政府有很多的迷信，一些人便形成了一种片面的思维：即政府必须代表人民利益→政府就是人民利益的代表者→人民的利益只能由政府替人民表达→人民不必自己去表达自己的利益。[①] 这种影响至深，以至于今天，不少人甚至一些政府管理人员仍然认为，政府可以对人民利益表达包办代替。

实际上，利益表达具有不可替代性，尤其是政府更不能作为替代者。一个显而易见的观察是，政府包办人民的利益表达，往往会在人民切身利益问题上表现出主体缺位的现象。例如，近年来我国频繁出现的"环境维权事件"中，地方政府和环保机构虽然名义上是人民利益的代表者，但却往往监督和管制不力，甚至可能与涉污企业达成基于利益合作的默契，而代表公众发声的往往是来自一些非营利的环保组织，但这些组织的社会影响力却很有限。同时，我们也常常发现这样的情形：一些地方政府常常想办法节制各个利益群体自己表达利益，而包办了其利益的表达，当某些群体的利益损失暂时得不到补偿时，他们的不满就不可避免地指向政府了，政府往往成了矛盾的当事方。在现代社会，利益表达和利益博弈是社会运行的常态，政府的职责并不是为人民包办利益表达，而是提供一种秩序和法律保障。政府应该转变观念，鼓励并支持人民自己表达利益，在各种利益表达和博弈中充当控制和调节角色。当前，应该不断加强人民利益表达的各种制度和机制建设，保障各种利益表达

---

① 李景鹏：《政府职能与人民利益表达》，《中央党校学报》2006年第6期，第15页。

渠道的通畅和有效。同时，政府有责任启发、引导公众合理有序地进行利益表达，而不是包办和替代人民进行利益表达。

### （二）建构法治化的利益表达制度

我国宪法和法律对利益表达的制度和机制有诸多规定，比如通过人大代表表达、通过集会游行示威方式表达、通过言论出版方式表达、通过申诉（主要为上访）方式表达、通过司法途径和行政途径表达等。[①] 然而，利益表达的实际效果并不十分理想。一方面是因为这些利益表达渠道的某些环节常常受到阻碍，利益表达的法律权利和事实权利之间有较大差距；另一方面是利益表达主体的非理性化特征和不成熟状态明显，利益表达主体不能以理性的审慎态度对待利益表达权利，现实中以宣泄情绪为基础的利益表达和脱离规范化要求的利益表达方式比较常见。这两方面都与法治化的利益表达制度的缺失有关。

所谓法治化的利益表达制度，就是用法律保证公民利益表达权利的神圣不可侵犯，就是在尊重宪法和有关法律的前提下，用法律规章的形式调整和规范公民利益表达的内容、方式和范围，使公民的利益表达能够经常化和秩序化，最终实现公民依法进行利益表达和国家机构依法回应公民的利益表达的法治状态。[②] 这要求，一方面，要以法律为公民的利益表达提供根本保证，以法律法规通畅利益表达渠道，以法律为基础不断完善公民利益表达的相关制度和机制；另一方面，以法律法规规范公民的利益表达行为和方式，引导公民准确地认识自身的利益，增强公民通过法律渠道进行利益表达，维护自己合法权益的意识，避免利益表达过程中的非理性现象和反法制现象。

### （三）保障利益表达机会均等

在我国社会经济转型过程中，市场竞争和资源重组使社会逐渐

---

① 胡锦光：《利益表达机制与法治权威性的维护》，《人民论坛》2013 年第 14 期，第 9 页。

② 王春福：《构建和谐社会与完善利益表达机制》，《中共中央党校学报》2006 年第 3 期，第 20 页。

分化为强势群体和弱势群体。从社会资源的占有程度以及赢得经济、政治和社会机会的能力来看,我国主要形成了包括经济精英、政治精英和知识精英组成的强势群体和以农村贫困人口、农民工、城市社会失业人口为主的弱势群体,弱势群体往往由于各种因素缺乏机会而处在不利的社会地位。基本生活和抗风险能力差、创造和积聚财富能力弱、实际社会权利缺失,被公认是弱势群体的重要特征。在我国,由于强势群体占有巨大的社会资源,因而赢得了更大的利益表达空间。

在我国,作为最重要的制度化的利益表达渠道,人民代表大会代表和政协会议委员基本上由社会各界精英担当,在制度内,他们的利益表达能力和活动能力本身比较强。另外,实际上由于人大和政协的利益表达功能受限,强势群体更多会选择利用同政府高官直接接触对话,利用各类民间组织来反映自己的利益诉求,进而影响公共决策,在这个过程中,强势群体甚至会互相结成利益联盟,来扭曲利益表达的正常渠道,借此牟取非法利益。我国的人大代表犯罪率高于全国水平就足以说明。与强势群体相比,弱势群体由于社会影响力和社会资源占有程度不足,制度内的利益表达渠道狭窄(如被选为政协委员和人大代表的机会明显较低),他们的利益要求无法正常表达,有时候会采取制度外激进的表达方式。因此,在拓展制度化的利益表达渠道的同时,尤其要注重畅通弱势群体的利益表达渠道,在制度安排上保证弱势群体利益表达机会的均等。①

### (四) 着力于建筑利益表达机制的生成基础

在更宽的视野中,利益表达是政治参与的重要形式、是有效的社会治理方式、是各种社会组织的重要功能。因此,构建完善的利益表达机制,必然以政治生活的民主化、社会治理的多元化和社会组织的自组织化为其生成基础。

从政治民主化的角度讲,现代政治民主的核心问题,就是公众

---

① 王春福:《构建和谐社会与完善利益表达机制》,《中共中央党校学报》2006年第3期,第19页。

通过充分而有效的政治参与，实现民众对政府的授权和监督。如果政府权力的来源和运行没有公众的参与，公民无法实施有效授权和监督，那么制度与政策本身就会缺乏公平性，公民的权利和利益表达就无法得到实质性保障。而现在我国公民的政治参与渠道，如选举制度、村民自治制度、检举制度、听证制度、信访制度、监督制度等，其支撑性的关键内容要么规定不明细，要么干脆被虚置，既没有法律责任机制，也没有法律救济机制。这导致公民的利益表达，一旦进入具体的权利主张和表达过程，就存在很多障碍。因此，完善利益表达机制，就必须从观照政治参与，观照政治生活民主化这个根本性问题，如果游离于这个根本基础，完善利益表达机制或许就是一句空话。

从多元治理的角度看，治理包括了所有有利害关系的利益主体，包括政党、立法机关及其分支机构、中间人、社会组织等。各种利益主体参与公共治理活动，这本身就是利益表达的过程。多元主体治理，意味着多元利益表达。因此可以说，治理主体多元化的过程，就是利益表达机制的完善过程。然而，我国当前由于种种原因，多元公共治理主体发育缓慢，政府主导下的多元公共治理模式并没有形成，利益表达机制因此形成缓慢。

从社会组织的组织化程度角度而言，社会组织的发展，能够提高民众的社会组织化程度，形成合理的社会群体，促进利益表达机制的形成。与分散化的个体利益表达相比，组织化的利益表达是现代社会主要的利益表达形式，尤其是在公共政策制定中。这主要体现在：一是向公共决策部门反映诉求、提出要求，推动制定相应的公共政策；二是对一些政策的制定和实施提出意见建议；三是当公共政策损害公众利益和群体利益的时候，向公共政策部门提出交涉、维护利益。在我国，社会组织存在结构没有定型，功能不健全，缺少自主性、自治性、志愿性、非政府性等特征，社会组织运行仍然不成熟。因此，我国完善利益表达机制的一个基础，就要加快社会组织的发展步伐。

需要强调的是，政治生活的民主化，社会治理的多元化和社会组织的自组织化对于完善利益表达机制，具有不可替代的意义。虽然在短时间内建构这些基础并不具备现实条件，然而这是推动利益表达机制完善的根本和基础。

**二 建立健全利益整合机制**

利益整合是在充分的利益表达基础上，通过各个利益主体间的协商对话，协调各种特殊利益，形成共同利益的活动和过程。利益整合机制就是充分利用政治、法律、行政、社会组织等多种途径来实现社会利益的表达和协商，以协调各个利益主体的特殊利益，公平分配社会利益的活动过程和制度机制。利益整合的方式是利益代表、代议协商和监督制约。在我国，这些方式和制度机制主要包括人民代表大会制度、政治协商制度，基层民主自治制度以及信访制度、舆论监督制度等。

**（一）充分发挥人民代表大会制度的利益整合功能**

在我国，人民代表大会是唯一经过选举获得人民权力委托的民意机关、立法机关，人民代表大会在利益代表、利益整合方面具有法定功能，因此，要使多元利益表达和整合真正在制度层面得到保障，首先必须发挥好人民代表大会制度的作用。从代表性方面来说，我国的大代表由民主选举产生，来自全国各地区、各民族、各阶层、各行业，代表了各个阶层和社会各个方面的意志和利益，具有最广泛的民意代表性。从利益的整合方面来说，人大制度的利益整合体现在，公民将自己的利益诉求直接导向人大代表，由人大代表来代表自己表达和聚合利益，从而使分散的利益表达有一个制度性的聚合通道。

然而，目前我国人民代表大会的作用与其权威性地位还不相称，在运作实践中存在诸多问题。一是人大代表的选举制度不完善，主要表现为选举中的"安排型选举"色彩浓厚，而由选民或代表联名推荐代表候选人不多见，经过多层次的间接选举，选民与代表之间已无实质关系。二是人大代表的数量和代表结构不合理，难以发挥代议作用。单从数量上，我国的人民代表大会可称得上是世界第一的代表大会,但由于人大代表人数过多,每年的会期太短,会议期间按地区编组、由地方党政领导人或行业系统领导人担任代表团团长,呈现出行政化的开会方式,以及众目睽睽下的表决方式,导致人大代表作为选区选民的民意代表和所在界别的利益代表的角色意识不强。[1] 三是人大代表履职不受监督,代表和选民关系不紧密。目前人民代表大会制度一个重要的问题是:"人大代表谁也不代表,选民找不到代表,代表也没有自己真正的选民。"[2] 国外民意机构的议员与选民的联系非常密切。在美国,议员要在选区设立办公室,每年在选区活动70—90天左右,专门接触选民,了解选民要求、向选民报告工作。主要原因是议员的当选与否取决于选民意愿,议员的履职情况接受选民监督。四是人大在实践中缺失国家最高权力机关所应具有的职能,不能形成对其他权力机构的有效制约和监督,导致对行政部门利用行政审批权和资源配置权设租、部门利益法制化、行政权力违法侵犯公民权利等现象无能为力。

要使人民代表大会真正成为利益代表和整合的重要制度渠道,就必须进一步完善人民代表大会的代表制度和议政制度。

首先,要完善选举制度,增强人大代表的民意代表性。要增加代表候选人的非官方人选,允许选民或代表联名推荐代表候选人,在选举中引入竞争机制;要安排候选人与选民直接见面,减少间接选举的层次;要优化代表结构,减少代表中行政干部的比例,为不同的社会利益群体提供政治参与的机会和渠道。

其次,要加强履职监督,建立人大代表和选民之间的联系沟通制度。应建立代表及其履职信息的公示制度,让选民熟悉和监督代表;应公开人大代表出席会议、意见发言和联系选民、接待选民等信息;应加强代表履职考核,对经常不联系选民、不参加代表活动的代表,可劝其辞去代表职务;应实行人大代表述职评议制度,人大代表要回答原选区选民或者原选举单位对代表工作和代表活动的

---

[1] 何曾科:《政府治理现代化与政府治理改革》,《行政科学论坛》2014年第2期。
[2] 蔡定剑:《论人民代表大会制度的改革和完善》,《政法论坛》2004年第6期。

询问，向原选举单位、原选区选民报告履行代表职责情况。

再次，要建立健全人民代表大会的民意汇集和民意反馈机制。人大及其常委会应健全制度程序，整合民意调查和网络传媒手段，构建立体化的民意收集整合机制。对民意反映强烈的信息要认真反馈，及时沟通民意表达中的模糊问题，建立民意信息的反馈回应制度。① 要建立民意信息公开推动制度，对汇集的民意信息，通过与政府部门见面沟通、向社会披露等形式，提升民意对政府行为的积极影响力，让公民在表达和参与中实现其利益诉求，让接受监督成为政府的一种习惯。

最后，要进一步完善人大会议相关程序。应发挥人大监督质询功能，严肃听取和审议工作报告、工作评议、质询等人大监督活动，通过召开听证会、论证会等形式，将"辩论"设定为"必经程序"，让不同利益代表陈述理由，参与辩论。应完善会议发言制度，减少领导"讲话"时间，改变自说自话的发言模式，发言要针对同一议题，进行反复交流、对比、磋商、辩论。要完善人大议题的提出、审议和表决制度，确保选民关注的议题能够有效列入议程，提升人大机关监督功能的发挥和监督任务的落实。

## （二）充分发挥人民政协的利益整合作用

在我国，人民政协作为共产党领导的各党派、各团体、各民族、各阶层、各界人士团结合作、参政议政的重要场所，具有政治协商、参政议政和民主监督三大职能，在社会利益协调整合方面发挥着极其重要的作用。主要体现在：一是在反映社情民意中有着得天独厚的优势。我国的政协委员一般以界别构成，不按行政隶属关系或地域产生，较少受部门或地区利益的局限，能够比较公正、客观地反映和表达意见。同时，人民政协向上联络的渠道畅通，政协信息渠道能够及时沟通基层和高层决策部门。因而人民政协在收集社情民意、反映不同利益群体的合理诉求和社会各界意见建议方面具有独特的优势。二是约束权力、推动政府决策民主化。政治协商

---

① 潘国红：《试论人大制度的民意表达功能》，《人大研究》2014年第2期。

也是一种民主监督形式,对宪法法律的实施、政府的行政决策和国家机关及其工作人员,可以通过批评和建议进行监督。政协虽然对执政党没有罢免弹劾质询等刚性约束作用,但具有很强的约束和影响,使政府和执政党在重大公共决策和重大法律出台方面更科学、更民主。比如,政协委员一般都是高知群体或者有影响力的各行各业的精英人士,他们通过调查研究和建言资政,对我国改革发展中一些影响社会公平的问题的解决方案有重要话语权,尤其是一些热点、焦点、难点的社会公平问题的解决上,如企业改制、收入分配、社会保障、征地拆迁、教育公平、户籍管理、农民权益等问题上,对政府决策有重要影响。三是在维持有序的政治参与方面发挥重要作用。人民政协是公民政治参与的重要组织形式。各个界别政协委员的背后,都是一个社会群体、一个社会阶层。通过政协,政协委员可以把社会各阶层、各群体的利益、愿望表达出来,并纳入民主和法制的轨道。伴随着社会转型过程,我国出现了各种新型社会群体,形成了新型社会阶层,他们的权利意识和主体意识更加明确,必然有政治参与的需求,政协为这种急剧增长的政治参与需求提供了制度性的渠道,它把分散的、个体式的、自发的公民政治参与集中联合起来,并转变为团体性、自觉性、经常性的参与,从而提升了政治制度化的程度。

然而目前,人民政协在这些方面并没有充分发挥其应有的作用,人民政协的实际运行与其定位还有一定的差距,还需不断完善。

首先,政协组织作为一级政治主体,享有运用建议、协商等方式参与公共决策、表达利益诉求的权利,这种充分表达的民主权利是政协组织的重要功能。但实际政治生活中,政协由于多种原因存在着被概括为"三怕"的现象:即一怕被说成是"争权";二怕越位,引起反感;三怕"自找麻烦"。这在很大程度上制约了政协的民主表达和利益协商作用的发挥。我们认为,政协的组织和结构只是为实现利益的充分表达提供了必要的条件,真正发挥政协的利益表达功能,还需要:第一,政协委员必须自主自觉地认识其所具有的利益代表的角色，能充分表达利益诉求。第二，必须保障人民政协委员具有运用话语权行使充分表达的权利，保障政协委员能够说真话、敢于说真话、勇于说真话。

其次，目前我国的政协委员大多为精英分子、知名人士和演艺明星。从利益代表的角度说，多数社会普通人，尤其是处于社会最底层的人很难通过政协来发出自己的声音。其原因在于，我国政协制度中界别设置①还缺乏广泛的代表性。政协的界别组成没有反映经济社会发展和社会阶层发生的变化，如律师、法官、检察官、公证员等法律职业群体；会计、审计、房产等中介及其他社会团体，大量的民间组织从业人员在政协也没有设置界别；新兴行业的委员及农民和外来务工委员较少。② 因此，应适应当前社会阶层状况的变化，增强政协的平民性、包容性，可以考虑设立相应界别，将金融领域、民间组织领域、服务业人员和外来务工人员等社会新兴群体纳入。

最后，推进政协委员的推选制度科学化。在政协委员人选的推荐上，往往只片面强调界别的代表性，缺乏群众广泛参与的民主性，有的人选甚至纯属是政治安排上的需要。因此，要加强委员的推选、考核、监督机制的建设，改变委员利益表达动力不足的现状。比如，在推荐协商的基础上，适当引入政协委员的选举竞争机制，增加政协委员推选过程的透明度。建立健全委员利益表达的相应考核机制，完善政协委员活动的反馈机制，将委员的具体履职情况向界别进行反馈，并形成监督。不断探索政协委员利益表达的经常化、大众化形式，例如：在街道、社区设立政协委员联络点，加强委员与群众的日常联系；开通网络、电话热线渠道，加强网民在线恳谈、对话活动；征集提案线索，实行市民旁听政协会议制度；等等。

---

① 政协的界别是参加人民政协的各个党派、人民团体、各民族和各界人士在人民政协组织中的具体划分形式，也是政协会议的基本组织形式。目前，全国政协有 34 个界别。

② 孙瑞华：《人民政协的广泛代表性与其利益表达》，《中国政协理论研究》2012 年第 3 期。

## 三 建立健全协商对话机制

城乡社区是我国城乡居民的社会生活共同体,目前我国城乡实行了以城乡社区协商为主的基层民主自治,已经建立了以城市居民委员会、农村村民委员会和企业职工代表大会为主要内容的城乡社区协商机制,并且日益成为基层群众自治的重要途径。城乡社区协商作为社会主义协商民主建设的重要组成部分和有效实现形式,是城乡居民表达利益诉求、开展协商对话、化解社会矛盾、保障社会公平的重要渠道。积极拓展城乡社区协商,完善基层群众自治,必须尊重城乡居民在协商中的主体地位,引导城乡居民广泛参与协商、自主表达意见,充分保障知情权、参与权、表达权、监督权。

### (一) 完善城市社区居民自治

社区本质上是一种社会生活共同体。"社区"一词中的"社"是以祭祀为中心的乡民共同体,强调社区的文化含义,而"区"有地理上的区域含义,两者构成了一个区域社会共同体的概念。社区的价值及其基础就在于社区居民之间有着某些共同利益和对公共事务的共同关注、共同协商和自我治理。党的十八大报告指出:"在城乡社区治理、基层公共事务和公益事业中实行群众自我管理、自我服务、自我教育、自我监督,是人民依法直接行使民主权利的重要方式。"同时,社区作为介于私人领域与国家领域之间的公共领域,公民可以对社区内部的公共事务发表意见,也可以借助于社区参与协商国家事务和社会公共事务,是一种参与表达和协商对话的机制。因而社区内部应该具备有效的组织形式或表达机制,社区居民可以借此就社区公共事务和社会公共事务进行对话、协商与沟通。① 党的十八大报告要求,"要健全基层党组织领导充满活力的基层群众自治机制,以扩大有序参与、推进信息公开、加强议事协商、强化权力监督为重点,拓宽范围和途径,丰富内容和形式,保障人民享有更多更切实的民主权利"。党的十九大再次提出,要加

---

① 汤艳红:《论我国城市社区居民自治的完善》,《政治与法律》2012 年第 12 期。

强协商民主制度建设，形成完整的制度程序和参与实践，保证人民在日常政治生活中有广泛持续深入参与的权利。

在众多的城市社区自治组织中（如居民委员会、社区管理委员会、社区议事委员会、社区成员代表大会等），社区居委会是我国城市社区最主要的群众自治组织。按照1989年我国通过的《中华人民共和国城市居民委员会组织法》（以下简称《城市居民委员会组织法》），社区居委会的主要职责包括宣传宪法、法律、法规和国家政策，爱护公共财产，开展多种形式的社会主义精神文明建设活动；办理本居住地区居民的公共事务的公益事业；调解民间纠纷；协助维护社会治安；协助人民政府或者其派出机关做好与居民利益有关的公共卫生、计划生育、优抚救济、青少年教育等工作；向人民政府或者其派出机关反映居民的意见，要求和提出建议等。

理论上讲，社区居委会是维护居民自我管理和自我权益的自治组织，《城市居民委员会组织法》规定："居民委员会是居民自我管理、自我教育、自我服务的基础群众性自治组织。"但在实际中，《城市居民委员会组织法》规定的政府与居委会的指导与被指导关系在实践中被当作了领导与被领导的关系，居委会的主要工作都受到政府及其派出机构（街道办事处）的直接领导与指挥，居委会因此承担着大量的行政工作，行政化趋向严重，导致其自组织功能无法发挥。因此，未来要在不触及现行城市社区居民自治基本体制的情况下，逐渐褪去基层群众自治组织的"行政化"与"政府化"倾向，还基层群众自治组织的"自治"本源。

除此之外，社区居民自治还须解决居民实际参与的问题。目前这种行政化的管理机制最主要的一个问题是缺乏社会与公民的民主参与，可以概括是管理的思维而不是治理的思维，即重管制而轻民主沟通与协调协商，重行政手段而轻法律道德规范，重政府主导而轻民主参与。我们认为，居民自治权在本质上是具体化的公民权利，包括基层自治的参与权、选举权、决定权、知情权、监督权。目前我国社区居民的自治权利仍然落实不到位，社区民主议事和决策程序不规范不健全，导致居民对参与社会公共事务的管理不够热情。可以认为,居民自治尚未得到很好的落实,与居民民主权利落实不够是互为因果的。实践中,社区居民因物业纠纷引发的业主维权、拆迁户维权事件时有发生,社区居委会未发挥其利益表达与自主协商的功能,社区自治在社会网络治理结构中的作用远没有发挥出来。

近年来,我国在探索新的居民参与方面积累不少经验,一些地方开展了"以居民会议、议事协商、民主听证为主要形式的民主决策实践;以自我管理、自我服务、自我教育为主要形式的民主管理实践;以居务公开、民主评议为主要内容的民主监督实践",另外,一些城市社区改变了传统居委会议事和执行层统为一体的做法,实行居民会议议事、居民委员会执行、协调会制度、社区论坛等。2015年7月,中办、国办印发的《关于加强城乡社区协商的意见》中明确要求,要不断探索拓展居民参与、协商的方式,防止社区协商流于形式。应该说,不断创新基层协商的内容、载体和机制,与时俱进地推进城乡社区协商,是当前和今后一段时间完善我国基层群众自治制度、推进国家治理现代化的一项极其重要的任务。

### (二) 完善村民自治制度

20世纪80年代以来,顺应家庭联产承包责任制的农村经济体制变革,我国具有现代意义的村民自治应运而生。"村民自治"的提法始见于1982年修订颁布的《宪法》第一百一十一条,规定"村民委员会是基层群众自治性组织"。根据《中华人民共和国村民委员会组织法》,村民委员会是村民自我管理、自我教育、自我服务的基层群众性自治组织,实行民主选举、民主决策、民主管理、民主监督。即村民自治的目的是实现村民的"三个自我";村民自治的主要内容是"四个民主"。该法还规定,村民委员会的主要职责是办理本村的公共事务和公益事业,调解民间纠纷,协助维护社会治安,向人民政府反映村民的意见、要求和提出建议。村民委员会向村民会议、村民代表会议负责并报告工作。由上述规定可以看出,村民自治,实际上就是广大农民群众行使民主权利,协商办理自己的事情。在实践中,村民委员会还行使着法律和地方政府赋予的某些行政职能。作为我国农村基层群众性自治组织和农村基层民主的实现形式，村民委员会在促进农民民主参与政策协商和公共决策，保障广大村民实现政治、经济、文化、社会等方面的利益上，具有极其重要的作用。

现阶段我国农村地区的权利保障困境和利益冲突主要在四个方面，即征地补偿、干群矛盾、产权纠纷和弱势群体保护。具体来说，一是土地的调整、宅基地的划拨、土地征用和补偿款的合理分配使用，是农村利益冲突的焦点。农民常常因为政府给予的土地补偿费、安置费等过低，而对抗政府。二是由于农村基层干部和党员队伍整体素质偏低，公共决策不民主，作风蛮横粗暴，利益面前偏亲向友，对群众最关心的问题久拖不决，导致侵犯农民利益的事情时有发生。三是在土地发生转包、退包、反包、继承流转，以及水土、山林的各种权属纠纷时，常常涉及当事人的切身利益，导致矛盾冲突。四是留守儿童和"空巢"老人问题。绝大多数农村青壮年外出务工，留守在家的主要是"老弱病残"和妇女、儿童，其权益一旦受到侵犯，很难得到及时解决。

在解决这些利益冲突和权利保障方面，村民自治制度如果能够依法落实和合理完善，将发挥不可替代的作用。如上所说，村民自治就是村民自己管理自己的事，它强调村民的参与。在村民自治制度框架下，村民参与绝不仅限于村委会换届选举的投票行为，还应包括表达一定的利益表达、政策制定和执行，以及实行民主监督。然而在上述利益冲突和侵犯农民权益事件中，引发农民不满和上访的重要原因往往在于，在做出关于集体和村庄利益的公共决定时，村民的"民主选举、民主决策、民主管理、民主监督"容易遭到忽视，在一些地方，甚至没有一个村民参与村庄事务的讨论和决策的公开程序。举例来说，在农村土地征用补偿过程中，土地资金的使用跟村庄每个人都息息相关，因而需要获得村庄所有村民的参与决策。然而在实践中，当村庄领导代表村民处理土地争议时，往往缺乏规范的协商程序，农民的土地征用谈判权往往被村干部代为行使，致使征地补偿费用偏低、补偿费层层截留，农民的土地权益难以得到有效维护。可以说,村民自治的内容——民主选举、民主决策、民主管理、民主监督——在实践中不能得到有效保障,往往是农村利益冲突和农民权益得不到保障的主要原因。

要真正发挥村民自治制度的利益协商对话和利益表达整合功能,体现其在保护农民权益方面的主体力量作用,就必须不断完善村民自治的具体实施机制,依法落实"民主选举、民主决策、民主管理、民主监督"。应在制度上和法律上进一步完善村民选举制度、监督制度、村民财务公开制度,完善会议程序、议事程序、决策程序,通过这些制度和程序的具体化、明确化,为"民主选举、民主决策、民主管理、民主监督"提供制度和程序保障。

### (三) 完善职工代表大会制度

职工代表大会制度是我国独特的一种利益协商机制,主要是公有制企业内部职工实行的民主管理制度,由工会依照法律规定通过职工代表大会或者其他形式,组织职工参与本单位的民主决策、民主管理和民主监督。在我国,职工参与体现了社会主义劳动者的主人翁地位,职工参与制度的建立也确立了职工的民主参与权,职工参与权在公司治理结构中还具有矫正、制约和平衡作用。职工代表大会作为中国特色的基层群众自治组织,是维护职工政治经济权益的一项基本制度,是协调职工与企业不同利益诉求的主要方式。维护职工权益、协调劳动关系,必须充分发挥职工代表大会的作用。

我国的《公司法》《劳动法》《工会法》《全民所有制工业企业职工代表大会条例》等法律法规,对职工代表大会都作了相应规定。按照规定,在企业组织里,职工代表大会是企业职工的最高权力机构,代表职工利益参与公司企业的管理,维护职工的合法权益。工会是职工代表大会的工作机构,负责召集召开职工代表大会和大会闭会期间的日常组织工作。职工代表大会的职权包括听取企业关于经营方针、发展规划、年度计划、生产经营的重大决策、职工培训计划的工作报告,提出意见和建议;审议通过集体合同、工资协议、劳动安全卫生协议,并听取履行情况的报告;审议讨论企业奖惩办法、劳动保护和涉及职工切身利益的重要规章制度等问题。

近年来，随着国企改革不断深化，职工代表大会在保护国有资产免受非法侵害、维护职工权益方面，发挥了极其重要的作用。在企业改制过程中，通过职工代表大会的参与，让职工有了更多的选择权。在实践中，随着现代企业制度的建立，一些企业中围绕职工代表大会确立了职工董事、监事制度，产生了民主评议、厂务公开等职工民主参与制度。这些都是职工代表大会制度重要作用的体现。

然而整体上看，我国职工代表大会制度的法律保障、实际地位作用明显落后。现有法律只对职工代表大会有一些原则性的规定，对其与其他企业机构之间的职能关系也没有厘清，其运作机制及其法律保障落实机制依然很欠缺，这直接削弱了职工代表大会的职能发挥和对职工权益的保障。在实践中，由于职工代表与企事业单位有着较强的依附性和直接的利益关系，因而职工代表能在多大程度上为职工全体利益而忠诚履行职责，一般取决于单位领导的民主容量和职工代表的品行、素质和能力。现实中，职工代表对企业的民主维权行动多以职工代表的妥协甚至牺牲自身利益而告终。① 即使出现这方面的纠纷，法院也难以适用法律规定进行判决。至于非公有制企业里的职工代表大会发挥作用则更为艰难，非公有制企业职代会的设立首先就会遭遇法律空白的缺憾，因而多数非公有制企业均抵制职工代表大会的设立，目前已设立职代会的非公有制企业，其职权作用的发挥也因种种问题而不理想。

必须承认，无论在何种经济制度和管理体制下，对工人来说，组织起自己来跟管理方争取任何决定权都是存在困难的。② 法律的强制、制约和制度的规范、监督，对于保障职工权益无疑是最关键的。西方国家保障职工权益、协调劳资关系的一个主要经验，就是必须建立比较完善的制度和比较规范的法律体系。我国企业职工代

---

① 王久高：《完善我国职工代表大会制度的思考与建议》，《理论前沿》2009 年第 6 期。

② 朱晓阳、陈佩华：《职工代表大会：职工利益的制度化表达渠道》，《开放时代》2003 年第 2 期。

表大会制度存在法律规范上的问题,从根本上制约了其作用的发挥。因此,应当完善现有法律制度,制定一部有关企业职工代表大会制度的专门法律。通过法律来保障职工代表大会维护职工权益职能的发挥,使职工代表维权有法可依,企业违法必究,对侵犯职工合法权益的,职代会或工会可依法提出申诉、申请仲裁、提出诉讼等。①

同时,应依法厘清企业各组织的性质、地位、职能、权责等,构建科学合理的现代企业治理结构。应从治理结构入手,改变公司权力资本一元化的状况,强化职工参与,从根本上改变劳动者的弱势地位。应促进现代公司法人治理结构的形成,促进董事会行使经营决策权,经理层行使经营管理权,监事会行使监督权,职工代表大会行使民主管理权。职工代表大会行使的民主管理权,应包括审议建议权、审议通过权、监督评议权、民主选举权等,应在现代公司治理结构框架中增强职工代表大会依法参与管理、平等对话、知情审议、民主选举、评议监督等民主管理的权利。

最后,政府的角色需要重新定位。如果政府依然通过行政控制的手段来"领导"职工代表大会,或者以"维稳"的思维来"处理"职工维权行为,甚至一方面与企业负责人或资方形成利益联盟,另一方面作为劳资矛盾主体的管理者角色,那么就必然会失去客观的、公平的立场,无疑会加大职工依法维权的难度。市场经济中,政府作为公共利益的代表者,在劳资关系的协调过程中,应该依靠法律和经济的手段来规范劳动关系双方的行为,保证市场经济秩序良性运行和各种经济主体权益得到平等保障。

## 四 建立健全公共政策多元参与机制

公共政策是公共权力机关经由政治过程所选择和制定的为解决公共问题、达成公共目标、实现公共利益的方案,其表达形式包括

---

① 朱晓阳、陈佩华:《职工代表大会:职工利益的制度化表达渠道》,《开放时代》2003年第2期。

法律法规、行政规定或命令、政府规划等，其作用是规范和指导有关机构、团体或个人的行动。公共政策作为一种对社会利益的权威性分配机制和分配过程，集中反映了社会利益的公共性和公平性，因而是社会公平保障的重要途径。公共政策对社会公平的保障，主要体现在两个方面：一方面是通过公共教育政策、公共就业政策、社会政策、反贫困政策等调节社会利益分配，使社会分配更加向弱势群体倾斜，保证社会公平；另一方面，在公共政策制定过程中，通过广泛的社会参与和程序民主，促进利益均衡和权力均衡，从而保证公共政策的权威性、公平性和合法性。第一方面在上一节已经阐述，我们这里阐述第二方面，即公共政策的多元参与机制。

公共政策的多元参与机制，就是在公共政策的制定和实施过程中，给予利益相关者以充分的参与、表达和监督的机会，使公共政策过程科学化、民主化，公共政策结果权威化、合法化。公共政策的多元参与机制是现代政治民主的重要形式，公共政策的民主化、科学化，通常被认为是一个国家或地区的民主政治发展的"关键的变量"之一。同时，任何公共政策都是涉及社会民众并以保护其基本利益为目的的，社会对公共行政和公共政策的广泛参与，也是政策体系准确反映社会各阶层、各利益群体的利益要求和意愿的根本保证。另外，公共参与是良好治理的关键环节。政府与社会公众应当是建设性的合作伙伴，共同承担起社会治理的责任，公众参与社会治理，不仅可以降低政府管理社会的成本，更重要的是可以建立公民与政府的相互信任，限制政府公共权力的无限扩张，维护和实现公民的政治经济社会权益。

完善的多元参与机制，关键在于参与的有序性和有效性。首先，有序的参与，就是要求公民和社会组织能够通过制度化的渠道、以合法的形式、有限度地参与公共政治生活、影响公共决策的过程。在公共政策过程中，只有合法参与的行为才是有序的参与行为，只有制度化的参与才能提供规范性保障。有限度的参与就是，有明确规定或者约定的情况下不能随意扩大公共参与。实践证明，必要的制度通道和社会组织是社会有序参与的必备条件，换言之，有序的社会参与需要完善的制度规范、健全的体制机制和一定程度的组织化水平作为支撑。其次，有效的社会参与，就是能对公共政策过程产生影响，能发挥制约和监督作用的社会参与，就是公众和社会组织的参与和表达，能够取得政策制定机关的积极回应。实践证明，信息公开和有效的社会监督是社会参与有效性的必备条件，换言之，有效的社会参与需要不断增加信息公开、决策透明和一定的监督反馈程序作为支撑。

近几十年来，伴随着我国政治体制和行政体制改革的推进，我国公共政策的多元参与机制得以不断完善，公众参与公共决策有了很大进步，比如我国提出并不断完善"政府主导、社会参与、专家论证相结合"的新型决策体制，强调决策过程的合法性论证、专家论证和公民参与，建立了政务公开制度、专家咨询和评估论证制度、社会听证和公示制度等。然而，认真审视我国目前的公共政策机制，不难发现，尚存在诸多问题。

首先，在具体的法律和制度层面，社会参与的规范化程度低。主要是保证参与实施的制度和法律法规不够健全，很多制度或法律规范模糊不清，使得公民参与决策具有较大的随意性。由于公民参与的程序是不确定和不规范的，对于公民的合理合法意见和建议，政府部门听取亦可，不听取也可。实践中，一些社会参与机制是决策者主动要求公民参与的，意图仅是听取民声，了解民意。由于正式的制度参与存在类似扭曲现象，导致公民在权益受到侵害时，往往以制度外的方式进行"非制度化参与"，这显然不符合有序参与的要求。这尤其表现在一些地方政府在建设新区和移民搬迁征地时，由于社会参与不足和与社会互动沟通欠缺，导致利益相关方的权益侵害和不满，进而引发大量的群体性事件。

其次，社会参与的配套机制欠缺削弱了参与的程度。比如决策信息公开不足导致公民参与不足。目前我国信息公开的范围狭窄，实践中公开较多的是决策结果，但对具体决策过程公众并不容易知晓，这不利于公民对决策的全面参与。再比如，公民在社会参与过程中，往往因为缺乏动议权与话语权导致其参与权利削弱。在行政

## 第六章　当代中国社会公平保障的治理路径

法规规章和一些规范性文件制定过程中，行政机关一般会采取论证会、听证会、座谈会等形式征求意见，很多属于了解情况。具体行政行为中，单就听证方式的运用来说，目前只限于行政处罚和行政许可，其他具体行政行为还未规定听证。①

最后，参与主体的组织化程度低，各阶层的自组织化程度不均衡。组织化程度低主要体现在，作为实现公民利益聚合的非政府组织发育不健全。我国的非政府组织在非政府性、志愿性、公益性和民间性等方面先天不足，又由于其发展所必要的法律制度和社会支持后天不足，严重抑制了非政府组织在政策制定过程中的利益聚合作用。同时，各阶层的自组织化程度很不均衡，它们对公共政策的影响力存在巨大差异，民营企业家协会、行业协会等拥有较强的组织行动和资源动员能力，比较起来，企业劳动者、农民以及农民工阶层的自组织化程度薄弱，在利益表达和政策参与方面，农民、农民工、蓝领产业工人等，依然"是一种潜在的、非组织化利益集团"②。这限制了他们参与政策制定的能力。

由上述可见，不断改革和完善公共政策的多元参与机制，对于保障社会公平，是极其关键而又极其紧迫的。

首先，要健全公共政策多元参与的法制体系。多元参与机制的核心在于通过公正合法、具体明确的程序设计，提供一个多方利益博弈、互动的平台，达到各种利益的平衡与协调。因而完善的程序和明细的规范，是有效参与的关键。应该整合各种法律规章，对社会参与机制的要件进行统一而明确的规范，包括社会参与的范围、方式、程序、结果、反馈、监督等，增强可操作性的程序规范。比如就最常见的听证会而言，应当通过立法对参加听证会的公众代表的选择程序和方法、听证会主持人产生的程序和方法、辩论的方式、听证记录的效力等问题，予以法律明确。

其次，政府要改变封闭的决策模式，建立多元参与的决策机

---

① 曾国平、王福波：《论公民参与视角下我国公共决策机制的完善》，《云南社会科学》2008年第3期。

② 杨光斌：《公民参与和当下中国的治道变革》，《社会科学研究》2009年第1期。

制。应承认公民在公共决策参与的主体地位,明确公民参与公共决策的权利和义务。应疏导公众参与的渠道,建立由政府官员、专家学者、公民与社会组织多元参与的决策机制,对专业性、技术性较强的重大事项,开展专家论证、技术咨询、决策评估。应有效调动不同人群的最广泛参与,尤其是广泛吸收较少或不便参与和发表意见的诸如企业劳动者、失业人员、农民工、残疾人群、妇女和老人等弱势人群的参与。应不断拓展和巩固公民参与的途径和方式,如听证会、协调会、网上征求意见、网上调查、党委政府负责人热线电话、上访、问卷调查、走访、座谈、投票表决、蹲点了解情况等。

最后,发挥社会组织在社会参与上的枢纽作用,提高社会参与的组织化水平。公民依靠个人的力量影响政策过程的能力十分有限,因而有效的政策参与很大程度上依从社会组织这个中介。公民通过社会组织参与公共政策有利于将个体化参与转向整体化参与,并在多层面实现政府与民众的沟通合作。① 应逐渐放松限制,大力发挥社团、行业组织和中介组织等社会组织提供服务、反映诉求、规范行为的作用;应尽快扭转基层自治制度建设相对滞后的状况,通过基层群众自治组织促进公民参与;应规范和发挥各类面向经济社会发展的中介机构和行业协会、商会等社会团体的政策参与功能。

---

① 吴太胜:《经济社会发展与公民公共政策参与机制的创新——以浙江公民政策参与为例》,《南都学坛》2010 年第 3 期。

# 结　语

## 一

　　社会公平问题的解决和社会公平保障的实现，是一个复杂的系统工程，它不仅涉及经济、政治、社会等众多领域的具体公平问题的解决，还涉及配置权利、机会和资源的制度结构和社会结构的合理性。只有深入社会制度结构和国家治理结构的深层，才能触及社会公平保障的实质问题。本书正是循着这样的角度和方法探讨社会公平问题，研究当代中国的社会公平保障。

　　在这样的思路下，我们将社会公平保障的内容分为两大层次。第一个层次是良好的基础制度环境，或曰健全的现代治理体系；第二个层次是政府机制所提供的政府保护。基础制度环境主要是国家或者地区所拥有和运用的制度资源和制度环境，比如与经济相关的市场竞争环境、政府管制政策、产权保护等；与法治相关的宪法和法律的实施状况、权力受法律约束的程度、执法机构依法执法的程度；与社会有关的社会利益表达机制、社会利益整合机制、社会对话协商机制；与政府治理有关的政府接受公民监督的程度、公共决策制定的透明度和参与度、政府与社会合作的社会管理和公共服务体制；等等。第二个层次，即政府机制提供的政府保护，主要包括政府的二次分配和社会保障，以及包括教育、就业、反贫困等公共政策。

　　我们认为，对保障社会公平起基础作用的是社会公平保障的第一层次，即良好的基础制度环境。良好的基础制度大环境对社会、市场、法律、公民权利等各方面，甚至社会活动的各行各业都能产生积极的影响，也是保障人民享有平等的生存和发展权益的根本。党的十八大报告提到的"保障权利公平、机会公平、规则公平，努力营造公平的社会环境"，党的十九大提出的实现社会主义现代化的重要衡量标准"人民平等参与、平等发展权利"，都充分说明良好的基础制度环境是根本。政府机制提供的政府保护往往起到修正作用，即对基础制度环境的不合理或者无法顾及的部分做出调整和补充。

可见，如果没有良好的制度环境和健全的国家治理体系作为扭转社会不公平问题的支撑，仅仅依靠政府机制提供的政府保护，那么其作用充其量只能是对已经形成的社会不公平问题加以纠正，而不可能从根本上建立起与国家治理体系和治理能力现代化相适应的社会公平保障体系，所谓"权利公平、机会公平和规则公平"，实际上也会因此失去根基。因此，本书的一个特点在于，将社会公平保障体系放在国家治理现代化进程中来研究，力图实现社会公平保障体系的国家治理转向：确立社会公平保障的治理思维、多元共治的基本格局，以体制改革为基本动力，建立法制化的社会公平保障形态。

## 二

然而，当代中国社会公平保障的复杂性也恰恰在于，它所触及的制度结构和治理结构是深深地根植于社会发展的现实土壤之中的，也就是说，社会公平的实现程度从根本上受经济社会发展程度的制约。因此，这里要特别补充说明的是，当代中国的社会公平保障必须与中国经济社会发展的总体水平相适应，正如马克思在《哥达纲领批判》中指出的："权利永远不能超出社会的经济结构以及由经济结构所制约的社会的文化发展。"我们必须运用马克思主义公平观和辩证唯物主义的态度审视我国的社会公平问题与社会公平保障问题。

## 结　语

马克思主义认为，不能从抽象的公平、平等出发谈论公平，必须从生产力与生产关系、经济基础与上层建筑的矛盾运动中去审视公平问题，从而确立公平尺度的正当性。[①] 我们认为，当代中国经济社会发展阶段是社会公平保障的现实基础，脱离了这个基础，抽象地谈论公平和权利都会流于空谈，甚至误国害民。对于当前的发展阶段，党的十九大报告指出，我国正处于并将长期处于社会主义初级阶段这一基本国情短时期内不会改变。在社会主义初级阶段，社会生产能力在很多方面进入世界前列，但总体上仍然不高，面临着更加突出的发展不平衡不充分的问题，并且已经成为满足人民日益增长的美好生活需要的主要制约因素。社会主义初级阶段的这些基本特征，是制约我国社会公平保障的基础因素。

同时，我们必须要运用辩证唯物主义方法看待我国的社会公平保障问题，要揭示社会公平问题的复杂性，完整地、全面地、客观地看待我国的社会公平保障问题。应当看到，改革开放以来，尤其是进入新时期以来，我国经济社会快速发展，民主政治稳步推进，社会体制机制逐渐完善，政府公共服务领域的投入增幅明显，人民的政治经济社会权益保障取得了跨越式进展，这些都为当代中国社会公平保障夯实了坚实的基础。但与此相应，人们对社会公平的期待也随之水涨船高，人们对社会公平保障的要求逐渐从低标准走向高标准，从简单走向复杂、从追求物质财富分配公平到追求教育公平、就业公平、司法公正、社会保障公平，正如党的十九大报告所讲，人民在民主、法治、公平、正义、安全、环境等方面的要求日益增长，从而使社会公平保障问题更加凸显。从横向上看，即对于目前的社会公平保障现状，不同社会群体和社会阶层对社会公平的要求和期待也不完全一样。社会结构变动越深刻，社会分层越复杂，对社会公平的要求和期待也就越多样，社会公平保障问题也就越容易凸显。这些都是当前我国社会公平保障必须充分考虑的变量，否则，脱离了这些具体的分析，从抽象的理念推导出的认识结

---

① 周新城：《马克思恩格斯公平思想研究》，《探讨与争鸣》2005年第14期。

论，自然会因不合实际而有所偏颇。

## 三

研究当代中国社公平保障问题，必须要认识到，在制度正义和治理公平的基础上建构一个比较完整的社会公平保障体系，从根本上保障公民的权利公平、机会公平、规则公平，是国家治理现代化的迫切要求，是国民的热切期待。习近平指出："我们要依法保障全体公民享有广泛的权利，保障公民的人身权、财产权、基本政治权利等各项权利不受侵犯，保证公民的经济、文化、社会等各方面权利得到落实。"①"不论处在什么发展水平上，制度都是社会公平正义的重要保证。要通过创新制度安排，努力克服人为因素造成的有违公平正义的现象，保证人民平等参与、平等发展权利。"②

基于此，要在不断发展的基础上把促进社会公平的事情做好，做到既尽力而为，又量力而行。③要把握好"尽力而为"和"量力而行"两个原则保障社会公平。既要从人民的福祉出发，从社会文明进步的角度深刻认识当下社会公平保障的必要性和紧迫性，做到"尽力而为"；又要从当前社会发展水平和发展阶段的实际情况出发，科学合理测算现实的经济发展水平和社会承载能力，制定切实可行的阶段性目标，做到"量力而行"。在这两个原则的指导下，把促进社会公平正义、增进人民福祉作为一面镜子，审视各方面体制机制和政策规定，哪里有不符合促进社会公平的问题，哪里就需要改革。④

---

① 习近平：《在首都各界纪念现行宪法公布施行三十周年大会上的讲话》，《人民日报》2012年12月5日。
② 《十八大以来重要文献选编》（上），中央文献出版社2014年版，第553页。
③ 习近平：《切实把思想统一到十八届三中全会精神上来》，《求是》2014年第1期。
④ 同上。

# 参考文献

### 一　经典文献

1. 《马克思恩格斯选集》(1—4卷)，人民出版社1995年版。
2. 《列宁选集》(3—4卷)，人民出版社1995年版。
3. 《邓小平文选》第3卷，人民出版社1993年版。
4. 《江泽民论有中国特色社会主义（专题摘编）》，中央文献出版社2002年版。
5. 胡锦涛：《高举中国特色社会主义伟大旗帜　为夺取全面建设小康社会新胜利而奋斗》，人民出版社2007年版。
6. 习近平：《习近平谈治国理政》，外文出版社2014年版。
7. 《十八大以来重要文献选编》，中央文献出版社2014年版。

### 二　专著

1. 白志刚：《利益公平与社会和谐》，中国社会出版社2008年版。
2. 陈家付：《现阶段我国社会公平保障问题研究》，山东大学出版社2009年版。
3. 丰子义：《现代化的理论基础——马克思现代社会发展理论研究》，北京大学出版社1995年版。
4. 郭彩琴：《教育公平论：西方教育公平理论的哲学考察》，中国矿业大学出版社2004年版。
5. 何家弘主编：《当代美国法律（修订版）》，社会科学文献出版社2011年版。
6. 黄秀华：《发展与公平作》，中国社会科学出版社2010年版。

7. 靳江好、郅强主编:《和谐社会建设与社会矛盾调节机制研究》,人民出版社 2008 年版。
8. 景天魁:《社会公正的理论与政策》,社科文献出版社 2004 年版。
9. 李培林:《农民工——中国进城农民工的经济社会分析》,社会科学文献出版社 2003 年版。
10. 李强:《转型时期中国社会分层》,黑龙江人民出版社 2002 年版。
11. 刘涤源、谭崇台主编:《当代西方经济学说》,武汉大学出版社 1983 年版。
12. 刘瑜:《民主的细节:当代美国政治观察随笔》,生活·读书·新知三联书店 2011 年版。
13. 《2014 年中国统计年鉴》,中国统计出版社 2014 年版。
14. 彭华民等:《西方社会福利理论前沿:论国家、社会、体制与政策》,中国社会出版社 2009 年版。
15. 秦宣、刘保国:《邓小平与中国现代化》,北京出版社 2004 年版。
16. 孙代尧:《与时俱进的科学社会主义》,安徽人民出版社 2004 年版。
17. 万军:《公平社会建设》,国家行政学院出版社 2013 年版。
18. 汪丁丁:《市场经济与道德基础》,上海人民出版社 2004 年版。
19. 王惠岩:《当代政治学基本理论》,高等教育出版社 2001 年版。
20. 王梦奎主编:《中国中长期发展的重要问题 2006—2020》,中国发展出版社 2005 年版。
21. 王文章:《中国现代化进程中的国家与市场》,北京大学出版社 2004 年版。
22. 吴忠民:《走向公正的中国社会》,山东人民出版社 2008 年版。
23. 夏文斌:《走向正义之路:社会公平研究》,黑龙江教育出版社 2000 年版。
24. 邢悦、詹奕嘉:《权力是靠不住的:美国政治文化探析》,北京大学出版社2015年版。

25. 姚洋：《转轨中国：审视社会公正和平等》，中国人民大学出版社2004年版。
26. 尹保云主编：《走出困境：马克思主义与中国现代化》，中国人民公安大学出版社2006年版。
27. 于建嵘：《岳村政治——转型期中国乡村政治结构的变迁》，商务印书馆2001年版。
28. 俞可平主编：《国家底线：公平正义与依法治国》，中央编译出版社2014年版。
29. 俞可平主编：《国家治理评估：中国与世界》，中央编译出版社2009年版。
30. 张江河：《论利益与政治》，北京的大学出版社2002年版。
31. 赵苑达：《西方主要公平与正义理论研究》，经济管理出版社2010年版。
32. 郑功成：《科学发展与共享和谐：民生视角下的和谐社会》，人民出版社2006年版。
33. 《中共中央关于全面深化改革若干重大问题的决定》，人民出版社2013年版。
34. 《中共中央关于制定国民经济和社会发展第十三个五年规划的建议（辅导读本）》，人民出版社2015年版。
35. 周建明、胡鞍钢、王绍光：《和谐社会构建 欧洲的经验与中国的探索》，同济大学出版社2006年版。
36. 朱光磊：《中国的贫富差距与政府控制》，生活·读书·新知三联书店2002年版。

## 三 译著

1. ［印度］阿马蒂亚·森：《论经济不平等（增订版）》，王利文、于占杰译，中国人民大学出版社2015年版。
2. ［美］阿瑟·奥肯：《平等与效率：重大的抉择》，陈涛译，中国社会科学出版社2013年版。

3. [法]孟德斯鸠：《论法的精神》，商务印书馆 1961 年版。
4. [美]米尔顿·弗里德曼：《自由选择》，机械工业出版社 2008 年版。
5. [奥]米瑟斯：《自由与繁荣的国度》，中国社会科学出版社 1994 年版。
6. [美]罗伯特·达尔：《论民主》，李风华编译，中国人民大学出版社 2012 年版。
7. [美]诺思：《制度变迁与经济绩效》，格致出版社 2008 年出版。
8. [美]塞缪尔·亨廷顿：《变化社会中的政治秩序》，华夏出版社 1988 年版。
9. [美]塞缪尔·亨廷顿等：《现代化：理论与历史经验的再探讨》，上海译文出版社 1993 年版。
10. [美]斯蒂格利茨等：《政府为什么要干预经济》，郑秉文等译，中国物资出版社 1998 年版。
11. [美]约翰·罗尔斯：《正义论》，何怀宏等译，中国社会科学出版社 1988 年版。
12. [美]约翰·罗尔斯：《作为公平的正义——正义新论》，生活·读书·新知三联书店 2002 年版。

## 四 论文

1. 薄贵利：《推进政府治理现代化》，《中国行政管理》2014 年第 5 期。
2. 蔡立辉：《西方国家政府绩效评估的理念及其启示》，《清华大学学报》（哲学社会科学版）2003 年第 1 期。
3. 程美东：《理性看待中国当前的贫富分化问题》，《当代世界与社会主义》2012 年第 4 期。
4. 郭建宁：《论坚持与发展中国特色社会主义》，《中共中央党校学报》2012 年第 5 期。
5. 郭建宁：《全面深化改革与国家治理现代化》，《理论视野》2014 年第 8 期。

6. 何深思：《论我国政治资源的公平分配与合理共享》，《中国特色社会主义研究》2005年第2期。
7. 何显明：《治理民主：一种可能的复合民主范式》，《社会科学战线》2012年第10期。
8. 江艾桐：《政务公开中的权力制约与公民权利保障》，《理论观察》2012年第4期。
9. 江必新、李沫：《论社会治理创新》，《新疆师范大学学报》（哲学社会科学版）2014年第2期。
10. 李承、王运生：《当代公共行政的民主范式》，《政治学研究》2000年第4期。
11. 李海青、王永凤：《破解公民权利相对贫困：全面深化改革阶段中国法治建设"三维一体"》，《北京行政学院学报》2016年第1期。
12. 连志英：《美国信息自由法：从信息自由法令到电子信息自由法令》，《档案学研究》2008年第5期。
13. 刘守英：《中国城乡二元土地制度的特征、问题与改革》，《国际经济评论》2014年第2期。
14. 鲁全：《德国的社会保障制度与社会公平》，《中国人民大学学报》2009年第2期。
15. 牛先锋：《社会主要矛盾新特征与科学发展新理念》，《毛泽东邓小平理论研究》2012年第9期。
16. 牛先锋：《我国社会转型中的利益矛盾与和谐社会建设》，《中共福建省委党校学报》2011年第6期。
17. 秦宣：《全面建成小康社会的制度保障——学习十八届五中全会关于制度建设的建议》，《思想理论教育导刊》2015年第12期。
18. 秦宣：《"四个全面"：形成发展、科学内涵和战略意义》，《思想理论教育导刊》2015年第6期。
19. 邱耕田：《需要的变化与当今中国社会的转型》，《天津社会科学》2010年第9期。

20. 宋晓丽、刘民培：《城乡土地权益的对比与实现》，《中国国土资源经济》2015年第11期。
21. 孙晓利：《公正：社会治理的重要维度》，《中共云南省委党校学报》2005年第4期。
22. 陶文昭：《如何全面理解"发展成果由人民共享"》，《学习时报》2010年8月3日。
23. 陶文昭：《在"四个全面"的伟大实践中推进理论创新》，《求是》2015年第8期。
24. 陶文昭：《中国特色社会主义理论体系的最新成果》，《理论导报》2015年第2期。
25. 王桦宇：《论现代财政制度的法治逻辑——以面向社会公平的分配正义为中心》，《法学论坛》2014年第3期。
26. 王怀超：《中国改革开放的历史进程与基本经验》，《科学社会主义》2009年第6期。
27. 王建华：《论国家权力的合法性》，《理论与改革》2005年第3期。
28. 王小鲁：《中国收入分配向何处去?》，《国家行政学院学报》2006年第1期。
29. 吴忠民：《马克思恩格斯公正思想初探》，《马克思主义研究》2011年第4期。
30. 吴忠民：《社会矛盾与制度内化解》，《马克思主义与现实》2015年第6期。
31. 喜荣：《"社会宪法"及其制度性保障功能》，《法学评论》2013年第1期。
32. 肖贵清：《邓小平小康思想与当代中国现代化发展战略》，《山东社会科学》2014年第9期。
33. 肖贵清：《全面建成小康社会的内涵、战略地位和制度保障》，《思想理论教育导刊》2015年第9期。
34. 谢红：《法治政府与公民权利保障》，《法治论丛》2010年第3期。

35. 辛向阳：《习近平国家治理思想的理论渊源》，《当代世界与社会主义》2014 年第 6 期。

36. 辛向阳：《中国应警惕三大发展陷阱》，《人民论坛》2014 年第 2 期。

37. 严书翰：《习近平治国理政思想是当代中国马克思主义的新发展》，《当代世界与社会主义》2015 年第 6 期。

38. 杨志勇：《现代财政制度：基本原则与主要特征》，《地方财政研究》2014 年第 6 期。

39. 叶小文、张峰：《从现代国家治理的高度认识协商民主》，《中央社会主义学院学报》2014 年第 1 期。

40. 俞可平：《社会公平和善治是建设和谐社会的两大基石》，《中国特色社会主义研究》2005 年第 1 期。

41. 张丽君：《马克思的权利尺度思想与公民权利保障》，《科学社会主义》2010 年第 4 期。

42. 郑功成：《中国社会公平状况分析——价值判断、权益失衡与制度保障》，《中国人民大学学报》2009 年第 2 期。

43. 周为民：《社会和谐的实质与条件》，《理论视野》2010 年第 11 期。

# 后 记

　　本书写作前夕，一部叫《欢乐颂》的电视剧引发热议。《欢乐颂》受到全民热追，恐怕主要源于该剧真切契合了最能够引发人们争议与共鸣的社会公平问题。编剧为主角们安排了这样的人生：输在起跑线上的社会底层再怎么奋斗也很难爬出父辈们的天，而白富美怎么过都是人生赢家。白富美不仅在金钱物质和社会资源上有着与生俱来的优势，而且似乎脑力智商和个人品位都是遥不可及的。或许有人会问：难道不应该通过奋斗改变人生吗？是的。不过，你能接受的教育，你的工作机会，可能也需要拼爹。你看樊胜美，生活中的任何变故都可能是压垮人生的沉重稻草。在这部戏里，人们越来越感受到阶层差别下的社会现实：阶层壁垒越来越难以打破，利益分化越来越严重，社会资源越来越向上聚集，所谓"权利公平、机会公平、规则公平"，从来都是社会的稀缺品……

　　本书的写作立意，是观照社会现实，思考和探究以上问题。党的十九大报告指出，人民美好生活需要，不仅在物质文化生活方面更高，而且在民主法治和公平正义等方面日益增长。十九大报告同时认为，满足人民日益增长的美好生活需要，必须贯彻新发展理念尤其是共享发展理念，坚持以人民为中心的发展思想，确保"人民平等参与、平等发展权利"得到充分保障。

　　本书为国家社科基金青年项目"社会主要矛盾变化新要求下共享发展及其实现机制研究"（18CKS024）阶段性成果。本书依据上述重大论断，以满足人民美好生活需要为根本目标，以人民的公平正义需要为核心聚焦，借鉴和运用国家治理理论，对社会主要矛盾

## 后　记

变化新要求下的社会公平保障问题进行了系统梳理和分析。本书的研究只是对这一问题的尝试和探索，因水平有限，一定有许多疏漏、缺陷和不足之处，敬请各位专家学者和读者批评指正。

本书在写作、完善和出版过程中得到多方面的指导和帮助。本书的研究主题开始于博士学习期间，感谢我的博士导师陶文昭教授，从本书的框架结构到内容的修改、文献注释的引用，导师都给与我重要指导。中国人民大学的秦宣教授、张云飞教授、陈崎副教授，北京大学的孙代尧教授，北京市委党校的周春明教授，对本书的研究内容提出了很多重要修改建议。本书的研究参考了很多学界前辈和学术同行的专著和论文。本书的责任编辑、中国社会科学出版社的田文老师为本书付出了辛勤劳动。在此，深表感谢。

魏志奇

2018年3月于北京